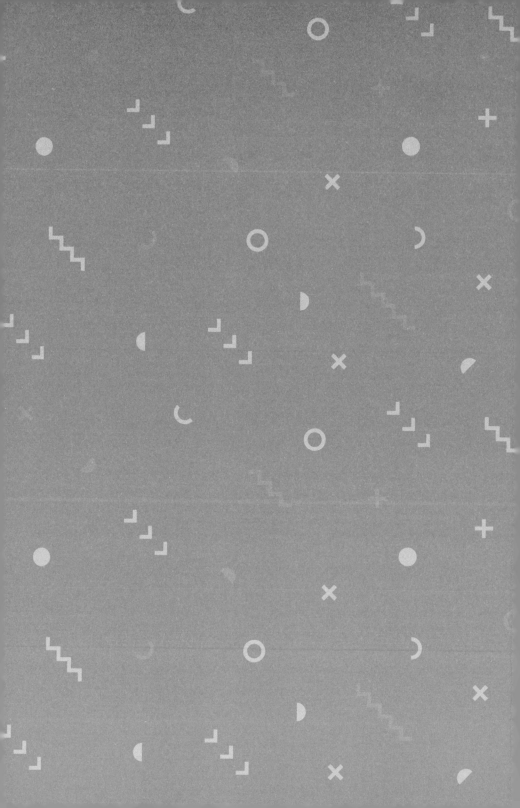

IT 사용설명서

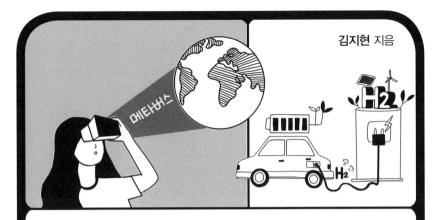

김지현 지음

IT 사용설명서

5G부터 **메타버스**까지, 일상을 바꾸는 IT 상식

CRETA

차례

 일상을 바꾼 IT 상식

일터를 바꾼 IT 매뉴얼

 신기술 메타버스와 암호화폐가 이끄는 변화

IT 산업의 변화

세상을 바꾼 IT 스펙트럼

인터넷 생태계가 지배하는
디지털 세상에서 살아가려면

지난 20년간의 산업 변화에 따라 흥망성쇠한 기업들을 보면 한 가지 키워드로 요약됩니다. 바로 '빅테크 기업의 대세'입니다. 미국 나스닥 상장 기업의 순위를 보면 1위부터 애플, 아마존, 마이크로소프트, 구글입니다. 페이스북과 테슬라, 엔비디아nVidia, 어도비 Adobe, 페이팔Paypal, 넷플릭스netflix 등도 순위권에 있죠. 국내에서 갓 20년 넘은 기업 역사를 가진 카카오와 네이버가 50년 넘은 기업들을 제치고 3위, 4위에 오른 것이 2021년 6월입니다. 이제 세상은 웹과 모바일로 대변되는 인터넷 생태계가 지배하고 있습니다. 우리 일상을 돌이켜보면 디지털이 채우지 않은 시공간이 없을 정도로 삶에 깊숙하게 온라인이 침투해 있습니다.

게다가 코로나19는 온라인 경험을 전 세대로 확장했고, 기존보다 더 오래, 더 자주 인터넷에 머물게 했습니다. 재택근무, 재택수업, 그리고 집에서 영화를 보고, 놀고먹는 시간도 늘어났죠. 더 많은 사람이 더 많은 것들을 인터넷을 통해 해결하면서 관련된 기술, 솔루션, 그리고 비즈니스의 기회가 늘고 있습니다. 한 마디로 이마트보다는 마켓컬리를, 동네 편의점보다는 배달의민족 B마트를, 백화점보다 쿠팡을, 은행보다는 카카오뱅크를, 신용카드보다는 네이버페이를 더 많이 이용하는 것이 사실이죠.

그렇게 우리 일상이 바뀌면서 기업의 비즈니스도 자연스럽게 온라인, 인터넷을 중심으로 재편될 수밖에 없게 됐습니다. 이를 디지털 트랜스포메이션이라 부르고, 이처럼 산업이 디지털 중심으로 혁신하는 것을 4차 산업혁명이라고 합니다. 당연히 기업만 그렇게 바뀌는 것이 아니라 우리 사회, 교육제도 등 다양한 영역에서 디지털 기술 기반의 혁신이 필수가 되었습니다. 학원도 온라인 수업을 하고 카카오톡이나 구글독스 등을 통해서 학부모들과 정보를 공유하는 상황이니, 이제 디지털은 우리 삶에 떼려야 뗄 수 없는 기본이 되었습니다.

그런 세상에서 살려면 당연히 디지털을 잘 알아야 합니다. 산수, 국어, 도덕 등의 상식적인 것을 알아야 문명사회에 사는 것처럼, 현재의 디지털 사회 속에서는 디지털을 알아야 더 잘 살 수 있습니다. 다양한 디지털 기술을 어떻게 하면 쉽게 이해할 수 있을까? 라는 질문에서 이 책은 시작되었습니다. 우리 일상과 일터에서 평소 접하는 디지털 기술로 일어나는 변화를 이해하고 거기에 사용된 기술의 원리를 알면, 더 쉽게 디지털 기술을 이해하고 활용할 수 있는 방안을 이해할 수 있을 것입니다.

또한 다소 추상적으로만 알고 있던 AI, 블록체인, 클라우드, 빅데이터, 사물인터넷, 메타버스 등의 기술 역시 우리 사회와 세상, 그리고 산업과 기업의 비즈니스에 어떤 영향을 주고 어떻게 활용할 수 있을지 사례 중심으로 설명했습니다. 이를 통해 누구나 쉽게 이해할 수 있도록 IT 전반의 상식을 풀어서 정리했습니다.

수필 읽듯이 한 장 한 장 읽다보면, 기술에 대한 이해를 넘어 앞으로 이들 디지털 세상이 우리의 일자리와 사회에 어떤 영향을 줄지 전망할 수 있을 것입니다. 그런 변화에 쉽게 적응할 수 있는 기초 체력을 이 책 한 권으로 얻을 수 있을 것입니다.

육아에 도저히 시간이 나질 않는 상황 속에 책 출간 기회와 집필을 독려해준 도서출판 크레타 대표님과 편집자 분께 감사 말씀드립니다.

여유를 내기 힘든 하루하루 중, 잠시 글 쓸 수 있는 배려와 응원을 해준 사랑하는 아내 지원이와 앞으로 온전히 디지털 세상에 더 많은 시간을 보내게 될 꿈나무 범준이에게도 고마움을 전합니다.

- OOJOO

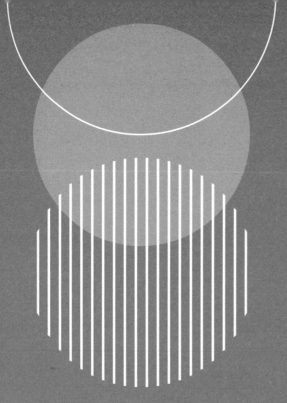

1장

일상을 바꾼
IT 상식

스마트폰 알람 시계로 아침을 맞이해 가장 먼저 카카오톡과 페이스북, 인스타그램 메시지를 확인하고 어젯밤 마켓컬리로 주문한 신선 식품을 들여놓는다. 출근 준비를 하며 네이버 뉴스 앱을 통해 새로운 소식을 보고 날씨 앱과 카카오지도 앱으로 버스 도착 시간을 확인하며 집을 나선다. 갈아탄 지하철에서 쿠팡 장바구니에 담아 놓은 물건을 간편결제하고 유튜브로 지루하기만 한 출근 시간을 때운다. 20년 전만 해도 탁상용 시계, 신문, 마트, TV 뉴스, 내비게이션, 무가지, 잡지가 하던 역할을 스마트폰이 대체한 것이다.

그렇게 IT는 우리의 일상 속 깊숙하게 침투해 우리 삶을 변화시키고 관련 산업의 패러다임을 바꾸고 있다. 그 변화는 여전히 현재 진행형이다. 앞으로도 계속 IT는 우리 일상과 산업 변화를 만들어낼 것이고, 변화를 읽지 못하는 기업과 개인은 도태되어갈 것이다. 컴퓨터에 이어 스마트폰, 그리고 새로운 인터넷 서비스와 기술은 세상을 변화시켜가고 있다. 그러므로 우리 일상에서 IT가 어떤 변화를 만들어내고 있는지, 그런 변화를 만들어내는 기업과 서비스는 무엇이고, 그들의 비즈니스 모델은 무엇인지를 이해해야 변화하는 미래 사회를 대비할 수 있다.

회원가입으로 돈 버는
포털사이트

네이버나 카카오가 없다면 어떤 일이 벌어질까? 지금 당장 우리 스마트폰이나 웹에서 이 두 개의 앱을 지운다면 어떤 불편함이 생길지 상상해보면 그 답을 찾을 수 있을 것이다. 이들 포털서비스가 운영되는 데 핵심적 역할을 하는 것은 바로 우리 사용자들이다. 사용자가 없다면 포털도 운영을 멈춘다. 포털에서 제공되는 상당수의 서비스는 사용자들이 만들어 올리고, 반응하며, 추가적인 가치가 생성되기 때문에, 사용자가 없는 서비스는 중단될 수밖에 없다. 그렇다면 이들 서비스는 어떻게 작동하고 돈은 어떻게 버는 것일까?

포털은 대체 어떻게 운영되는 걸까?

2014년 카카오와 합병된 다음커뮤니케이션은 1995년에 설립되었고 그즈음 네이버도 서비스를 시작했다. 이들 서비스를 가리켜 포털이라고 부르며 우리에게 필요한 서비스들을 하나둘씩 추가하며 인터넷의 관문이자 중심 역할을 차지하기 시작했다. 컴퓨터를 켜고 인터넷을 사용할 때 가장 먼저 웹 브라우저를 실행하고 이후 네이버나 다음을 연결한다. 메일을 확인하고 비슷한 관심사를 가진 사람들을 만나 이야기 나누기 위해 카페를 이용하고, 최신의 정보를 뉴스와 블로그를 통해 확인하는 것도 이들 포털에서 할 수 있다. 이사 갈 집을 찾기 위해 부동산 정보를 찾기도 하고, 자동차에 대한 정보를 확인하고, 주식 투자 정보와 맛집, 길 찾기, 여행 정보 등 거의 모든 정보를 포털에서 찾아볼 수 있다. 그렇게 새로운 정보와 서비스가 속속 포털에 추가되면서 영향력이 점차 확대되고 있다. 그러니 지금 이들 포털이 없으면 나침반 없이 바다를 항해하는 것처럼 인터넷에서 갈 길을 잃고 방황할 수밖에 없다.

사실 이들 포털서비스는 이용자들의 참여로 완성된다. 메일, 카페, 블로그 등의 서비스는 사용자들이 올린 글과 정보가 없으면 팥소 없는 찐빵이나 다름없다. 인스타그램에 사용자들이 사진을 올리지 않고, 유튜브에 이용자들이 동영상을 업로드하지 않으면 이들 서비스는 존재할 수 없다. 네이버 뉴스에 사용자들이 '좋아요'를 누르고, 카카오톡으로 공유하고, 댓글을 기록하면서 반응한 것들이 모여 다른 사용자에게도 유의미한 정보를 제공해준다.

이런 서비스를 만들기 위해 포털은 사용자들의 니즈를 끊임없이 파악해 서비스를 개선하고 새로운 서비스를 만드는 데 활용한다. 이때 필요한 것이 바로 고객 데이터다. 이를 위해 우리가 상상하는 것보다 더 상세하고 다양한 종류의 데이터를 수집한다. 또한 하루에 누가 몇 번이나 서비스에 방문했고, 어떤 페이지를 얼마나 오랜 시간 봤으며, 어떤 주제를 가장 즐겨 보는지를 파악하기 위해 데이터를 분석한다. 이런 데이터를 활용하려면, 어떤 데이터를 측정해서, 어디에 저장하고, 어떻게 분석해서, 왜 활용해야 하는지를 정의할 수 있어야 한다. 바로 그러한 과정을 DDDM^{Data Driven Decision Management}이라고 부른다. 이런 체계를 구축하고 시스템에 투자할 수 있는 여력은 포털 정도 되는 큰 인터넷 기업들에게 있다 보니 계속 진화하고 새로운 시대에 맞는 서비스를 만들기에 오래도록 인터넷 시장을 장악할 수 있는 것이다.

사용자 없인 안 돼! 포털의 속사정

결국 포털의 서비스가 유지될 수 있는 비결은 사용자의 참여에 의한 것이다. 실제 포털도 서비스를 만들고 운영하는 데 있어 사용자를 위해, 사용자에 의해, 사용자들의 서비스로 자리매김하기를 바란다. 그런데 이렇게 이상적으로 서비스가 운영되면 더할 나위 없겠지만, 적절한 견제와 규제가 없으면 탐욕의 서비스가 될 우려도 있다. 전 세계의 사용자들이 참여해 운영되는 페이스북이 대표적이다. 2016년 미국 대선 당시 페이스북과 데이터 사용 계

▲ 빅테크 기업 GAFA의 파워

약을 맺은 CA케임브리지 애널리티카는 페이스북을 이용하는 5천만 명의 데이터를 이용해 당시 대통령 선거 후보였던 도널드 트럼프의 선거 전략을 수립하는 데 남용해 문제가 되기도 했다. 페이스북은 사용자의 데이터를 오용하는 데이터 스캔들에 대해 소극적으로 대처함으로써 논란을 키웠고 미국 일부 주 정부는 조사까지 하기에 이르렀다.

이처럼 포털, 빅테크 기업의 서비스는 사용자를 위해 존재하고 사용자의 참여로 인해 서비스가 운영되면서 방대한 개인정보와 데이터가 수집된다. 이런 데이터는 사용자와 약속한 범위 내에서만 사용하고, 이들 데이터와 개인정보가 유출되지 않도록 늘 신경 쓰고 철저한 관리를 해야 한다. 그럼에도 불구하고 언론과 사회의 감시와 견제가 느슨해지면 사고가 발생한다. 이 때문에 인터넷 서비스가 사용자 저변을 확보해 성장기를 넘어서 안정적 운영기에 접어들면 지속 가능한 사업 운영을 위해 자체적으로 정책을 만들고 자율 규제를 하려고 모색한다. 이렇게 기업, 시민 사회, 그리고 정부가 나서서 인터넷 이용과 개인정보 및 사회 발전을 위해 원칙, 규범, 규칙 등을 정하는 활동을 가리켜 인터넷 거버넌스governance라고 부른다. 인터넷 기업이 거버넌스 수립에 공정성을 보여주기 위해 다양한 위원으로 구성하고 정책을 외부에 투명하게 공개하려는 일련의 행동은 지속 가능한 사업 운영을 위한 것이다. 거버넌스가 공명정대하지 못하면 결국 사용자들의 외면을 받게 되고, 그렇게 되면 인터넷 서비스가 지속·운영될 수 없기 때문이다.

카카오톡, 무료로 퍼주면서 어떻게 돈을 벌까?

그렇다면, 포털 비즈니스는 무엇으로 돈을 벌까? 모든 인터넷 서비스가 성공하리라는 보장은 없지만, 정작 사용자가 많아져도 사용자들의 눈치를 보며 서비스를 운영해야 하고, 사용자가 늘수록 이를 운영하는 데 필요한 시스템 비용도 늘어나기 때문에 돈을 벌기가 어렵다. 우리가 공짜로 사용하는 카카오톡은 국민 메신저라 불릴 만큼 사람들 대부분이 사용한다. 카카오톡을 통해서 전달되는 메시지만 해도 기존의 휴대폰 SMS를 통해 전송되던 메시지보다 양적으로나 질적으로 크게 늘었다. 메시지의 수도 늘었을 뿐 아니라 전송되는 형태가 텍스트뿐만 아니라 이미지, 영상에 이르기까지 다양해지면서 이를 운영하는 데 상당한 비용이 들어간다. 우리가 카카오톡으로 메시지를 보내면, 카카오톡의 거대한 서버에 저장되며 상대방에게 전달된다. 상대가 메시지를 읽었는지 안 읽었는지도 확인해야 하고, 수개월 치의 메시지들을 저장하려면 엄청난 저장장치가 필요하다. 그렇다면 카카오톡은 대체 어떻게 돈을 벌까?

카카오톡은 크게 세 가지의 비즈니스 모델을 갖추고 있다. 첫째는 사용자에게 유료로 판매하는 이모티콘이다. 내 감정을 보다 풍성하게 꾸미기 위해 다양한 이모티콘이 제공되는데, 일부는 무료지만 대부분은 유료로 판매된다. 둘째는 채널이라는 광고 솔루션이다. 채널은 브랜드나 스타, 미디어 등을 친구로 추가해서 콘텐츠, 정보, 혜택 등을 받을 수 있는 서비스다. 이런 채널은 광고 목적으로 운영되기 때문에 수익을 창출할 수 있다. 셋째는 선물하기, 쇼핑하기 등의 이커머스, 그리고 카카오 프렌즈라는 카카오의 캐릭터를 이용한 저작권 사업 등이다. 카카오톡의 저변을 이용해서 이커머스나 카카오페이, 카카오 지갑 등의 다양한 비즈니스로 확장 가능한 가능성을 갖추고 있다.

이와 유사하게 성공한 인터넷 서비스는 다양한 종류의 비즈니스 모델을 통해 수익을 창출한다. 성공적으로 서비스의 사용자 규모를 확대하는 것이 어렵지, 이후 돈 버는 것은 쉽다. 사용자가 많은 곳에 돈 벌 기회도 많아지기 때문이다. 그래서 사용자를 보다 많이, 자주, 오래도록 사용할 수 있도록 묶어 두려는 인터넷 서비스는 초반에 돈 벌 궁리보다는 더 많은 사용자를 확보하기 위해 투자한다. 다음의 한메일과 카페, 네이버의 지식인과 검색, 그리고 아이러브스쿨, 프리챌, 코리아닷컴, 세이클럽, 싸이월드 등의 서비스가 그랬고 야후, 라이코스, 구글, 페이스북 등의 글로벌 서비스가 그랬다. 또한 인스타그램, 틱톡, 제페토 등의 최신 모바일 앱들도 그렇다.

그래서 빅테크 기업들의 공짜 인터넷 서비스와 앱은 한없이 사용자에게 퍼준다. 그들이 그렇게 무료로 서비스를 운영하는 이유는 사용자가 충분히 많아지고 이 서비스 없이는 불편해서 살아갈 수 없도록 하는 시점이 되면, 다양한 비즈니스 모델로 돈을 벌 수 있기 때문이다.

사용자를 승강장에 태운다, 플랫폼 서비스

인터넷 비즈니스에서 플랫폼이라 하면 사용자와 외부의 공급자를 연결하는 환경, 즉 생태계를 말한다. A부터 Z까지 모든 것을 일방적으로 사용자에게 제공하는 것이 아니라 외부의 공급자, 개발사, 제조사가 참여해서 사용자와 만날 수 있는 장터를 제공해 중계할 수 있도록 함으로써 다양한 니즈를 가진 사용자들을 만족시켜주는 것이다. 다시 말해, 사용자들이 많이 사용하는 핵심 기능이나 상품, 서비스는 자체적으로 제공하되 적게 사용하지만, 구색을 위해 필요한 서비스는 외부 공급사가 참여해서 제공하도록 하는 것이다. 이렇게 하면 유지 운영비용을 최소화하고 사용자들의 끊임없는 니즈를 지속해서 충족시키는 동시에 서비스 범위를 확대해 갈 수 있다.

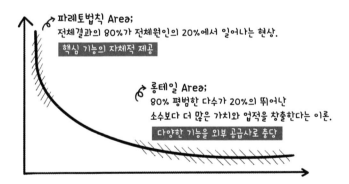

파레토법칙 Area;
전체결과의 80%가 전체원인의 20%에서 일어나는 현상.
핵심 기능의 자체적 제공

롱테일 Area;
80% 평범한 다수가 20%의 뛰어난 소수보다 더 많은 가치와 업적을 창출한다는 이론.
다양한 기능을 외부 공급사로 충당

● 　결국 무료로 제공되는 인터넷 서비스는 우리가 열심히 사용하면서 제공하는 우리의 데이터를 통해 운영된다. 사실 공짜로 쓰는 것이 아니다. 그런 만큼 무료 인터넷 서비스를 이용할 때는 사용자 약관과 개인정보의 활용에 대한 명확한 인지가 필요하다. 또한 개인정보를 과도하게 남용하지 않도록 함부로 개인정보 활용에 대한 동의를 하지 않아야 한다. 특히 빅테크 기업의 인터넷 서비스는 개인정보 사용의 내역과 범위를 명확하게 기록하고 열람할 수 있으므로, 이러한 사항을 주기적으로 살피는 지혜가 필요하다.

간편결제와 QR 인증,
얼굴 인식으로 거래하는 세상

코로나19로 인해 우리의 일상이 많이 변화했다. 그중 가게에 갈 때 어김없이 스마트폰을 흔들어 QR코드를 생성해 인증을 하는 것은 하루에도 여러 번 거쳐야 하는 관문이 되었다. 만일 스마트폰이나 QR코드가 없었다면 얼마나 번거로웠을까? 여러 사람들의 손을 거쳐간 펜을 들고 이름, 주소, 전화번호를 기록하는 것이 얼마나 지루한 일이었을까? 이를 단 한 번의 QR코드로 단숨에 해결된 것을 보면 기술이 얼마나 우리 삶을 편하게 해주는 것인지 알 수 있다.

▲ 가게에 입장하기 전 앱으로 QR 체크인하는 모습

일상이 된 QR 인증, 어떻게 작동하는 걸까?

카카오톡이나 네이버 앱을 열고 QR코드를 만들어 가게에 있는 스마트폰 카메라에 비추면 자동으로 인증이 된다. 이를 가리켜 QR코드 전자출입 명부라고 부른다. 우리가 카카오톡에 휴대폰 번호 기반으로 사용자 인증을 해둔 인적사항 정보가 카카오톡을 거쳐 사회보장정보원에 암호화되어 저장된다. 이때 저장된 정보에는 사용자 정보 외에 사업자의 사업자 등록증에 기록된 상호명, 사업자 등록번호와 주소, 전화번호 등도 함께 기록된다. 한마디로 가게에 비치된 스마트폰의 보건복지부 전자출입명부 앱과 방문자의 카카오톡에 휴대폰 번호 기반으로 인증된 개인정보가 QR코드를 찍는 순간 자동으로 전송되는 것이다. 물론 인증한 시간도 기록되기 때문에 이를 기초로 차후에 특정 시간대, 특정 가게에 방문 이력이 있는 사용자를 파악할 수 있다. 물론 이렇게 저장된 정보는 4주가 지나면 파기된다.

사실 QR코드를 이용한 인증은 사실 코로나19 이전, 2019년부터 이미 사용하고 있었다. 바로 서울시의 제로페이와 카카오페이 등의 QR코드 결제다. 편의점에 가서 결제를 할 때 신용카드나 체크카드를 이용하지 않고, 스마트폰 간편결제 앱을 실행해 매장에 비치된 QR코드를 비춘다. 그러면 자동으로 미리 등록된 결제수단으로 결제가 이루어진다. QR 결제는 매장에 인쇄된 QR코드를 사용자의 스마트폰에서 간편결제 앱으로 비춘다는 점에서 QR 인증과 다르지만 원리는 비슷하다. 또한 카드 앱에서 제공되는 바코드를 이용한 결제는 매장의 POS 단말기의 바코드 리더기로 읽어 결제하는 방식이라 QR 인증과 유사하다. 결론적으로 바코드든 QR코드든, 인증이든 결제든 작동원리는 비슷하다. 스마트폰에 기록해둔 사용자 정보나 결제 관련 정보를 QR코드와 같은 식별자를 이용해서 빠르고 쉽게 약속해둔 작업을 처리하는 것이다. 휴대폰 번호, 지문과 얼굴 인식 등 스마트폰의 보안 기술이 발전하고 늘 인터넷에 연결돼 휴대하고 있어 이런 용도로도 활용할 수 있게 되었다.

중국은 어째서 QR 결제가 활발할까?

QR코드를 전 세계에서 가장 잘 활용하고 있는 국가가 있다. 바로 중국이다. 중국에서는 이미 2012년경부터 스마트폰을 이용한 결제가 성행하고 있다. 물론 한국에서도 네이버페이, 페이코, 카카오페이 등의 간편결제 서비스가 있고 카카오뱅크와 같은 인터넷 은행, 그리고 신용카드사들도 저마다 앱을 제공하고 있어 모바일 금융 서비스가 활성화된 것이 사실이다. 하지만 중국의 모바일 금융 서비스는 한국보다 적어도 수년은 앞서 있다. 어찌 보면 한국보다 선진적이라고도 평가할 수 있다.

중국의 모바일 결제는 알리페이와 텐페이가 지배하고 있으며 모바일 결제 비중이 전체 결제 시장에서 70%를 넘은 지 오래다. 이는 전 세계에서도 유례없는 비중으로, 실제 중국의 모바일 결제 거래액은 2020년 249조 위안약 4경2천조 원에 달해 6년 전보다 마흔 배 가량 성장했다. 중국에서 모바일 결제의 특징은 오프라인에서도 널리 이용된다는 점이다. 한국도 모바일 결제가 활성화되었지만 오프라인보다는 온라인 결제에서 주로 이용된다. 반면 중국은 가게나 노점상, 병원 등 오프라인에서의 모바일 결제가 온라인 결제보다 훨씬 많다. 중국은 한국처럼 신용카드 보급률이 높지 않아서 그간 번거로운 현금 결제를 이용하고 있었기 때문인데, 모바일 결제는 현금보다 편해서 급속히 사용량이 늘어난 것이다.

사실 스마트폰을 이용한 결제와 신용카드 결제를 비교해보면 신용카드가 훨씬 더 빠르고 간편해 보인다. 신용카드는 지갑에서 꺼내 단말기에 꽂으면 가게 점주가 결제 금액을 입력한 후 수 초 만에 영수증 출력과 함께 결제가 끝나기 때문이다. 반면 모바일 결제는 화면 잠금을 해제하고 간편결제 앱을 실행해서 바코드를 보여주거나, 매장의 QR코드를 찍어야 하니 번거로운 절차를 거쳐야 한다. 그래서 국내에서는 신용카드 결제가 여전히 모바일 결제보다 더 널리 이용되고 있다. 하지만 중국은 신용카드 보급률이 20% 미만으로 낮아서, 모바일 결제 사용량이 빠르게 늘어날 수 있었던 것이다.

게다가 중국의 모바일 결제는 오프라인에서 신용카드 결제가 주지 못하는 편리함을 제공한다. 신용카드 결제의 경우 가게에 POS 단말기가 설치되어 있어야 하기에 길거리 노점상이나 작은 상가에서는 사용이 어렵다. 게다가 신용카드 결제는 매장 점주에게 결제 수수료를 부과하고 결제 금액을 즉시 입금해주는 건 아니어서 거부감이 있다. 하지만 알리페이 등을 이용한 결제에는 매장에 POS 단말기 없이 QR코드만 인쇄해두면 되고, 별도의 수수료도 없이 결제 금액도 즉시 입금된다. 그러니 매장 입장에서는 QR 결제를 반길 수밖에 없다.

사실 사용자 입장에서도 QR 결제는 번거롭지만, 신용카드 결제가 주지 못하는 장점도 있다. 신용카드를 이용하면 결제 금액을

▲ QR코드 기반의 오프라인 간편결제와 신용카드 결제의 차이

매장 주인이 입력하지만, QR코드를 이용하면 내가 결제금액을 입력할 수 있다. 또한 스마트폰에 즉시 결제 내역이 기록되기 때문에 언제, 어디서, 얼마나 결제했는지 등에 대한 정보를 이용해 가계부를 쉽게 정리하는 것도 가능하다. 또한 레스토랑의 경우 알리페이 등에서 제공하는 정보를 통해 배달의민족처럼 메뉴판을 보지 않고도 메뉴를 확인하고 즉시 주문할 수 있어 편리하다.

요즘IT

중국, 신용카드가 없어서
핀테크 강자가 되었다고?

중국의 핀테크가 전 세계에서 가장 앞설 수 있었던 비결은 아이러니하게도 신용카드 보급률이 낮았기 때문이다. 이제 중국은 현금을 사용하는 것이 민폐가 될 정도로 현금 사용량이 줄어들었다.

중국의 핀테크가 대단한 것은 알리페이나 텐페이 등의 결제 앱이 단순하게 결제 대행만 하는 것이 아니라 자체적으로 은행이자 신용카드의 역할을 하기 때문이다. 카카오페이는 은행계좌나 신용카드를 연동해서 사용하는 서비스이지 그 자체가 은행이나 신용카드는 아니다. 하지만 알리페이는 그 자체가 은행과 신용카드를 대체하기 때문에 기존 금융 서비스를 완벽하게 대체한다. 또한 알리페이 앱에서는 결제 기능 외에도 택시 호출, 호텔 예약, 재테크, 보험상품 가입, 대출 등의 다양한 이커머스 서비스와 금융 서비스를 제공한다.

QR도 필요 없어, 갖다 대면 끝!

스마트폰으로 결제할 때 바코드나 QR코드를 생성해 촬영하는 절차는 지극히 아날로그 방식이다. 불편해서 이 방식은 오래가지 않을 것이다. 굳이 앱을 실행하지 않고도 결제되는 새로운 기술이 등장했는데, 바로 NFC 결제 방식이다. 근거리 통신 기술Near Field Communication을 뜻하는 NFC는 10cm 이내의 근거리에서 단말기간 데이터를 전송하는 기술이다. 물론 블루투스가 이보다 더 먼 거리의 통신도 지원하지만 결제를 하는 용도로는 보안의 문제가 있는 반면, NFC는 접촉식이라 결제 여부를 명확하게 인지할 수 있어 보안도 우수하며 저렴하기까지 하다.

이미 지하철, 버스, 그리고 택시 티머니 등을 이용할 때 접촉 방식의 결제를 하면서 신용카드나 QR코드보다 얼마나 편한지 우리는 피부로 느끼고 있다. NFC 결제를 지원하기 위해서는 두 가지의 조건이 필요하다. 매장에 NFC 지원 단말기가 있어야 하고, 스마트폰에 NFC를 지원하는 기능이 탑재되어 있어야 한다. 후자는 이미 최근 출시되는 스마트폰에 탑재된 기능이라 매장에서는 NFC 단말기만 구비하면 된다. 이미 QR 인증을 하는 매장에서도 스마트폰이나 아이패드 등의 태블릿을 이용해 인증하고 있으니 NFC 결제도 조만간 실현될 것이다.

사실 거창한 NFC 결제가 아니어도 이미 우리는 스타벅스 앱을 이용해 QR코드 같은 번거로운 절차 없이도 모바일 결제를 하고 있다. 스타벅스 앱을 이용해 방문하려는 매장을 선택해 사이렌 오더로 미리 주문하고 결제하는 것 자체가 매장 결제다. 다만 사용자가 실제 방문할 매장이 아닌 곳에 잘못 주문할 수 있어, GPS와 귀로는 들을 수 없는 음파를 스마트폰의 마이크로 확인해 매장 위치를 보다 정교하게 파악하는 '비콘'이라는 기술이 이용된다. 이렇게 점차 다양한 오프라인 장소에서 쉽게 모바일 결제를 할 수 있는 기술과 서비스는 계속 시도되고 있다.

요즘IT
스마트폰 없어도 돼!
얼굴 인식으로 자동 결제 준비하는 아마존

아마존은 '아마존고Amazon go'라는 무인 매장을 미국의 일부 도시에서 운영 중이다. 마트에 방문한 사용자가 아마존 앱을 실행해 체크인을 하고 입장하면, 그 이후로 카트에 담은 상품을 자동으로 인식해서 매장을 나가면 자동으로 결제된다. 매장 내 마이크, 카메라 등이 누가, 무엇을, 얼마나 샀는지를 인식해서 자동 결제가 이루어지는 것이다. 심지어 아마존은 얼굴 인식 기능을 통해 스마트폰 없이도 매장에 방문한 사람이 구매한 상품을 자동으로 인지해 결제하는 기능까지 준비 중이다.

● 　이제 온라인 서비스는 오프라인과 별개로 구분되지 않는다. 즉, 온라인이 오프라인을 대체하는 것이 아니라 오프라인 속에 온라인이 존재해 밀결합되는 방식으로 진화해갈 것이다. 그간 온라인은 끊임없이 디지털 기술의 발전 속에서 개선되어 왔다. 반면 오프라인은 디지털 기술과 괴리된 채 혁신이 더뎠던 것이 사실이다. 하지만 스마트폰 덕분에 오프라인도 디지털 기술 기반의 혁신이 가능해졌다. 앞으로 오프라인의 장소와 공간, 그리고 사물들이 그 속에 위치한 사람들을 상호 연결하고 연동함으로써 새로운 경험을 제공하는 변화가 본격 가동될 것이다. QR 인증이나 모바일 결제, 그리고 얼굴을 이용한 인증 등이 바로 그렇게 오프라인을 보다 스마트하게 만들어주고 있다.

나 대신 기억하고 안내하는
AI 어시스턴트

컴퓨터나 스마트폰은 이제 주변에서 쉽게 볼 수 있는 인터넷 기기가 되었다. 보편화된 스마트폰은 누구나 사용하기 쉬운 기기일까? 아무리 3~7세, 70대 넘은 노년층도 스마트폰을 이용할 수 있다고 하지만 스마트폰 조작이 쉬울 리는 없다. 20~40대의 능숙한 사용자들의 스마트폰 이용 방식과 비교하면 미흡한 것이 사실이다. 좀 더 쉽게 컴퓨팅 작업과 인터넷을 사용할 수 있는 방법은 없을까?

알려줘, 한 마디면 바로 해결!

　스마트 스피커는 인터넷에 연결된 스마트폰처럼 인터넷에 연결된 스피커다. 원래 스피커는 음악을 듣는 기기지만, 인터넷에 연결된 스마트 스피커는 다양한 용도로 사용할 수 있다. 궁금한 것을 물어보면 답을 해주거나, 기기의 제어와 상태를 확인할 수 있다. 아마존에서 '에코Echo'라는 스마트 스피커를 출시하며 시장 선점을 한 이후 구글, 삼성전자, SKT, 카카오, 네이버 등 다양한 기업이 경쟁하며 시장이 성장 중이다. 스마트 스피커가 주목받은 계기는 아마존이 2015년에 출시한 '에코'다. 에코는 '알렉사Alexa'라는 인공지능이 인터넷을 통해 연결되어 있다. "알렉사"라고 부르면 스피커는 깨어난다. 알렉사에게 필요한 것, 알고 싶은 것, 사고 싶은 것을 대화하듯 물어보면 답을 준다. 굳이 웹에서 검색하던 것처럼 검색어를 생각하고 글자를 입력하고 나타난 수많은 하이퍼링크의 결과물을 이리저리 돌아다니며 찾지 않아도 된다. 필요한 것을 즉시 알려준다. 비서나 집사에게 말하듯 알렉사에게 요구하면 된다.

　이미 알렉사에 연결된 아마존의 스피커는 수억 대나 팔렸다. 그리고 이제 알렉사는 아마존의 스피커뿐만 아니라 전 세계 어떤 스피커에도 탑재되고 있다. 보쉬 스피커, LG전자 냉장고나 포드와 BMW 자동차에도, GE의 램프, 삼성전자의 로봇청소기, 그리고 샤

워헤드 등 다양한 기기에 연결되고 있다. 스피커의 형태가 아닌 주변 사물들에 알렉사가 탑재되어 말로 기기를 조작할 수 있을 뿐 아니라 아마존 에코의 기능을 수행해내고 있다. 마치 컴퓨터에 윈도우를 설치하고 스마트폰을 사용하기 위해 안드로이드가 필요한 것처럼, 알렉사가 인터넷에 연결되는 수많은 디지털 기기에 OS처럼 연결되어 가고 있다. 그렇게 연결된 장치들은 알렉사로 통제, 제어될 뿐 아니라 알렉사를 통해 집안에 연결된 냉장고, 세탁기, 로봇청소기의 작동 상태를 스마트폰의 알렉사 앱으로 확인하고 알렉사가 탑재된 자동차, TV에서 명령을 내릴 수 있게 될 것이다. 그렇게 되면 알렉사에 연결되지 않은 기기는 마치 윈도우와 안드로이드가 설치되지 않은 컴퓨터, 스마트폰처럼 깡통이 되어 버린다. 그것이 알렉사와 같은 음성 인공지능이 내재한 영향력이다.

이처럼 스마트 스피커를 호출해서 명령을 내리고 인터넷 서비스를 사용할 수 있는 것은 AI 어시스턴트Assistant라고 부르는 인공지능 덕분이다. 아마존은 알렉사, 구글은 헤이구글, 삼성은 빅스비, SKT는 아리아, 네이버는 클로바, 카카오는 헤이카카오라고 부른다. 결국 스마트 스피커의 성능은 이 인공지능 비서가 얼마나 사람 말을 잘 알아듣고, 다양한 서비스에 연결되어 사람에게 필요한 서비스를 제공할 수 있는지에 따라 결정된다. 우리가 사용하는 스마트폰에 설치된 운영체제가 업그레이드되면 성능이 향상되는 것처럼, 스마트 스피커 역시 인공지능이 진화되면 성능이 더 좋아진다. 기존의 PC나 스마트폰과 다른 점이라면 스피커는 고사양의 CPU, 메모리, 저장장치가 없다는 것이다. 그래서 가격이 저렴하며 스피커뿐 아니라 냉장고나 에어컨 등의 가전기기와 자동차에 내장되는 형태로 작동할 수도 있다. 이런 편의성 덕분에 AI 어시스턴트는 다양한 사물인터넷 기기에 탑재되어 기존의 그 어떤 인터넷 플랫폼보다 더 확산할 것으로 예상된다.

국내에도 2017년부터 스마트 스피커가 선보이기 시작해 2019년 까지 약 5백만 대 남짓 보급되었다. 2020년 이후 1천만 대를 훌쩍 넘기고 빠른 속도로 확산하면서, 컴퓨터와 스마트폰에 이어 제3의 인터넷 기기로 우리 삶과 사회, 그리고 기업의 비즈니스에 영향을 주게 될 것이다.

요즘IT
스마트폰에 있었다고? AI 어시스턴트

음성 기반으로 마치 대화를 하는 것처럼 서비스를 이용할 수 있도록 한 조작 방식은 이미 20년 전 휴대폰에도 있었다. 바로 전화기에 대고 말을 하면 다이얼 버튼을 누르지 않고도 상대방에게 전화가 걸리는 음성 다이얼 기능이다. 하지만 음성 인식률이 떨어지고 전화 걸기에만 제한적으로 사용할 수 있어서 널리 이용되지는 않았다. 이후 2011년에 애플은 아이폰 4s에 시리Siri, 2012년에 구글은 안드로이드 4.1에 구글 나우Google Now라는 음성 기반의 인공지능 비서 서비스를 선보여 좀 더 다양한 서비스를 이용할 수 있도록 했다. 하지만 이들 서비스는 크게 주목받지 못했다. 이미 화면을 터치하며 쉽게 사용할 수 있는 손가락 인터페이스가 있는데 굳이 음성으로 스마트폰을 조작해야 할 만큼 모바일에 음성 인터페이스가 그다지 매력적이지 못했던 것 같다.

AI 어시스턴트 중에 가장 앞선 서비스를 제공하고 있는 아마존의 알렉사에는 수만 개의 서비스가 제공되고 있다. 스마트폰에 앱을 설치하듯이, 알렉사에 '스킬셋Skill Set'이라는 서비스를 설치하면 알렉사를 통해서 이들 서비스를 이용할 수 있다. 알렉사를 이용해 영어를 배우고 운동 구령을 부칠 수 있으며 간단한 음성 기반의 게임을 할 수도 있다. 아이들에게 동요를 들려주고, 명상을 할 수 있는 음악이나 명언을 들려주기도 한다. 알렉사는 음성을 이용해 대화하듯이 인터넷을 사용하고 컴퓨터와 스마트폰을 넘어 수많은 사물 인터넷 기기를 조작할 수 있는 거대한 플랫폼이 되어가고 있다. 구글, 네이버 검색에 노출되지 않는 브랜드나 홈페이지는 사람들에게 외면받는 것처럼, 알렉사에 연결되지 않은 사물과 서비스는 소비자와 만날 기회를 상실할 수 있다. 바로 인공지능 비서 플랫폼의 위력이다.

이런 음성 인공지능 비서는 하나면 족하다. 인터넷 검색하면 구글, 네이버를 가장 먼저 떠올리듯이 사람들이 사용하는 음성비서 역시 한두 개가 승자가 될 가능성이 크다. 그래서 아마존, 구글, 애플, 페이스북, 국내에는 SKT, 카카오, 네이버, 삼성전자 등의 인터넷 기업과 제조업체, 통신업체들이 산업의 구분을 가리지 않고 음성비서 시장에 뛰어들어 치열한 경쟁을 벌이는 것이다. 컴퓨터-웹, 스마트폰-모바일에 이어 새로운 비즈니스의 기회를 열어줄 사물인터넷-인공지능이라는 정보통신기술ICT, Information & Communication Technology 플랫폼의 가능성을 우리는 어떻게 이해하고, 무슨 준비를 하고 있는지 살펴봐야 한다. 이 가능성을 기회로 만드느냐, 위기로 만드느냐는 지금 우리의 대응책에 달렸다.

요즘IT

챗봇 이루다, 어쩌다 AI 윤리를 촉발한 걸까

2020년 말 이루다라는 챗봇이 등장해 관심을 크게 받았다. 마치 영화 〈그녀Her〉의 사만다라는 인공지능처럼 이루다는 20세의 여성으로 설정되어 페이스북 메신저를 이용해 채팅으로 대화를 나눌 수 있는 서비스이다. 2018년경부터 인공지능이 사회의 주요 화두였지만 막상 우리 일상에서 AI를 접하기란 어려웠는데, 챗봇인 이루다가 등장하자 편하게 AI를 접하면서 큰 주목을 받고 인기를 끌었다.

하지만 갑작스레 다가온 AI를 아직 사회적으로 받아들일 수 있는 준비가 안 되어 여러 논란이 일어났다. 이루다를 마치 사람처럼 착각하면서 성희롱을 하거나 인공지능을 성희롱한다는 것 자체가 성립이 안 되지만, 성 소수자 혐오를 보여주는 대화 내용 등으로 인해 이루다를 어떻게 봐야 할 것인가에 대한 논쟁을 불러일으켰다. 무엇보다 가장 큰 논란은 이루다를 개발하면서 개인정보를 다룬 방식이었다. 개발자들은 이루다의 학습에 필요한 데이터를 기존 사용자들의 카카오톡 데이터에서 얻었다. 이 과정에서 명확하게 연인 간 대화 데이터를 양측 동의를 구하지 않고 이용한 것이 논란이 되기도 했다. 이런 이유로 이루다는 정식 오픈한 이후 20일 만에 서비스를 중단했다. 이 사건을 계기로 AI 윤리에 대한 이슈가 대두되었고, 인공지능을 서비스에 이용할 때 개인정보의 활용과 개발 가이드에 대한 사회적 점검이 이뤄지게 되었다.

나만을 위한 AI 비서를 두다?

AI의 용도는 크게 두 가지로 해석할 수 있다. 하나는 특정한 솔루션으로 자율주행, 얼굴인식, 공정 효율화, 공장자동화 등 제한된 기능을 수행하는 것이다. 주로 B2B기업 간 거래 AI로 특별한 기능에 최적화해 운영된다. 인더스트리얼Industrial AI로 불리기도 하는 데 주로 기업의 비즈니스 문제를 해결하는 솔루션으로 이용된다. 앞으로 모든 기업에서는 기업의 비즈니스를 효율화하고 사업 혁신을 이루는 데 AI를 이용하는 것이 일반화될 것이다. 공장에서는 제조 공정에서 일어나는 에러를 최소화하고 고장을 사전에 진단하는 등의 용도로도 이용되고, 영업과 마케팅을 고도화하고 비용을 최소화하는 데 이용되기도 한다. 이렇게 제조업이나 다양한 비즈니스 영역에 AI가 적용되는 것은 선택이 아닌 필수가 될 것이다.

다른 하나는 인터넷 검색처럼 일반 사용자 대상으로 범용적으로 사용하는 인공지능 비서, AI 어시스턴트Assistant다. AI 어시스턴트는 대중적으로 쓰여 웹, 모바일처럼 우리 일상 깊숙이 침투해 많은 변화를 이끌어낼 것이다. 이러한 AI를 프런트Front AI라 부르기도 한다. 대중을 상대로 한 AI 플랫폼은 클라우드에 AI가 다양한 채널을 통해서 사용자와 연결되는 방식으로 작동된다. 스마트폰에 안드로이드가 탑재돼 카카오톡을 사용하는 이치와 같다. 차이점은 기존의 웹에서 하던 검색이나 모바일의 페이스북과는 달리 AI 플랫폼에서는 PC, 스마트폰 등 주변의 모든 하드웨어를 넘어 소프트웨어, 서비스가 AI 어시스턴트 탑재 대상이 된다는 점이다. SKT의 스마트 스피커 '누구'에는 '아리아'라는 자사 AI 어시스턴트가 탑재되어 있으며, 이 AI 비서는 스마트폰 티맵 앱에도 탑재돼 제공된다. 스피커 없이도 티맵으로 아리아를 이용할 수 있다. 또한 '구글 어시스턴트'라는 구글의 AI 어시스턴트는 LG전자의 엑스붐 씽큐ThinQ라는 스피커와 안드로이드가 탑재된 TV, 구글 오토가 탑재된 자동차에서 사용할 수 있으며, 스마트폰이나 크롬북 등의 컴퓨터에 소프트웨어를 설치해서 이용할 수도 있다.

알렉사, 헤이카카오, 아리아, 클로바 등의 AI 어시스턴트는 하드웨어에 기본적으로 탑재돼 제공되는 것은 물론, 스마트폰 등에 앱을 설치해서 사용하거나 다른 소프트웨어에 하나의 기능으로 통합돼 제공되기도 한다. 웹브라우저에서 네이버 카페나 인스타그램 등으로 연결되듯이, 앞으로는 AI 어시스턴트를 호출해 어디서든 음성이나 텍스트로 서비스를 받을 수 있는 날이 올 것이다. 이처럼 기존의 어떤 플랫폼보다 더 다양한 채널을 통해서 AI 어시스턴트를 킬러앱Killer App으로 이용해 클라우드 속 AI와 만날 수 있다는 것이 AI 플랫폼의 큰 특징이다.

또한 AI 어시스턴트는 단일 서비스가 아니라 다른 서비스나 소프트웨어, 하드웨어를 연결해서 사용할 수 있도록 해주는 종합적인 킬러앱이다. 알렉사를 이용하면 아마존이 제공하는 서비스만이 아니라 8만 개가 넘는 외부 서비스들을 이용할 수 있다. 클라우드의 알렉사라는 AI 플랫폼 위에 외부의 서비스들이 연결되어 동작하기 때문이다. 기존 그 어떤 IT 플랫폼보다 다양한 서비스, 소프트웨어, 하드웨어를 클라우드 속 AI와 연결할 수 있을 뿐 아

▲ 스마트폰보다 더 편리한 인공지능 비서

니라 AI 어시스턴트라는 고객 접점을 통해서 이들 외부의 자원을 단일한 채널로 사용자에게 제공한다.

이렇듯 사용자 대상의 범용 AI는 AI 어시스턴트라는 킬러앱을 통해서 사용자와 만나고 있으며, 이를 통해 클라우드 속 AI는 수많은 자원을 삼키고 있다. 이 과정에서 거대한 AI 생태계가 만들어지며 더 많은 사용자와, 더 오래도록, 더 자주 연결돼 기존보다 압도적으로 많은 데이터를 수집하고 제공할 수 있는 서비스의 폭을 확장하고 있다. AI 플랫폼을 지배한 기업은 기존의 그 어떤 플랫폼 기업보다 더 강력한 주도권을 가지면서 모든 서비스와 비즈니스의 중심축에 서게 될 것이다.

전 세계의 주요 인터넷 기업과 글로벌 제조업체, 통신사가 나서서 AI 플랫폼을 지배하기 위한 경쟁에 뛰어들었다. 아마존과 구글, 네이버와 카카오, 삼성전자와 샤오미, SKT와 KT가 이 거대한 플랫폼을 장악하기 위해 유례없는 전쟁 중이다. 그런데 이 전쟁의 승자가 되기 위해서는 어떤 요소가 중요할까. AI의 성능, AI 어시스턴트의 인식률, 스마트 스피커의 판매량 같은 요소들일까?

플랫폼의 성공을 가늠하는 핵심 요소는 바로 플랫폼에 참여하는 이해관계자들이 플랫폼을 사용하며 다양한 가치를 서로 거래하게 해주는 기술이다. 다양한 목적으로 AI 플랫폼을 이용하려는 사용자들에게 입맛에 맞는 서비스를 이용할 수 있도록 하려면, AI 플랫폼에 다양한 서비스들을 연동해 제공해야 한다. A부터 Z까지를 플랫폼 주체가 제공할 수는 없다. 외부의 서비스들, 여기에는 하드웨어, 소프트웨어, 콘텐츠, 모든 것이 포함된다. 이 모든 서비스가 AI 플랫폼에 등록되어 사용자들에게 전달될 수 있어야 한다. 이를 위해 AI 플랫폼은 윈도우나 iOS, 안드로이드처럼 다른 소프트웨어, 앱, 그리고 서비스들을 연계해서 사용할 수 있는 오픈 플랫폼으로서 기술 인프라가 제공되어야 한다. 그런 면에서 알렉사, 구글 어시스턴트, 누구 디벨로퍼스 등이 앞서 있다.

AI 어시스턴트가 자리매김하려면 사용자의 말을 잘 인식하고, 음악이나 날씨 정보 등 가장 많이 애용하는 서비스를 빠르고 편리하게 제공하는 것도 중요하지만 이 영역은 당장은 개선할 여지가 크다. 더 큰 문제는 AI 어시스턴트에 명령을 내려 다양한 용도로 서비스를 사용하려면 AI 플랫폼에 등록된 외부 서비스가 많아야 하는데, 이는 하루아침에 이뤄지는 게 아니라는 점이다. AI

플랫폼의 핵심 경쟁력은 가장 많이 사용하는 몇 개의 서비스를 제대로 사용하는 것이 아니라 다양한 서비스를 입맛 따라 골라서 사용할 수 있는 다양성에 있다. 아마존 알렉사가 구글 어시스턴트에 위협적인 것은 8만 개가 넘는 앱이 알렉사에 연계되어 다양한 용도로 알렉사를 사용할 수 있기 때문이다.

더 나아가 알렉사나 구글 어시스턴트는 자체 제작한 스마트 스피커인 아마존 에코나 구글홈 외에도 다양한 기기에 탑재돼, AI 어시스턴트를 만날 수 있는 채널이 다양하다는 점도 주목해야 한다. 앞서 말한 AI 플랫폼의 성공을 가늠하는 또 다른 핵심 요소는 AI 어시스턴트를 만날 수 있는 채널의 접근성이다. 여기서 접근성이란, 단지 스마트 스피커를 많이 판매한 보급 대수에서만 찾아서는 안 되고, 보다 다양한 경로로 AI 어시스턴트를 호출할 수 있는 접근 가능성을 말한다. 알렉사가 탑재된 디바이스는 1억 대가 넘지만, 구글 AI는 전 세계 수십 억대 보급된 안드로이드 폰과 안드로이드가 탑재된 태블릿, 크롬 브라우저가 내장된 크롬북 등을 통해서 사용자와 만날 수 있다. 또한 아이폰이나 아이패드에도 구글 어시스턴트 앱을 설치하면 사용이 가능하기 때문에 접근성 면에서는 알렉사보다 더 뛰어나다.

AI 플랫폼 시장에서 주목해야 하는 점은 AI 자체가 아니라 AI를 기반으로 한 비즈니스 생태계다. 이 생태계를 구축하는 것은 AI 기술보다는 다양한 기기와 서비스를 연동하는 기술력과 파트너십 역량, 그리고 고객과의 다양한 접점을 만들 수 있는 마케팅 파워다.

그런 측면에서 한국의 AI 플랫폼은 과연 누가 지배할까? 이러한 핵심 역량을 이해하고 대비를 제대로 해온 기업이 승자가 될 수 있다.

요즘IT

AI 어시스턴트의 킬러앱, 새로운 비즈니스의 장을 열다

스마트폰에 앱스토어가 있는 것처럼 스마트 스피커에도 스토어가 있다. 이 스토어에 AI 어시스턴트로 사용할 수 있는 서비스가 나열되어 있다. 모바일에 카카오톡이나 페이스북, 인스타그램이 있는 것처럼 AI 플랫폼에도 사람들이 자주 찾는 서비스가 있을 것이다. 현재 주로 이용되는 스마트 스피커의 킬러앱은 음악과 팟캐스트, 날씨, 알람 정도다. 하지만 AI 플랫폼이 진화되면서 더욱 다양한 서비스가 제공되면 킬러앱도 달라질 것이다.

아마존 에코는 아마존 쇼핑몰에서 구매한 상품의 배송정보와 자주 구매하는 생필품을 쉽게 주문할 수 있는 쇼핑 서비스와 알렉사에 등록된 사람들과 통화를 할 수 있는 통신 서비스가 킬러앱으로 주목받고 있다. SKT의 누구는 국내의 다양한 가전기기와 플러그, 전등을 지원하고 있어 가정 내에서 에어컨과 공기청정기를 켜고 끄고, 전등을 조작하며, 현관문이 열렸는지 등을 확인할 수 있는 스마트홈 기능이 널리 애용되고 있다.

구글홈은 독특한 기능이 다양하게 제공되는데, 브로드캐스트라는 기능은 구글 어시스턴트가 탑재된 집안의 모든 스피커에 방송을 하게 해준다. 또한 집안의 모든 스피커에서 동시에 같은 음악을 재생해서 집안 전체를 하나의 스피커로 만들 수도 있다.

이처럼 AI 플랫폼에서 사용 가능한 다양한 종류의 킬러앱들이 앞으로 나타날 것이며, 앞으로 새로운 비즈니스의 기회를 가져다줄 것이다.

AI는 인간의 일자리를 대체할까?

인공지능 이야기만 나오면 많은 사람이 두 가지 걱정을 한다. AI가 우리 일자리를 뺏는 것은 아닌가? 〈터미네이터〉 영화에서처럼 로봇 인공지능이 인류를 지배하는 것 아닌가?

우리 인류의 역사 가운데, 기술의 진화 과정에서 일자리는 늘 사라졌다. 자동차가 등장하며 얼마나 많은 마부와 마차 만드는 장인, 말 목장이 사라졌겠는가? 1940년대 미국의 FBI에서는 지문을 저장하고 판독하기 위한 업무를 보는 사람들이 2만 명이 넘었다. 하지만 지문 판독 기술의 발전은 이들 모두의 일자리를 사라지게 했다. 그렇게 기술은 일자리를 대체한다.

반면, 새로운 일자리를 만들어내기도 한다. 자동차의 등장은 자동차 제조사와 정비업체, 주유소, 그리고 교통 신호수, 버스와 택시, 트럭 운전수에 이르기까지, 다양한 일자리를 창출해냈다. 또한 기술의 발전으로 기계적이고 반복적인 업무의 비효율성이 제거되면 잉여 시간에 더 창의적인 일을 함으로써 새로운 산업 수요를 만들어내기도 한다. 즉, 생산성 발전이 특정 계층의 부를 높여줌으로써 신규 비즈니스의 기회가 만들어지고 관련 시장의 규모가 커질 수 있는 마중물이 된다. 50년 전만 해도 뮤지컬이나 영화 감상, 콘서트를 즐기는 것이 대중적이지 않았다. 하지만 기술 발전으로 소득 수준이 높아지면서 공연과 문화 생활, 더 나아가 명품 수요 등의 다양한 소비 문화로 이어졌다. 그 과정에서 영화배우, 연극배우, 촬영기사와 조명기사, 감독 및 백화점 쇼퍼 등의 새로운 일자리의 창출이 일어날 수 있었다. 그러므로 AI의 발전이 산업과 시장 전체를 고려할 때 일자리를 뺏는다고만 말할 수는 없다.

요즘IT

머신러닝과 딥러닝, 대체 뭐야?

인공지능을 개발하는 다양한 방법 중 대표적으로 가장 많이 언급되는 것이 머신러닝과 딥러닝이다. 머신러닝은 인공지능을 학습시키기 위해 대량의 데이터를 제공해 자기 학습을 통해 작업 수행 방법을 익히는 방법론을 뜻한다. 그런 머신러닝을 구현하는 여러 방법 중 하나가 딥러닝이다. 딥러닝은 우리 인간의 뇌에 있는 뉴런과 같이 자기학습을 위해 필요한 데이터를 자동으로 수집한다는 점이 큰 특징이다.

● 앞으로 AI 어시스턴트는 절대 강자 하나만 살아남아 시장 지배자가 될 것이다. 웹브라우저를 열고 가장 먼저 네이버나 구글에 연결하고 스마트폰을 잠금 해제한 후에 페이스북이나 카카오톡을 실행하는 것처럼, 집이나 자동차에서 인공지능을 부르는 것이 자연스러워질 것이다. 그렇게 부르는 인공지능 비서는 상황에 따라 달라지는 것이 아니라 어느 하나일 것이다. 그런 AI 비서에 등록되지 않은 서비스는 어떻게 될까? 만일 오케이구글을 불러서 삼성전자의 에어컨을 켜고, 샤오미의 공기청정기를 켜고, 현관문 자물쇠를 열려고 하는데 이들 제조사의 기기가 오케이구글에 등록되어 있지 않으면 제대로 동작하지 않을 것이다. 네이버에서 검색했는데도 검색되지 않는 회사 홈페이지나 상품 정보와 같은 처지가 되는 셈이다. 처음 스마트폰이 나올 때만 해도 검색, 뉴스, 날씨, 지도 등의 서비스만 생각했지, 배달의민족, 인스타그램, 카카오택시, 타다와 같은 사업 기회가 있을 거라 생각했을 리 없다. 모바일을 이용하면서 자연스럽게 이런 사

업 기회의 가능성을 발견했다. AI 시대에 새로운 비즈니스 기회를 찾기 위

해 우선 집에 스마트 스피커 한 대 사서 직접 체험해보는 것을 추천한다.

그렇게 사용하면서 다양한 서비스들을 이용해보면 현재 하고 있는 사업,

관심있는 비즈니스에 대한 아이디어가 늘어갈 것이다. 바로 거기에서 혁

신의 기회를 찾을 수 있다.

마켓컬리와 쿠팡프레시는
모두 잠든 사이 달린다

코로나19 이후 달라진 우리 일상의 변화 중 하나는 쿠팡과 마켓컬리의 이용 빈도가 높아지고 백화점과 마트를 방문하는 빈도가 줄었다는 것이다. 그런데 이들 이커머스 서비스 이전에도 지마켓, 11번가, 옥션 등의 서비스가 있었음에도 왜 우리는 쿠팡과 마켓컬리를 더 많이 이용하게 된 것일까? 온라인 쇼핑 시장에 어떤 혁신이 있었던 것일까?

쿠팡은 어떻게 이커머스의 강자가 된 걸까

한국의 이커머스는 다른 국가와 달리 춘추전국시대처럼 오랜 기간 절대 강자 없이 존속되어왔다. 지마켓과 옥션으로 대표되는 이베이 코리아가 흑자 경영을 하면서 1위 자리를 지켜왔지만, 여전히 11번가의 도전, 그리고 쿠팡의 빠른 성장, 조용한 챔피언으로서 네이버가 위협적 존재로 자리매김해오고 있다. 국내 이커머스 기업 11번가는 2020년 11월 미국의 아마존으로부터 1천억 원을 투자받았고, 양사 간 전략적 제휴도 맺었다. 글로벌 빅테크 기업이 한국의 이커머스 사업에 진출한 것이다. 이렇게 코로나19가 힘의 균형을 깨뜨리고 있다. 유례없는 이커머스 시장의 빠른 성장으로 쿠팡과 네이버의 약진이 시작되면서 이 균형에 금이 가고 있다.

이처럼 2000년대 웹이 보급되면서 가장 빠른 규모로 성장한 산업이 이커머스다. 처음에는 책을 시작으로 가전기기, 옷, 가구, 그리고 식품에 이르기까지 안 파는 게 없을 만큼 이커머스는 파죽지세로 성장해왔다. 산업통상부에 따르면 2013년 38조 원이던 시장 규모는 2018년 100조 원, 2019년 133조 원, 2020년 160조 원에 이르고 있다. 이중 네이버가 21조 원, 쿠팡과 이베이가 각각 약 17조 원, 11번가가 10조 원을 차지하고 있다. 그리고 2022년에는 200조 원에 육박할 것으로 추정하고 있다. 반대로 오프라인 유

▲ 잠자는 새벽에 일하는 쿠팡

통업체의 매출은 매년 감소 추세다. 코로나19가 본격적으로 확산된 2020년 2월에 오프라인 매출은 전년 동월 대비 7.5% 감소했지만, 온라인은 34.3%나 늘었다.

앞으로 이 숫자들은 2021년을 지나면서 더 크게 바뀔 것으로 추정된다. 시장의 폭발적 성장에는 과실을 크게 가져가는 쪽과 상대적으로 적게 가져가는 쪽이 생기기 마련이고 이로 인해 시장의 균형이 흔들리기 시작한다. 암암리에 이커머스의 숨은 강자로 자리 잡고 있던 네이버가 치고 나가면서 1위로 등극하고, 이어 로켓배송과 멤버십으로 충성도 높은 고객 대상의 객단가가 높은 쿠팡이 규모의 경제에 성공하면서 외형 확대가 본격화될 것으로 예상된다. 그 변화 속에 11번가가 아마존의 힘을 업고 2021년 사업 혁신에 나서기 시작하면서 국내 이커머스 경쟁 구도에 커다란 지각 변동이 본격화되고 있다.

이렇게 이커머스 시장의 규모가 커지면서 전체 온오프라인 리테일 유통에서 30%를 넘어서고 있다. 오프라인 유통은 정체를 넘어 하락 추세고 이커머스의 비중이 커지면서, 기존의 오프라인 유통회사의 고민은 커지고 있다. 백화점, 마트의 방문은 줄어들고 온라인 쇼핑 비중은 늘고 있는데 온라인 쇼핑에선 기존 오프라인 유통기업들의 앱이나 웹을 이용하지 않으니 갈수록 매출 성장이 줄어들고 있기 때문이다. 이렇게 미래 성장성이 암울하다 보니 기업의 주가에도 반영되어 시가총액이 이커머스 기업에 대비하면 초라하다. 실제 쿠팡은 미국 나스닥에 상장하면서 한때 시가총액이 90조 원에 이르기도 했는데, 이 가치는 국내 모든 유통회사의 기업가치를 합한 것보다 더 크다. 신세계나 롯데의 기업가치가 3~4조 원 수준인 것과 비교하면 엄청난 차이다. 쿠팡의 현재 매출이나 수익이 오프라인 유통기업에 비해 적음에도 불구하고 기업가치가 높은 이유는 그만큼 미래의 잠재력을 더 높게 보기 때문이다.

온라인으로 고르고 오프라인에서 찾는다, 옴니채널

이커머스 운영에 있어 중요한 키워드 중 하나가 옴니채널이다. 어떤 채널을 고객이 이용하든 일관된 사용자 경험을 제공하는 것을 일컫는다. 이를 위해서는 채널을 방문한 고객이 누구인지 인식하는 것이 중요하다. 생체인증 기술을 결제와 연동해서 연결하면 누가 방문했는지 추적이 가능하다.

고객을 알아야 단일한 고객 경험을 제공할 수 있을 뿐 아니라 이 데이터를 분석해 마케팅에 활용할 수도 있다. 오프라인을 찾는 고객이 온라인 쇼핑몰 이용 고객보다 아직은 더 많은 만큼, 오프라인 유통기업들이 매장을 찾은 고객들 대상으로 데이터를 수집, 분석한다. 이를 토대로 오프라인 매장을 다시 찾거나 온라인 쇼핑몰을 이용할 때 타깃 마케팅 등을 할 수 있다면 고객 만족도는 더 높아질 것이다.

특히 코로나19로 인해 미국에서는 온라인에서 주문하고 매장에서 픽업하는 형태의 쇼핑이 늘어가고 있다. 국내는 배달 문화가 발전해서 미국과 같은 행태를 보이지는 않지만, 결국 매장에서 고객이 누구이고 무엇을 주문했는지에 대한 데이터는 미국이나 한국이나 동일하게 수집된다. 이러한 미국의 쇼핑 행태를 '보피스BOPIS, Buy Online, Pickup In Store', 혹은 '커브사이드 픽업'이라고도 부른다. 이처럼 오프라인 매장도 고객 데이터를 수집할 기회가 늘어나고 있어, 이렇게 쌓인 데이터를 분석해 사업에 활용할 수 있는 기반이 마련되고 있다. 이를 효과적으로 구축하는 옴니

채널이 오프라인 유통사에는 중요한 디지털 트랜스포메이션의 숙제다.

배달의민족은 고객정보로 성공했다?

이커머스 시장에 부는 바람 중 2020년 가장 눈에 띄었던 변화 중 하나는 바로 '배달의민족'의 돌풍이었다. 국내 야식 배달 시장 규모는 2019년 기준 약 12조 원가량으로 추정된다. 그런데 2020년 아마도 코로나19로 인해 이 시장 규모가 적어도 15조 원 이상 되었을 것이라 짐작된다. 사회적 거리두기로 인해 식당에 가는 것 자체가 어려워졌으니, 음식 배달이나 밀키트처럼 집에서 해 먹는 요식업의 변화가 없을 수 없다. 배달의민족으로 인해 우리의 음식 배달 주문 방식은 어떻게 변화한 것일까?

온라인 쇼핑으로 인해 기존의 백화점, 마트가 어려움을 겪은 것처럼 배달의민족은 누구를 어렵게 만들었을까? 바로 상가수첩이다. 저녁에 야식이 당겨서 중국집이나 치킨집, 피자집을 찾아볼 때 배달의민족 전에 우리가 이용했던 것은 상가수첩이다. 분기별로 아파트 현관 문 앞에 놓여진 상가수첩에서 집 주변의 배달 맛집을 찾았다. 배달의민족이 등장하며 상가수첩을 더 이상 볼 일이 없어졌다. 전국 아파트별로 존재하던 상가수첩의 파편화된 비즈니스 역시 사라졌다. 전국구로 대통합된 온라인 상가수첩이 바로 배달의민족이다. 배달 앱이 상가수첩보다 편한 이유는 집 근처 맛집을 메뉴별로 정렬해서 보여주는 것은 물론, 검색도 편한데다 음식 종류와 가격까지 자세하게 보여주기 때문이다. 심지어 결제까지 스마트폰에서 바로 되고 음식 조리 상태와 배달 위치까지 실시간으로 보여준다.

그렇다면 배달의민족은 어떻게 돈을 벌까? 상가수첩처럼 광고로 벌까? 광고는 기본이고 다양한 수익 모델을 갖추고 있다. 우선 배달 음식점의 점주들이 갖는 가장 큰 어려움은 무얼까? 첫째야 당연히 매출 증대를 위한 마케팅, 둘째는 바로 배달원 관리다. 배달의민족은 전자뿐 아니라 후자에도 관심을 가지고 배민라이더스라는 솔루션으로 배달을 대행해주는 사업을 하고 있다. 심지어 기존 배달은 음식값에 기본으로 포함되었지만, 이제 배달비를 따로 받을 정도로 추가적인 수익 모델의 하나로 자리잡았다. 그리고 배민상회를 통해 음식점에 식재료나 식자재 등을 납품하는 B2B 판매업과 배민키친이라는, 사용자들에게 일부 요리를 직접 만들어 제공하는 사업까지 하고 있다. 모든 사업이 다 성공적인 것은 아니라서 사업을 중단하거나 피보팅_{원래 계획했던 목표, 전략 등을 대폭 수정해 새로운 방향으로 발전해나감}하며 다르게 재구성하고 있지만, 다양한 비즈니스 모델을 갖추고 있다.

배달의민족이 상가수첩과는 비교도 안 될 정도로 배달 산업에서 혁신할 수 있는 이유는 무엇보다 소비자 접점을 갖추고 있기 때문이다. 실시간으로 수집되는 주문 관련 데이터들을 이용해 어느 지역에서 어느 시즌에 어떤 음식이 많이 주문되는지 파악해 음식점에 그런 정보를 제공하고, 또한 배달을 좀 더 빠르게 해줄 수 있도록 배달원들에게 배차 정보를 예측해준다. 특히 배달의 효율성을 위해 어떤 음식들을 어느 지점에서 픽업해 어떤 경로로 주문자들에게 배달해주면 한 번에 보다 많은 음식들을 배달해줄 수 있는지에 대한 정보마저 추론할 수 있다. 이런 데이터가 배달의민족이 지속적으로 고객을 만족시키며 다양한 사업 혁신을 할 수 있는 비결이다. 여기에 빅데이터 분석과 AI 기술이 이용된다.

요즘IT

디지털 혁신을 꿈꾸는 산업, 엑스테크xTech

푸드테크Food Tech는 식품산업에 기술이 접목됨으로써 생산, 가공, 배달, 유통에 이르는 전 영역에 ICT 기술이 접목되어 혁신하는 것을 말한다. 금융업의 기술 혁신은 핀테크FinTech라고 하며, 부동산 시장의 혁신은 프롭테크PropTech, 광고는 애드테크AdTech, 교육은 에드테크EdTech, 유통은 리테일테크RetailTech, 의료는 헬스테크HealthTech, 생명공학은 바이오테크BioTech, 보험은 인슈어테크InsurTech라고 부른다. 이렇게 특정 산업 분야에서 기술 기반의 혁신을 총칭해 엑스테크xTech라고 부른다. 농업은 애그리테크AgriTech가 될 것이다. 이제 이렇게 전 산업 분야에서 ICT, 즉 정보통신기술 혁신을 기반으로 한 디지털 혁신이 기본이 되었다.

기다릴 필요 없어, 쇼핑의 즐거움만 있을 뿐!

이렇게 이커머스가 성장할 수 있었던 배경은 오프라인 쇼핑보다 편리함을 제공하는 혁신이 끊임없이 이루어졌고 경쟁도 치열했기 때문이다. 반면 오프라인 유통업체는 제대로 된 대응을 못한 채 이커머스의 성장을 지켜만 보고 있었다. 나름 온라인 쇼핑몰을 단장하고 앱을 만들어 서비스를 제공했지만 상대적으로 부족했던 것이 사실이다. 아무래도 기술 역량도 부족한 데다 기존 오프라인 유통의 밸류체인Value chain, 가치 사슬. 기업이 제품과 서비스를 생산해 부가가치가 생성되는 과정을 와해시킬 수 없다 보니 반쪽짜리 혁신에 머물렀던 탓일 것이다.

그런데 이커머스 업체들은 온라인 쇼핑 공략에 멈추지 않고 오프라인 유통 영역마저도 기술 혁신을 통해 새로운 고객 경험을 제공하는 데 투자를 아끼지 않고 있다. 대표적인 것이 앞서 설명한 아마존의 무인 매장 '아마존고Amazon go'다. 매장 운영이 100% 무인화되어, 하이패스로 고속도로 톨게이트를 멈춤 없이 지나가듯이 매장에서 물건을 고르고 그냥 나가면 자동으로 계산이 이루어진다. 계산대에 줄 설 필요가 없고 결제를 위해 상품을 꺼내 놓고 일일이 바코드로 찍고 신용카드를 들이밀지 않아도 된다. 매장에서는 오로지 상품을 쇼핑하는 즐거움만 느끼면 될 뿐 기다림의 시간은 없다.

아마존 외에도 오프라인의 쇼핑 경험을 디지털 기술 기반으로 변화시키려는 노력이 다양하게 이루어지고 있다. 미국의 온라인 안경 전문점 와비파커는 오프라인에 쇼룸을 만들어 새로운 고객 창출을 위한 노력을 하고 있으며, 중국의 디지털 신선식품 매장인 허마셴성도 알리페이와 자동화된 결제를 제공하고, 더 나아가 배달 서비스를 통해 새로운 쇼핑 체험을 오프라인에서 할 수 있도록 해준다. 스타일난다의 의류 쇼핑몰 역시 롯데백화점 본점에 매장을 열고 홍대, 명동, 신사동에 플래그십 스토어를 운영하면서 고객들의 호응을 얻고 있다.

예스24의 부산 중고서점 F1963점에는 네이버의 자율주행 로봇 '어라운드'가 매장 내 도서 수거를 돕는다. 물론 오프라인 유통업체 역시 이러한 변화에 발맞춰 오프라인 매장을 디지털화하는 데 주력하며 기존의 매장 운영 방식에서 탈피하려 노력하고 있다. 이렇게 오프라인의 경험을 디지털 기술 기반으로 혁신하려는 노력을 O4O라고 부른다. Online for Offline, 즉 오프라인을 위한 온

▲ 줄 설 필요 없이 즉시 체크아웃이 가능한 아마존고

라인으로 오프라인 기업의 매출을 증대시키기 위해 디지털 기술을 적극적으로 활용하는 것을 일컫는다. 기존의 O2O^{Onlie to offline}가 단순하게 온라인과 오프라인의 결합, 연결적 측면에 그친다면 O4O는 좀 더 긴밀한 융합과 오프라인 기업의 입장에서 디지털 기술을 적극적으로 도입하는 것을 말한다.

나이키 D2C, 직접 고객과 만난다

제조사가 온라인 쇼핑몰을 통해서 물건을 유통하지 않고 독자적인 채널을 만들어 직접 유통에 뛰어드는 것을 가리켜 D2C^{Direct to Consumer}라고 부른다. 직접 고객과 만난다는 뜻의 D2C는 지금으로써는 규모 있는 글로벌 브랜드에서나 시도할 수 있는 전략이지만 기술의 발전과 개방형 플랫폼의 성장을 통한 개인 간 거래의 확대는 이러한 트렌드를 가속화할 것이다.

D2C 전략을 대표하는 기업이 나이키다. 2017년부터 나이키는 자사 쇼핑몰과 앱을 통한 상품 판매에 집중 투자하고 있다. 다른 온라인 쇼핑몰을 통해서 나이키 상품을 고객에게 전달하는 것이 아니라 독자적으로 소비자와 만나서 상품 판매를 하는 데 역량을 집중한 것이다. 이렇게 고객과 직접 만나면 고객들이 무엇을 원하는지 알 수 있어 다음 제품 기획에 반영하고 고객에게 보다 나은 나이키 상품의 구매 경험을 제공할 수 있다. 또한 고객에 대한 정보를 기반으로 상품 추천과 타깃 마케팅을 보다 원활하게 수행할 수 있다. 만일 외부 쇼핑몰을 통해 상품이 판매되면 이러한 고객 대상의 다양한 서비스 제공이 제한적일 수밖에 없다. 더 나아가 쇼핑몰들에 지급할 수수료를 최소화할 수 있고 이를 상품 가격을 낮추거나 고객에게 더 나은 서비스로 되돌려 줄 수 있어, 독자적인 온라인 채널을 만들어 고객과 직접 만나는 이커머스에 투자하고 있다.

이를 위해 2018년 3월에 데이터 분석회사 조디악^{Zodiac}, 4월에는 컴퓨터 비전 기술을 이용해 맞춤형 신발을 제작하는 인버텍스^{Invertex}를 인수했으며 2019년 8월에는 인공지능 기업 셀렉트^{Celect}를 인수했다. 이렇게 제조업체가 직접 독자적인 쇼핑몰, 채널을 구축해 소비자들과 만나려는 시도가 확대되면서 이커머스 시장은 유통사가 아닌 제조사와의 경쟁까지 더해져 더욱 복잡해지고 있다.

● 이렇게 이커머스는 20년 넘게 꾸준한 진화가 있었고, 그 방향은 소비자가 쇼핑을 좀 더 싸고 빠르고 편하게 할 수 있도록 하는 것이었다. 이를 위해 가격, 배송, 탐색, 이 세 가지 영역에 있어서 기술 기반으로 혁신이 추진되어 왔다. 물론 좋은 상품, 즉 소비자가 만족스러워할 만한 안성맞춤 상품을 추천하려는 노력은 기본이다. 2000년대에는 보다 싼 가격, 2010년대에는 보다 편리한 검색을 위한 노력이 강화되어 왔다면, 2020년 들어서는 보다 빠르고 안전한 배송이 온라인 쇼핑의 중요한 화두였다. 그 결과 쿠팡의 로켓배송과 마켓컬리의 새벽배송과 같이 배송 차별화 전략이 효과를 거두었다. 앞으로는 소비자에게 맞는 최적의 상품을 추천하는 것이 핵심 경쟁력이 될 것이다. 이커머스가 앞으로 진화를 거듭하더라도 쇼핑의 핵심적인 본질인 가격, 배송, 탐색, 추천, 이 네 가지는 바뀌지 않을 것이다.

금융시장을 뒤흔들 네이버페이와 카카오페이

한국의 인터넷 서비스 양대 산맥인 네이버와 카카오는 여러 분야에서 경쟁 중에 있다. 그중 치열한 접전이 벌어지는 분야 중 하나가 바로 간편결제 시장이다. 한마디로 핀테크FinTech 영역에서 두 기업의 치열한 경쟁이 본격화되고 있다. 이를 위해 두 기업은 별도의 금융 자회사네이버파이낸셜과 카카오페이를 설립할 정도로 경쟁이 뜨겁다.

간편결제 시장의 춘추전국시대, 최후의 승자는?

2020년 국내 간편결제 시장은 연간 100조 원 규모로 성장했다. 국내 전체 상거래 시장이 350조 원, 온라인 쇼핑이 110조 원 규모라는 점을 떠올리면 모바일을 이용한 결제 비중이 상당하다는 것을 알 수 있다. 특히 최근 3년 사이에 200% 급성장하면서 기존 컴퓨터에서의 공인인증서를 이용한 결제를 넘어 오프라인 매장 결제까지 영역을 확대하고 있다. 무섭게 성장하는 간편결제로 인해 금융 시장에 부는 혁신의 바람도 돌풍에서 태풍으로 커져 가고 있다. 이렇다 보니 금융의 기술 혁신을 일컫는 말인 '핀테크Fintech'는 순서를 바꿔 '테크핀Techfin'이라고 부르고 있기까지 하다.

간편결제 시장은 오프라인에서 비중이 높은 삼성페이와 신세계 백화점과 이마트, 롯데백화점 등의 오프라인 유통업체가 운영하는 SSG페이, L페이, 그리고 인터넷 서비스 업체가 운영하는 카카오페이, 네이버페이, 페이코, 마지막으로 온라인 쇼핑몰이 제공하는 G마켓의 스마일페이, 11번가의 SK페이, 배달의민족의 배민페이 등이 있다. 이 모든 간편결제가 다 잘될 리는 만무하고 이중 몇 개가 살아남아 새로운 금융의 혁신을 만들어낼 것이다.

유통사는 매장과 쇼핑몰을 찾은 소비자들을 대상으로 자사 간편결제를 제공하면 되기 때문에 사용자를 확보하는 것이 상대적으로 쉽다. 거래액 규모가 약 수조 원이 넘는 자사의 채널을 활용해 간편결제 사용자를 확보하고 외부 가맹점을 늘려 자연스럽게 결제 서비스의 이용 빈도를 높일 수 있다는 마케팅 측면에서는 강점이 있다. 하지만 이들 사용자가 다른 곳에서도 이들의 간편결제를 이용하도록 하는 것은 어렵다. 실제로 SSG페이를 배달의민족에서 사용하지 않는다.

오히려 고객 접점을 갖춘 카카오톡에서 카카오페이, 스마트폰에 탑재된 결제 기능을 통한 삼성페이, 쇼핑 검색 서비스로 확보한 쇼핑몰들을 가맹점으로 제휴한 네이버페이 서비스가 더 강점이 있다. 또 단일 유통 채널보다는 다양한 가맹점에서 범용적으로 사용할 수 있는 결제가 시장을 장악하는 데 더 유리하다. 그런 면에서 카카오페이, 네이버페이, 삼성페이, 페이코 등이 경쟁 우위에 있다고 볼 수 있다.

하지만 이들 모두가 승자가 될 수는 없다. 검색이나 메신저, 사회관계망서비스SNS처럼 인터넷 서비스는 '위너 테이크 올winner take all, 승자독식'의 법칙이 적용되고 네트워크 효과는 1위 기업이 갈수록 더 우위에 서게 되므로, 한두 개 기업이 이 시장을 평정할 가능성이 높다. 아마도 그곳은 온라인을 넘어 오프라인 매장을 더 많이 확보한 기업이 될 것이다. 바꿔 말해 온라인과 오프라인에서 모두 간편결제를 이용하도록 저변을 확대한 서비스 기업이 승자가 될 것이다. 그런 점에서 온라인에서 잘하는 곳과 오프라인에서 잘하는 곳이 치열한 경쟁을 펼치며 영역 확장을 꾀할 것이다. 그간 간편결제 시장이 온라인에서의 전쟁이었다면, 앞으로는 오프라인에서의 전쟁이 치열해질 것이다. 카카오페이는 오프라인 매장 결제를 QR코드를 기반으로 확장하면서 2대 주주인 알리페이와의 공조를 공고히 하고 있다. 국내 중국인들이 많이 찾는 알리페이 매장에 설치된 QR코드를 카카오페이로 연동시킴으로써 매장 확대 전략을 추진하고 있다. 네이버페이, 쿠팡의 쿠페이 등은 오프라인 진출 채비를 갖출 것으로 예상되며, 오프라인 중심의 삼성페이, SSG페이 등은 온라인 영역 확장을 꾀할 것이다. 온라인과 오프라인 양쪽을 잘 공략 중인 페이코는 규모 확대를 추진하고 있다. 이 중 시장 주도권을 갖춘 한 곳이 점유율 50% 이상을 장악하고 나머지는 파편화된 시장을 가져갈 것으로 예상된다.

요즘IT
중국의 핀테크, 금융의 대체재가 될까

중국의 핀테크 서비스는 한국의 간편결제와는 질적으로 다르다. 기존의 금융을 대체하기 때문이다. 국내 간편결제 서비스는 기존 금융에 기대어서 제공하는 보완재에 가깝다. 예를 들어 우버가 기존 택시를 없앤다면, 카카오T는 기존 택시를 더 편리하게 이용할 수 있도록 도와준다. 우버는 대체재고, 카카오T는 보완재다. 물론 대체재가 항상 옳고 바람직한 것만은 아니다. 다만, 우버는 누구나 택시 운전수가 되어 사람을 실어 나를 수 있어 기존 택시의 불편함을 극복하고, 보다 효율적으로 택시 운영 시스템을 제공해 택시 기사에게 수익을 보장해주는 기존 교통 산업의 밸류체인을 완전히 뜯어고치는 세상을 꿈꾼다. 그러니 기득권과 충돌이 발생할 수밖에 없다. 이를 와해성 혁신이라 한다. 물론 성공해야 혁신일 뿐 성과를 내지 못하면 웃음거리일 뿐이다.

네이버페이나 카카오페이, 금융시장 뒤흔들까?

네이버페이나 카카오페이, 페이코 등의 간편결제를 이용하면 포인트 적립 등의 여러 혜택이 제공된다. 특히 네이버 플러스 멤버십의 경우에는 네이버페이 포인트를 최대 5%까지 적립해준다. 왜 이렇게 많은 혜택을 제공하는 것일까?

간편결제 서비스는 현금을 예치해두거나, 은행 계좌나 신용카드를 연동해서 결제를 매개해준다. 그냥 현금을 사용하거나 신용카드, 체크카드로 즉시 결제해도 되는 것을 간편결제가 중간에 끼어서 대행해주는 방식이다. 그렇다면 왜 소비자가 굳이 간편결제를 이용해야 할까? 카드나 현금보다 편리하고 혜택이 많기 때문이다. 네이버페이 등을 이용해 결제하면 PC에서 웹으로 결제하는

▲ 간편결제 적립금의 유혹

것보다 훨씬 빠르다. 굳이 공인인증서를 설치해서 암호를 넣는 번 거로움 없이 즉시 지문이나 얼굴 인식, 그리고 핀 번호 정도만 간 략하게 입력하면 즉시 결제가 이루어진다. 그래서 PC를 이용해 결제할 때조차도 모바일 간편결제를 연동해서 이용하는 것이 일 반화되었다. 심지어 이렇게 간편결제를 이용하면 적립 혜택까지 주니, 사용자들의 간편결제 사용량은 점차 증가 추세다.

카카오페이는 2천만 명이 사용하는 국내 대표적인 간편결제 서 비스로 2020년 1분기 14조 3천억 원의 결제액을 기록했다. 이는 국내 카드사 매출과 비슷한 수준이다. 네이버페이는 네이버의 스 마트 스토어와 접목함으로써 30만 곳이 넘는 가맹점을 가지고 있으며, 단순 결제를 넘어 배송정보와 포인트 적립, 구매 내역 등을 일괄 관리할 수 있다는 편리함을 자랑한다. 이런 이유로 사용자 수가 3천만 명에 가깝고 2020년 상반기 결제 금액만 12조 5천억 원에 달했다.

이들 간편결제가 기존 금융의 보완재임에도 불구하고 기존의 금융사에 위협을 가져다주는 이유는 간편결제를 통해 확보하게 된 고객 접점을 기반으로 다양한 금융 서비스를 종합적으로 제공하고 있기 때문이다. 언제 어디서나 간편결제를 이용하는 사용자와 횟수가 늘어나게 되면 기존 금융은 고객과 만나지 못하고 후방에 머물게 된다. 신문사들이 네이버와 다음에서 고객과 만나는 채널을 잃게 됨으로써 포털의 콘텐츠 제공업체로 전락한 것과 같다.

간편결제 시장, 대체 뭘로 돈을 벌지?

이렇게 사용자들이 더 많은 혜택을 주니 점차 간편결제를 이용하는 빈도가 늘어가는 것은 당연하지만 네이버나 카카오는 왜 그렇게 할까? 그런 혜택을 제공하려면 수익 모델도 명확하고 탄탄해야 할 텐데 그게 뭘까? 이미 신용카드사들조차 카드 수수료로는 큰 수익을 얻지 못하고 있다. 고객과의 관계와 카드 사용 이력 등을 기반으로 대출 등의 금융 상품 판매를 통한 수익이 지배적이다. 상황이 이런데 네이버페이 등이 수수료로 돈을 벌리는 만무하다. 이미 레드오션이 되어버린 금융 시장에 네이버페이는 왜 뛰어든 것일까?

문자 메시지 전송 서비스SMS와 카카오톡의 수익 모델이 다른 것처럼 이들 간편결제 서비스의 비즈니스 모델은 기존 금융의 돈버는 모델과는 다를 것이다. 기존 결제의 수익 모델은 수수료지만, 간편결제의 수수료 수익은 거의 제로에 가깝다. 간편결제는 고객을 유인하기 위한 공짜 미끼 서비스로 돈을 벌기 위한 수단이 아니다. 메일, 카페, 블로그, 검색 등의 서비스를 포털이 공짜로 제공하고 돈은 다른 곳에서 버는 것과 같다. 간편결제는 각종 금융 상품의 판매 중계를 통한 중계 수수료와 결제 데이터, 서비스 접점을 기반으로 한 트래픽을 이용해 기업에 마케팅 솔루션과 광고를 제공해갈 것이다.

2019년 기준으로 전 세계 광고 시장 규모는 6백조 원이며 한국은 약 12조 원이다. 국내 광고 시장에서 디지털이 차지하는 비중은 34%에 육박한다. 웹의 배너 광고에서 검색광고로, 이어 카카오톡의 메신저 광고와 페이스북의 뉴스피드 광고처럼 간편결제는 또 다른 디지털 광고로 차별화를 꾀할 것이다. 특히 기존 광고와 가장 큰 차이점은 사용자들의 관심사가 아닌 구매 내역과 구매액, 더 나아가 온라인을 넘어 오프라인의 소비 내역을 기반으로 정교한 타깃팅을 할 수 있다는 점이다. 알리페이의 광고 역시 오프라인 매장을 대상으로 최적화되어 있는데, 오프라인 결제 데이터와 매장 결제 시에 소비자가 보는 채널App, 앱이 있기에 가능했다.

실제 간편결제 서비스들은 단순하게 결제 기능만 제공하지 않는다. 멤버십 관리, 청구서 확인, 영수증과 가계부, 송금과 더치페이 등을 넘어 금융상품 검색과 보험 상품 추천, P2P 대출과 해외주식 투자까지도 가능하다. 앞으로는 알리페이처럼 오프라인 매장에서의 소비와 관련된 다양한 쇼핑, 마케팅 솔루션을 제공하면서 금융의 포털서비스로 확장해갈 것이다. 거기에서 비즈니스 모델은 더욱 다변화되고 확장될 것이다. 앞으로 동네 슈퍼나 가게들은 간편결제 사업자가 제공하는 마케팅 솔루션 등을 이용해서 광고하고 고객 관리를 하게 될 것이다. 온라인 사업을 하는 대부분의 기업들이 네이버나 다음에 광고를 하듯, 앞으로 오프라인 가게는 간편결제 서비스를 하는 카카오나 네이버 등에 광고해야 할 것이다.

간편결제 시장에서 주목해야 할 점은 글로벌 송금과 환전, 해외 결제에 있어서도 혁신이 진행될 것이라는 점이다. 이미 중국인들은 한국과 일본, 미국 등 전 세계를 여행 중에도 신용카드나 현금이 아닌 알리페이를 이용해 스마트폰으로 결제하고 있다. 한국인들도 굳이 중국 등 해외여행 시에 환전하거나 신용카드를 이용하지 않고도 간편결제를 이용해 모바일로 결제할 수 있게 될 것이다. 이 과정에서 각 국가의 간편결제 서비스와 전략적 제휴가 있을 것이고, 자연스럽게 기술 기반으로 글로벌 금융에서 변화가 가속화될 것이다. 우리 금융사, 그리고 금융 관련 기업들, 더 나아가 결제나 오프라인 광고, 마케팅 기업들은 이러한 시장의 변화를 어떻게 이해하고 해석하고 있는가? 만약 이에 대한 인식조차 못하고 있었다면 심각한 위기를 겪게 될 것이다.

요즘 IT

핀테크란?

카카오페이나 네이버페이는 결제 기능 외에 다양한 금융 서비스들을 제공하고 있다. 각종 공과금과 청구서 관리는 물론 가계부, 그리고 자산관리와 예·적금, 보험, 부동산 투자와 주식 투자 등 다양한 금융 상품을 만나볼 수 있다. 간편결제를 이용하는 사용자들이 많고 결제서비스를 제공하면서 수집된 데이터를 기반으로 다양한 금융상품을 맞춤으로 제공하면서 상품의 판매율도 높다. 이렇게 간편결제 서비스사들은 금융 플랫폼 비즈니스로 진화해가고 있다. 이들이 금융에 혁신의 바람을 몰고 올 수 있었던 것은 모바일 앱과 빅데이터, 인공지능AI 등의 ICT 기술을 적극적으로 활용해 금융의 디지털 트랜스포메이션을 추진했기 때문이다. 이와 같은 금융의 디지털 혁신을 핀테크라고 부른다.

은행, 디지털 혁신 없인 잡아 먹힌다

스마트폰이 등장하면서 많은 산업이 변화의 바람을 맞았고 그 바람이 누군가에게는 기회가, 누구에게는 위기가 됐다. 스마트폰으로 장을 보고, 택시를 부르고, 영화를 시청하면서 기존의 유통업체와 교통 회사, 영화관은 위기를 맞이했고 모바일 앱을 통해서 새로운 고객 경험을 제공하는 스타트업과 ICT 기업은 성장의 기회를 얻었다.

그런 변화에 직격탄을 맞은 산업 중 하나가 금융업이다. 스마트폰의 핀테크 앱들이 금융업에 가져다준 변화는 개인에게는 보다 편리하고 새로운 금융 서비스의 경험이지만, 기존 은행과 카드사, 그리고 금융 관련 기업들에는 큰 위기로 다가온다. 이 변화의 시작은 스마트폰에 탑재된 생체 인증 기술 덕분이다. 지문, 얼굴 인증 기술과 휴대폰 번호, 유심USIM과 위치 측정 기술 등을 활용한 보안 솔루션 덕분에 보다 안전하고 빠르며 편리한 금융 서비스를 이용할 수 있게 되었다.

그런데도 기존의 금융사들은 어째서 핀테크 공습에 이렇다 할 대응을 하지 못하는 것일까. 그것은 기술을 몰라서가 아니라 기술을 새로운 금융 서비스 경험을 위해 제대로 활용하지 못하기 때문이다. 토스, 네이버페이와 카카오뱅크 등을 보면 기존의 금융사에서 제공하는 앱과는 다른 감성적인 배려가 물씬 담겨 있다. 계좌를 개설하는 화면과 계좌 내용, 적금 관리, 모임 통장 관리 등의 기능을 보면 기존의 은행 앱에서는 느낄 수 없는 감성을 느낄 수 있다. 예쁜 캐릭터와 함께 보는 즐거움이 있고 적금을 붓는 과정도 마치 게임을 하듯 재미를 찾을 수 있다. 모임 통장 기능에는 회비를 요청할 때 마음을 담은 메시지를 귀여운 캐릭터와 보낼 수 있다.

기존의 금융 서비스는 무미건조한 숫자만 있었지만, 핀테크 기반의 금융 서비스는 새로운 고객 경험을 제공한다. 더 나은 사용자 경험을 제공하기 위해 앱의 기능과 화면, 사용자 경험UX에 투자한다. 그리고 더 안전하고 효율적으로 시스템을 운영하기 위해 클라우드, 빅데이터, AI, 보안과 인증 등의 기술을 이용한다. 이렇게 금융을 디지털 기술 기반으로 혁신하는 디지털 트랜스포메이션이 금융업을 변화시키고 있다.

이렇게 혁신하는 핀테크 기업들은 오프라인 지점과 고객과 상담하는 인력, 전통적인 영업 관리 등을 위한 시스템을 운영하는 데 들어가는 기존 금융사들의 투자 방식과는 사뭇 다르다. 무엇보다 오프라인 지점이나 상담, 영업 인력 없이 오직 모바일 앱을 통한 더 나은 금융 서비스 경험과 새로운 플랫폼 비즈니스 모델 수립에 집중한다. 이 점이 전통 금융과 새로운 핀테크의 차이점이다.

● 　특히 코로나19로 세상은 비대면, 온라인, 디지털 기술 기반으로 혁신하고 있다. 그 과정에서 전통기업들의 사업 운영 방식과 대고객 서비스의 변화도 선택이 아닌 숙명이 되고 있다. 이 변화에 핀테크 기업들이 유리한 고지에 서 있는 것은 사실이다. 전통 금융 기업들은 이 변화에 어떻게 대응할 것인지에 따라 운명이 달라질 것이다.

유튜브와 넷플릭스,
알고리즘과 구독경제의 집약체

넷플릭스가 짧은 시간에 빠르게 주목받은 이유는 볼 만한 콘텐츠가 많아서가 아니라 내게 볼 만한 콘텐츠를 잘 추천해주기 때문이다. 유튜브를 보면 시간 가는 줄 모르는 이유는 흥미를 끄는 영상들을 계속 추천해주다 보니 한 번 빠지면 계속 이어서 다른 영상을 보게 되기 때문이다. 어떻게 이런 서비스들은 나를 잘 아는 것일까?

나만 따라와, 유튜브 알고리즘의 기억

유튜브는 한 번 시작하면 계속 이어서 보며 다양한 영상들에 흠뻑 빠지게 된다. 바로 재생 중인 영상 우측 날개에 있는 추천 영상들 때문이다. 내가 본 영상을 기반으로 흥미를 가질 만한 영상들이 우측에 나열된다. 영상이 끝난 이후에도 관련된 영상들이 재생창에 나타난다. 이렇게 사방에서 계속 나를 낚는 영상들이 있다 보니 헤어날 수 없게 된다. 유튜브는 내가 좋아할 영상들을 어떻게 보여주는 걸까?

내가 뭘 좋아할지는 내가 봤던 영상들을 기반으로 추론한다. 그러려면 내가 본 영상에 대한 정보를 다각도로 수집해야 한다. 언제, 무슨 영상을 얼마나 오랫동안 봤는지, 그리고 그 영상을 본 이후에 댓글을 남겼는지, 좋아요로 반응했는지 등의 데이터를 수집해야 한다. 그렇게 수집한 데이터 덕분에 누가, 어떤 영상을 좋아할지를 예측해 추천해주는 것이다. 단, 이렇게 추천하고 끝나지 않고 그런 영상을 실제 얼마나 클릭하고 봤는지에 대한 추가적인 데이터까지 수집해 분석함으로써 유튜브 알고리즘은 계속 내가 좋아할 영상들을 끝까지 추적한다.

내 취향이나 정보를 굳이 구글에 알리지 않고 싶다면 로그인하지 않고 사용하거나 브라우저에서 쿠키 설정을 꺼두어야 기록이 남지 않는다. 같은 컴퓨터나 TV를 집안 가족들이 공용으로 사용

▲ 취향, 관심 등 데이터를 분석해 영상을 추천하는 유튜브 알고리즘

할 때는 각자의 취향이 서로 섞이기 때문에 내게 필요한 영상을 유튜브에서 제대로 파악할 수 없게 된다. 부모 아이디로 키즈 방송을 유튜브에서 시청하면 부모가 보는 정치, 스포츠 등 관련 영상과 아이가 즐겨 보는 영상이 섞여 추천될 수 있다. 노트북에서 유튜브를 시청하면 시청 기록과 추천 영상 등을 통해 내가 평소 보는 영상의 취향을 알 수 있다. 이런 노트북을 타인에게 빌려주거나, 업무상 PT 발표 등을 할 때 무심결에 유튜브에 연결하다가 자칫 내가 보는 영상 정보가 노출될 수 있어 주의가 필요하다.

이렇게 사용자의 정보를 기반으로 맞춤형 서비스를 제공하는 것을 개인화라고 한다. 네이버, 다음 등의 포털서비스에서도 우리가 즐겨보는 뉴스와 카페, 블로그 등의 정보를 기반으로 특정 영역에 개인화된 서비스를 제공한다. 단, 네이버가 제공했던 실시간 검색이나 홈 화면에서 추천되는 뉴스들은 개인화보다는 대중이 좋아할 만한 것들이다. 때로는 내 취향에 맞는 콘텐츠보다 남들이 많이 보는 콘텐츠가 내가 좋아할 수 있는 것들이기 때문에 철저한 개인화보다는 많이 볼 만한 콘텐츠, 많이 본 콘텐츠가 우리가 클릭할 만한 콘텐츠들이기도 하다.

요즘IT

유튜브는 어떻게 돈을 벌지?

유튜브는 방대한 영상 파일을 저장하고, 그 많은 영상을 전 세계의 사람들에게 보여주기 위해 엄청난 스토리지 비용과 인프라 운영 비용이 들어갈 텐데 어떻게 돈을 버는 것일까? 유튜브는 무료로 영상을 보여주는 대신, 영상 내 혹은 영상 자체에 광고를 넣는다. 이렇게 광고를 게재함으로써 광고비를 광고주들에게 받는다. 또한 사용자들에게 프리미엄 서비스를 제공함으로써 유료 과금을 하기도 한다. 이 서비스에 가입하면 이런 광고를 보지 않아도 되니 영상을 재생하면 바로 원본을 볼 수 있다. 또한 오프라인에서도 유튜브 영상을 다운로드해서 볼 수 있는 기능을 사용할 수 있고, 스마트폰 화면을 꺼도 소리를 계속 들을 수 있다. 또한 유튜브 뮤직 서비스로 멜론과 같은 스트리밍 음악 서비스를 제공해준다. 이렇게 기업과 개인에게 돈을 받아 거대한 서비스를 운영할 수 있는 것이다.

넷플릭스, 어떻게 계속 나를 낚을 수 있을까?

넷플릭스는 들어갈 때마다 다양한 영상들이 섬네일로 제공되는데, 섬네일의 종류와 소개가 국가별, 시간대별로 주기적으로 바뀐다. 물론 그렇게 메인 페이지에 보이는 영상들이 내가 좋아할 만한 추천 영상임은 말할 것도 없다. 넷플릭스가 보유하고 있는 콘텐츠의 양보다 더 풍성하게 포장해 추천해준다. 추천하는 방식은 유튜브의 알고리즘처럼 우리가 관심 있게 시청한 내역과 미리 선택한 관심 콘텐츠를 기반으로 이루어진다.

넷플릭스는 유튜브보다 콘텐츠 수가 적지만, 해당 영상의 장르, 감독, 배우 등의 정보가 명확하기에 보다 정교한 추천이 가능하다. 이를 위해 넷플릭스는 AB 테스트를 통해서 사용자의 취향을 끊임없이 확인한다. 더 나아가 단순히 영화나 드라마를 추천하는 데서 그치지 않고 어떤 식으로 보여줄지 고민한다. 즉, 무엇을 보여주느냐를 넘어 어떻게 보여주느냐를 고려한다.

많은 사람이 넷플릭스에서 볼 영화를 고를 때는 섬네일을 보고 영상을 미리 본 후에 내용을 본다. 그러려면 최소한 섬네일로 클릭을 유도해야만 그 영상을 볼 확률이 높다. 넷플릭스에서는 섬네일을 통해 영상에 흥미를 가질 수 있도록 내가 관심을 가질 만한 것만 골라서 보여주는 것과 동시에, 그런 영상에 더 흥미를 가지고 클릭할 수 있게끔 섬네일을 다양한 이미지로 노출한다. 배우를 중심으로 섬네일을 만들 수도 있고, 포스터나 영화의 주요 장면으로 하기도 한다. 그것도 내가 좋아하는 배우 중심으로 섬네일을 만들어 클릭을 유도하기도 한다. 또한 그런 섬네일이 사람마다 다 다르고 자주 바뀌서 관심을 유발하려고 한다. 그래서 원래 넷플릭스가 가지고 있는 콘텐츠보다 더 많은 양의 영상들이 있는 것처럼 보이기도 한다.

당연히 한 가정에서 각각 넷플릭스를 보는 취향이 다르다 보니 서로 다른 콘텐츠 추천이 필요하기에 넷플릭스는 프리미엄 요금제의 경우 가족 구성원 4명까지 서로 다른 프로필로 구분해서 사용할 수 있도록 안내하고 있다. 한 아이디로 접속해도 프로필을 다르게 설정해두어, 연결할 때 각자의 취향에 맞는 영상을 추천해줄 수 있기 때문이다. 넷플릭스는 언제, 어디서, 어떤 기기로 시청하는지 데이터 분석과 수집을 통해 보다 나은 서비스를 제공하는 데 활용하고 있다.

AB 테스트

두 개의 A와 B를 대조해서 보여줌으로써 사용자가 어떤 것을 더 많이 선택하는지 분석하는 실험을 뜻한다. 인터넷 서비스를 운영하면서 사용자가 어떤 것을 더 선호하는지 막연하게 추정거나 예측하는 것이 아니라 실제 실험을 하고 그 결과를 보고 분석하는 방법이다. 사용자들이 어떤 섬네일을 보여줄 때 더 많이 클릭하는지, 어떤 종류의 콘텐츠를 어떤 시간대에, 어느 디바이스에서 보여줄 때 더 많이 선호하는지 등을 분석할 때 두 종류의 방식을 혼합해서 노출함으로써 결과를 확인하는 것이다. 뉴스레터 발송이나 상품 추천, 레이아웃 변경, 배너 등의 다양한 요소를 바꿀 때 사용자가 더 많이 클릭하고 선호하는 것이 무엇인지 판단하고자 할 때 주로 이용한다.

소유하기도 귀찮아! 공유하고 구독한다

한국보다 앞서 고속 성장과 장기 불황을 겪은 일본에서는 1990년대 후반부터 심플 라이프, 협소 주택, 미니멀리즘이 주목받았다. 사실 미니멀리즘은 1960년대에 미국의 시각 예술과 음악을 중심으로 기교를 지양하고 근본적인 단순함을 추구하는 예술 사조인데, 일본에서 경제적 관념으로 변화되어 관심을 갖게 됐다. 물질만능주의와 과도한 상업주의, 과소비와 낭비에 대한 사회적 반성과, 부채로 짊어진 구속에서 탈출하기 위해 무소유에 대한 관심이 커졌던 것이다. 우리나라에서도 비슷한 현상을 온라인에서 발견할 수 있었는데, 디지털 신세대들은 2010년대부터 관념적 변화보다는 물질 소유가 주는 비효율성을 피하고자 디지털 기술 기반의 공유 서비스와 구독경제가 주는 편의성을 주로 찾게 되었다.

비슷한 맥락에서 생각해보면 벌써 20년도 더 된 고등학교, 대학교 때는 무언가 모으는 취미에 푹 빠져 살았다. 우표를 모으고, 레코드판과 게임팩, 그리고 즐겨보는 시리즈 만화책, 심지어 비디오테이프까지 모았다. 그렇게 소장한 물건을 나만의 보물창고에 차곡차곡 모아두고 친구들과 하나씩 감상하는 즐거움을 만끽하곤 했다. 그런데 지금 그런 취미를 가진 친구들은 20년 전과 같지 않은 것 같다. 10년 전부터 애장품과 서재에 쌓아둔 책조차도 공간만 차지해 버릴 정도이니, 확실히 이런 콘텐츠를 담고 있던 아날로그 소품은 거추장스럽고 불필요한, 공간만 차지하는 번거로움으로 전락했다. 비디오테이프는 유튜브와 넷플릭스에서, 책과 만화책은 밀리의서재와 리디북스 등을 통해 구독하고 공유하면 되는 시대가 왔다.

필요할 때만 쓴다

가지고 있으면 필요할 때 즉시 사용할 수 있지만, 소유를 위해 치러야 하는 비용은 상당하다. 구매비용뿐 아니라 이를 소유하는 데 들어가는 소요비용이 있다. 반면, 필요할 때만 사용하고 소유는 하지 않는 렌탈 방식은 적은 비용으로 소유하면서 필요하지 않을 때는 되돌릴 수 있다는 장점을 지닌다. 스트리밍은 이 둘의 중간 지점에 있다. 소유조차 하지 않고 필요할 때 원하는 만큼 사용하면 되고 비용 역시 그에 준하여 지불하면 된다. 단, 스트리밍은 완전한 소유가 아니기 때문에 계약을 종료하거나 서비스를 해지하면 사용권도 잃어버리게 된다. 그래서 오히려 소유한 것보다 더 강한 연결의 구속이 생기는 것 또한 사실이다.

우리가 사용하는 전기, 수도, 가스는 사실 이미 그렇게 스트리밍으로 제공되고 있다. 파이프를 통해서 전달할 수 있는 대상은 스트리밍화가 가능하며, 콘텐츠가 디지털로 전환되면서 네트워크 파이프를 타고 스트리밍 방식으로 서비스가 가능해졌다. 그래서 마치 수도꼭지를 틀면 물이 나오듯 음악, 영화, 방송, 만화, 책을 볼 수 있다. 스트리밍의 장점은 이 모든 콘텐츠를 보관할 필요가 없어 공간을 덜 차지한다는 것이다. 또한 어떤 기기를 사용하든지 같은 콘텐츠를 같은 환경에서 경험할 수 있도록 해준다. 스마트폰에서 즐겨 듣던 음악을 컴퓨터에서 바로 들을 수 있고, TV

에서 보던 영화를 잠깐 멈추고 태블릿에서 이어서 볼 수 있다.

이렇게 사용자가 필요할 때 요구 사항에 맞는 서비스가 즉시 제공되는 것을 온디맨드On-Demand라고 한다. 이는 공급자 중심이 아닌 소비자 중심의 가치가 중요하다는 철학에서 나온 개념이다. 고객이 원할 때 즉시 서비스를 제공하기 위해서는 고객이 어떤 상황에 처했든 간에 고객이 기대하는 형태로 서비스가 제공되어야 함을 뜻한다. 그런 고객 가치 실현을 위해 구현된 것이 스트리밍 서비스이며 이를 기술적으로 지원하는 것이 클라우드다.

클라우드 기술의 진화는 어디까지?

인터넷에 연결된 서버에 데이터와 콘텐츠는 물론 다양한 자원을 저장, 설치해두고 이를 필요로 하는 어떤 기기에서든 연결해서 사용할 수 있도록 해주는 시스템을 가리켜 클라우드라고 부른다. 이 클라우드가 스트리밍되는 다양한 콘텐츠를 삼키고 있다.

고객이 평소 좋아하던 음악을 집에서든, 차에서든, 길거리에서든 바로 들려주려면 고객이 원하는 디바이스에서 그간 듣던 음악 리스트를 기반으로 즉시 재생되어야 한다. 그러려면 고객 근처에 있는 컴퓨터, TV, 스피커, 자동차, 스마트폰, 태블릿 등 어떤 기기에서든 자동으로 사용자를 인식해서 평소 듣던 음악이 재생될 수 있어야 한다. 그러려면 이들 기기가 인터넷에 연결되어 있어야 하며, 고객의 음악 재생 리스트 등에 대한 데이터가 인터넷 너머 서버클라우드에 저장되어 있어야 한다. 음악이 제공되는 클라우드에 어떤 디바이스에서든 연결해 로그인을 하면 내 음악 보관소에 기록해둔 음악들이 재생될 수 있어야 한다. 이것이 온디맨드 서비스고, 이를 제공하는 방식을 스트리밍 서비스라고 부른다. 이미 음악뿐만 아니라 TV 방송과 동영상, 해외 드라마와 영화, 그리고 문서에 이르기까지 수많은 콘텐츠가 클라우드를 통해 온디맨드의 형태로 제공되고 있다.

스트리밍 서비스가 이렇게 다양한 콘텐츠로 확장될 수 있었던 것은 클라우드의 진화 덕분이다. 2015년 엔비디아nVidia는 지포스나우GeForce NOW라는 클라우드 게이밍 서비스를 시작하고, MS는 2020년 8월부터 엑스클라우드xCloud라는 이름으로 엑스박스용 게임을 클라우드 기반의 스트리밍 서비스로 시작했고, 아마존도 이어 루나라는 클라우드 게임 서비스를 발표했다. 이러한 클라우드 게임 플랫폼은 별도의 게임기나 고사양의 컴퓨터 없이도 TV나 노트북 등에서 게임을 할 수 있도록 해준다. 즉, TV에 별도의 설치 없이도 게임을 즐길 수 있다. 이제 게임 분야에서도 클라우드의 진화를 바탕으로 스트리밍 서비스가 가능해졌다.

굳이 컴퓨터에 다운로드할 필요도 없고 콘텐츠마다 따로 결제할 필요도 없다. 필요할 때 연결하면 즉시 볼 수 있다. 클라우드에 콘텐츠가 저장되고, 스트리밍으로 필요한 콘텐츠를 그때그때 전송해주기 때문에 생겨난 편리함이다.

게임을 하기 위해 더 좋은 성능의 CPU와 그래픽카드로 컴퓨터 성능을 업그레이드하지 않아도, 콘솔 게임기를 구입하지 않아도 클라우드에 연결해서 필요한 게임을 선택하고 바로 게임을 시작할 수 있다. 별도의 소프트웨어를 설치할 필요도 없고 하드웨어도 필요 없다. 게임은 클라우드에 설치되어 실행되고, 크롬 브라우저를 이용해 화면을 보면서 게임을 즐길 수 있다. 물론 컴퓨터가 아닌 태블릿이나 TV, 스마트폰, 어떤 디바이스에서든 클라우드 게임을 실행하고 사용할 수 있다.

이렇게 스트리밍 방식으로 게임을 제공하면 편리함 때문에 더욱 많은 게임 사용자를 유인할 수 있다. 또한 유튜브와 트위치에서 게임 방송을 보다가 바로 게임으로 진입할 수 있어서 게임으로 인입되는 사용자의 규모도 더욱 커질 수 있다. 기기를 가리지 않고 게임 사용이 가능하니, 더 많은 기기에서 더 많은 시간을 게임 화면에 몰입시키는 것도 가능하다.

음악, 영상에 이어 게임을 넘어 오피스 프로그램까지 스트리밍으로 이용하는 시대다. 앞으로 보다 많은 서비스들이 스트리밍으로 제공될 것이다. 과연 스트리밍의 확산은 어디까지 가능할까?

스트리밍, 대체 뭐가 좋은 거야?

스트리밍으로 서비스가 제공될 때 얻게 되는 장점은 명확하다. 로컬 디바이스 자원을 덜 사용하고 기기의 제약 없이 원소스 멀티유스one source multi-use가 가능하다는 무한 접근성을 얻게 된다. 그리고 여러 기기에서 동일한 사용자 경험을 할 수 있다. 클라우드에 제공되는 스트리밍 콘텐츠들에 사용자 인증만 하면 어떤 기기에서든 늘 같은 경험으로 콘텐츠를 사용할 수 있다. 또한 클라우드에 콘텐츠를 올려둘 수 있어 이 콘텐츠들을 사용하는 다른 사용자들의 사용 이력을 활용해 인기 있는 콘텐츠를 추천할 수 있으며 내가 좋아할 만한 콘텐츠를 추천할 수 있다. 클라우드에 연결된 사용자 간에 스트리밍된 콘텐츠를 기반으로 서로 소통, 공유할수 있다는 것도 새롭게 얻을 수 있는 가치다. 물론 사용자 입장에서는 소유하는 것보다 더 저렴한 비용으로 서비스를 사용할 수 있다는 장점도 있다.

또한 기업 입장에서는 보다 많은 사용자를 확보할 수 있고 개별 기기의 호환성과 이상 증상에 대한 고객지원을 최소화할 수 있다는 효율성을 얻게 된다. 더 나아가 매월 구독료 방식으로 고객에게 요금을 부과할 수 있어 지속적인 수익 모델을 가져갈 수 있다는 장점도 가진다.

알고 보면 풀 소유, 구독경제의 비밀

특정 영역이 성공적으로 스트리밍화되기 위해서는 어떤 요소들이 중요한 역할을 수행할까? 음악 CD를 소유할 때와 연결해서 멜론에서 들을 때의 차이는 무얼까. 비디오테이프를 대여해서 영화를 볼 때와 넷플릭스에서 볼 때는 무엇이 다른가?

좋아할 만한 음악이나 영화를 추천해주고 그간 듣고 보았던 내역에 대한 히스토리를 정리해주고, 사용 중이던 컴퓨터를 교체하거나 스마트폰을 잃어버리고 새로 교체하더라도 기존에 사용하던 것 그대로 이용할 수 있다. 또한 클라우드에 연결하면 바로 사용 가능하니 보관할 필요가 없고 어떤 기기에서나 접근할 수 있다는 장점이 있다. 바로 이러한 가치가 스트리밍으로 얻게 되는 새로운 경험이다. 어떤 사업을 스트리밍화하는 데 있어 이처럼 부가가치 창출이 가능해야 사용자가 기존의 습관을 버리고 새로운 경험에 적극 나설 것이다.

이렇게 스트리밍화되면 비즈니스 모델과 밸류체인이 바뀌게 된다. 게임의 스트리밍화는 콘솔 디바이스와 게임 타이틀의 판매, PC방, 그리고 게임 퍼블리셔의 변화를 야기한다. 별도의 설치 절차나 투자 없이도 사용자가 게임에 즉시 연결될 수 있으므로 게임 참여자의 모수는 더 커지며 규모가 확대될 수 있게 된다. 수익모델 역시 게임 타이틀의 판매나 가입비 개념이 아닌 구독료 개념으로 월 정액제로 요금을 지불하고 계속 사용하는 형태로 바뀔 수 있다. 이렇게 스트리밍 비즈니스는 기존과 다른 사업 혁신을 야기한다.

특히 비즈니스 모델의 구조가 달라져야 한다. 소유는 한 번 구매할 때 거래가 이루어지고 매출이 발생하지만 스트리밍은 사용하는 기간 내내 거래가 이루어진다. 그러한 거래 가치에 대한 대가를 대개 월 1회 정산해서 사용료를 지불하거나 사용한 만큼만 매월 사용량에 비례해 비용을 지불한다. 혹은 무료로 제공하고 다른 수익 모델을 만드는 경우도 있다. 이렇게 기존의 판매와 구매 방식이 아닌 클라우드에 연결된 사용료를 받는 구독 방식을 구독 경제라고 한다. 이 서브스크립션 커머스subscription commerce 역시 스트리밍 서비스의 비즈니스적 측면의 중요한 요소다.

요즘IT

MZ세대의 잇템, 구독경제

서브스크립션 커머스Subscription commerce라 불리는 구독경제는 신문이나 잡지를 구독하듯이 매월 사용료를 고정으로 지불하면 서비스를 제공받을 수 있는 비즈니스 모델이자 유통 방식이다. 스트리밍 서비스 대부분이 구독경제 기반으로 운영된다. 또한 클라우드와 스트리밍으로 제공되지 않는 오프라인의 상품을 소비하고 유통하는 방식의 하나로 구독경제가 운영되기도 한다. 꽃, 간식거리, 화장품, 면도날, 기저귀, 매트리스 교체 및 청소 등을 주기적으로 해주는 것이 구독경제로 운영되는 서비스다. 편리하고 트렌디해서 이런 구독경제 서비스는 MZ 세대밀레니얼+Z 세대, 1980~2010년대 초 출생에 크게 인기다.

이제 유튜브, 넷플릭스 같은 서비스만 구독하는 시대는 지나갔다. 구독은 색다른 소유의 형태로 자리잡아가고 있다. 앞으로 구독경제의 대상은 무엇이 될 수 있을까? 최근에는 집안을 화사하게 만들어주는 꽃이나 그림, 사무실에 지속적으로 간식거리를 공급해주는 식품, 매월 교체해줘야 하는 면도날, 매일 빨아야 하는 수건 등 매월 정해진 비용을 지불하면 정해진 때 집으로 배달을 해주는 구독 서비스까지 등장했다. 구매에 신경 쓰지 않아도 자동으로 배송을 해주니 편리하다. 사실 집안 청소를 매주 1~2회 해주는 것이나 침대 매트리스나 이불, 베개 등을 주기적으로 교체해주는 서비스도 일종의 구독경제다. 월 1만 원만 내면 2백 곳이 넘는 제휴 술집에서 음주를 할 수 있는 구독 서비스도 있다. 이 같은 구독경제에 디지털 기술이 접목되면서 좀 더 편리하게 상품을 선택하고 주문할 수 있고 결제도 쉽게 관리할 수 있게 됐다. 이제 구독경제도 디지털과 만나면서 편의성이 증대되었다.

이렇게 앞으로 구독 서비스의 대상은 무엇이든 될 수 있을 것이다. 보관해 두며 사용하지 않고, 필요할 때 꺼내어 사용할 수 있는 대상이 될 수 있는 것이라면 무엇이든 가능하지 않을까? 냉장고에 보관되는 각종 식음료부터 상추, 고추 등의 채소에 이르기까지 모든 것이 대상이 될 수 있다. 과하게 소유하지 않고 필요한 만큼만 꺼내어 사용할 수 있는 것이 효율적이라면, 구독경제는 앞으로 새로운 비즈니스의 기회와 가능성이 큰 영역이다.

딱 한 번 구경했는데
계속 뜨는 광고

쿠팡에서 구입을 할까 말까 고민하다 장바구니에 넣은 면 도기가 구글과 페이스북에 따라다니며 뜨는 이유는 뭘까? 심지어 스마트폰에 설치한 공짜 게임 앱에서까지 광고가 뜬다. 도대체 내 개인정보가 어디까지 노출된 걸까?

인터넷 광고, 고객 맞춤으로 진화한다

인터넷 광고는 다양한 형태의 변화를 거쳐왔다. 웹에서 주로 보는 광고들은 배너라고 불리는 사각형 이미지들이다. 네이버에 가면 상단, 좌우 측면에 기다란 형태의 이미지에 특정 회사의 브랜드나 상품, 이벤트를 소개하는 광고 배너를 자주 봤을 것이다. 또한 검색 광고를 검색어 입력창에 키워드를 입력한 후 나타난 검색 결과 페이지에 노출되는 광고다. 광고인지 검색 결과를 보여주는 것인지 헷갈리는데, 우연히 검색 결과인 줄 알고 들어갔더니 사실은 광고인 경우가 종종 있다. 순수한 검색 결과를 과장한 광고인 셈이다. 그래서 공정거래위원회에서는 2010여 년경 인터넷 광고에 관한 심사지침을 통해 인터넷 광고라는 것이 명시화되어 사용자가 인지할 수 있도록 원칙을 정하기도 했다.

배너, 검색의 형태로 제공되던 광고는 모바일에서도 이어졌고, 카카오톡 등의 메신저나 SNS 덕분에 개인의 선호도를 보다 자세히 알기에, 개인 맞춤형 광고로까지 진화했다. 그래서 모든 사람에게 천편일률적으로 같은 광고를 보여주는 것이 아니라, 광고의 주된 대상자를 분석해서 보다 정확한 타깃에게만 광고를 보여주는 형태로 맞춰졌다. 더 나아가 광고를 보고 클릭을 더 많이 할 수 있도록 개인마다 서로 다른 내용의 광고까지도 노출해줄 수 있도록 진화했다. 그리고 카카오톡이나 SNS 같은 서비스를 이용한 광고는 사용자에게 알림 형태, 즉 메시지로 광고가 전달되기도 한다. 특히 카카오톡에서는 아예 브랜드나 광고주를 채널로 등록을 해서 해당 광고주가 제공하는 광고성 정보쿠폰이나 이벤트 등을 수신하기도 한다.

이처럼 인터넷 광고는 형태와 대상자, 그리고 내용을 기준으로 웹, 모바일의 진화를 겪으면서 다양한 시도와 발전이 있었다. 특히 기존 신문, 잡지, 라디오, TV 등의 매스미디어 광고와 다른 점은 광고 효과 분석이 정교하다는 점이다. 인터넷은 특성상 사용자들이 광고를 누가, 얼마나 봤는지, 보고 난 후에 클릭을 했는지, 클릭한 이후에 실제 상품을 구매하거나 회원 가입을 하는 등의 실질적 성과가 무엇이었는지를 정교하게 분석할 수 있다. 이 분석은 실시간으로도 가능하기에 광고 효과가 떨어질 경우 언제든 광고를 다르게 재구성해서 마케팅하는 것도 가능하다. 반면 기존 매스미디어 광고는 한 번 정해진 광고의 내용을 바꾸는 것이 어려울 뿐만 아니라 광고의 성과를 분석하는 것도 제한적이다. 이런 편의성 때문에 인터넷 광고는 광고주들의 만족도가 높아 시장이 점차 확대됐다.

요즘IT

인터넷 메일 광고는 스팸일까

최초의 인터넷 광고 형태는 메일이었다. 광고주는 사용자가 인터넷 홈페이지에 가입할 때 등록한 이메일 주소를 이용해서 회원들에게 정보를 전달한다는 미명 아래 무분별한 광고 메일을 발송했다. 한때 하루에 수십

통의 메일이 모두 광고라, 이를 걸러내는 게 하루의 중요한 일과였던 적
이 있었다. 그렇게 광고로 점철된 메일을 가리켜 스팸메일이라고 부른다.

스토커 같아! 날 따라다니는 광고

인터넷 사이트가 다른데도 어떻게 광고 배너가 계속 같은 내용
일까? 바로 각 사이트에서 제공되는 배너 광고를 같은 회사에서
제공하기 때문이다. 이런 회사를 미디어랩이라고 부른다. 미디어
랩은 광고를 게재할 수 있는 곳의 자리를 확보해서 이를 광고주나
광고대행사에게 판매한다. 그렇다 보니 비록 다른 인터넷 사이트
나 앱을 이용하더라도 미디어랩이 같다면 같은 광고가 따라다니
며 여러 곳에 게재될 수 있다.

그런데 단지 같은 광고가 나오는 것이 아니라, 쿠팡이든 어느
검색창이든 내가 검색했던 특정 회사나 상품의 광고가 계속 따라
다니며 나오는 것은 내가 무엇에 관심이 있는지 알기 때문이다.
어떻게 알까? 바로 내가 검색하거나 관심을 가지고 상품을 살펴
봤다, 라는 정보가 브라우저의 쿠키에 기록되기 때문이다. 인터넷
사용자가 어떤 사이트를 방문할 경우, 그 사이트와 정보를 주고받
기 위해 해당 사이트에서 내 PC에 간단한 정보를 기록하는데, 이

▲ 내 검색 정보를 따라다니는 맞춤광고

것을 쿠키라 부른다. 이때 생성된 쿠키 정보를 활용하면, 사용자가 어떤 사이트에 방문했고 어떤 페이지를 보았는지 등의 정보를 파악할 수 있기 때문에 이 정보를 이용해서 관심을 가질 법한 광고를 계속 제공할 수 있는 것이다.

그래서 나를 따라다니는 광고는 두 가지의 요건이 필요하다. 미디어랩이 내가 보는 인터넷 페이지나 앱에 광고를 게재할 수 있는 권한을 가졌는지와, 광고를 게재할 때 쿠키를 활용해 내가 관심 있어 하는 것이 무엇인지 알아낼 수 있는지 여부다. 구글의 경우 구글 애드센스와 모바일에서는 애드몹이라는 미디어랩을 운영함으로써 여러 인터넷 페이지와 모바일 앱의 광고 자리를 선점하고 이를 활용해 보다 정교한 맞춤 광고를 게재할 수 있는 것이다.

페이스북도 오디언스 네트워크라는 미디어랩을 통해서 맞춤 광고를 게재하고 있다.

네이버나 다음 등에 맞춤 광고가 따라다니지 않는 것은 이들 포털의 페이지에 노출되는 광고 자리를 애드센스 같은 미디어랩이 확보하지 못해서다. 하지만 포털은 이미 자체적으로 사용자가 어떤 것에 관심 있고 어떤 뉴스를 보고 카페에 가입했는지 등 다양한 정보를 알고 있어, 이를 이용해 맞춤 광고를 게재할 수 있다.

디지털 시대 터줏대감들의 텃세, 디지털세

대부분의 무료 인터넷 서비스 업체들, 특히 빅테크 기업들의 주된 매출 중 하나는 바로 인터넷 광고다. 페이스북과 구글처럼 글로벌 기업들은 전 세계를 대상으로 막대한 광고 수익을 얻고 있다. 그렇다면 이들은 전 세계를 넘나들며 벌고 있는 수익에 대해 세금을 제대로 납부하고 있을까?

카카오의 2019년 매출은 3조 898억 원이며 시가총액은 31조 원2020년 10월 기준에 육박한다. 분기별로 기업 공시를 통해 매출과 영업이익 등 상세한 경영 정보를 공개하고 있다. 이를 토대로 조세를 부과하며 기업의 사회적 책무를 다하고 있다. 구글코리아의 2019년 매출은 얼마일까? 한국모바일산업연합회의 모바일 콘텐츠 산업 보고서에 따르면 2019년 구글 플레이스토어의 매출은 5조 9996억 원으로 추정하고 있다. 하지만 여기에는 유튜브 광고 매출과 구글 애드센스 등의 매출들은 포함되지 않은 것이라, 이를 모두 합산하면 카카오 매출의 두 배 이상을 국내에서 올리고 있을 것으로 보인다. 하지만 매출에 비해 법인세는 2백억 원이 채 되지 않아 2018년 기준 카카오의 법인세 924억 원과 비교하면 세금을 회피하고 있다는 지적을 받고 있다. 국경을 넘나드는 인터넷 글로벌 기업들이 이처럼 각 국가의 조세를 회피하며 부당이익을 챙기고 있다는 지적을 받으면서 유럽연합을 시작으로 아시아, 중남미, 그리고 국내에서도 디지털세 도입을 검토하고 있다.

디지털 플랫폼 기업은 물리적 실체가 있는 고정된 사업장을 통해서 매출이 발생하는 기존의 사업과 달리 무형자산을 통해 수익이 창출된다. 디지털 재화와 지적재산권으로 전 세계인을 대상으로 서비스를 제공하기 때문에 고정 사업장이 없다. 물리적인 서버역시 세계 어떤 곳에 있든 상관없다. 그렇다 보니 이를 악용해 가장 낮은 세율의 국가나 지역으로 서버나 사업장을 옮겨 원천지 소득 파악을 어렵게 하고 특정 국가에서 발생한 수익의 조세를 회피할 수 있는 기법이 남용되고 있다. 실제 구글과 애플, 페이스북 등의 글로벌 ICT 기업들은 DIDS^{Double Irish Dutch Sandwich}라는 조세회피구조를 활용해 절세전략을 펼치고 있다. DIDS는 아일랜드에 자회사 두 곳을 설립하고 그 중간에 네덜란드 자회사를 끼워 넣어 국가별 세법 불일치와 조세조약의 허점, 조세특례 등 현행 국제조세법의 약점을 이용해 절세하는 방법을 일컫는다.

일례로 국내 사용자들이 구글 플레이를 통해서 발생시킨 매출은 구글코리아가 아닌 구글아시아퍼시픽을 통해서 발생된다. 구글코리아는 이 매출에 관여를 하지 않았기에 아무런 수익이 잡히지 않고 낼 세금도 없다. 구글은 싱가포르 정부에 한국의 구글 사용자가 구글 플레이를 통해 발생시킨 매출의 17%를 법인세로 낸다. 구글아시아퍼시픽은 수익에 대한 로열티를 구글네덜란드 자회사에 지불하며 구글네덜란드는 다시 수익의 로열티 명목으로 미국 구글 본사가 설립한 구글아일랜드홀딩스에 지불한다. 이렇게 여러 국가를 넘나들면서 DIDS를 이용해 절세를 하며 수익을 극대화하고 있다.

이러한 문제는 사실 어제 오늘의 일이 아니고 글로벌 다국적 기업들이 조세회피를 위해 늘 사용해오던 방법이다. 아마존, 스타벅스, 오라클 등의 여러 다국적 기업이 절세를 위해 자행해오던 방식이다. 스타벅스는 영국에서 사업을 운영하면서 2012년까지 15년간 34억 파운드의 매출이 발생했음에도, 영국에 낸 세금은 0.2%가 채 되지 않았다. 스타벅스는 네덜란드에 있는 유럽 본사에 로열티를 내는 방식으로 조세회피를 하다가 2014년에 170억 원을 법인세로 영국에 지불하고 본사도 영국 런던으로 옮겼다. 또한 국내에서도 기업용 소프트웨어 기업인 오라클의 한국법인은 2017년에 법인세 3147억 원을 추징당했다. 이는 7년간 2조 원의 수익을 누락했기 때문이고, 이때도 국내 기업을 통해 발생시킨 매출의 상당 부분을 아일랜드 지사의 매출로 잡는 DIDS를 악용한 것이었다. 그런데 2018년부터 본격적으로 이 문제가 전 세계적으로 화두가 되고 있는 이유는 인터넷 기반의 플랫폼 기업들의 글로벌 매출 규모가 커지고 점차 다양한 산업 영역이 디지털 기반으로 혁신하면서 이 방법을 악용하는 사례가 늘고 그 규모도 커지다 보니 각 국가의 세원이 줄어들고 있기 때문이다.

이렇게 국제 간 소득 이전을 통한 세원 잠식 행위를 BEPS^{Base Erosion and Profit Shifting}이라고 칭하고 4차 산업혁명과 디지털 트랜스포메이션으로 급격히 정보통신산업과 지식기반 비즈니스의 규모가 커지면서 각 국가에서는 이를 탈세로 규정하고 공세적 대응에 나서고 있다. ICT 기업 입장에서는 절세지만 각 국가의 조세 당국으로서는 탈세로 다툼이 본격화되고 있다.

미국의 경제학자이며 사회학자인 제레미 리프킨은 2014년 저술한 《한계비용 제로 사회》에서 디지털 기술로 인해 생산성이 높아지면서 더욱 낮은 가격에 상품, 서비스를 전 세계의 소비자 대상으로 공급할 수 있게 되리라 전망했다. 더욱더 많은 상품이 인터넷을 통해 거래되면서 생산성은 극한으로 치달아 생산과 유통에 비용이 전혀 들지 않는 사회가 도래할 것이라고 말하며, 새로운 제도와 사회적 가치가 필요함을 이야기했다. 디지털 세상은 기존의 전통 사회와 다른 상식과 통념이 지배한다. 그런 만큼 기존의 전통적인 사회적 규제나 규범, 법으로는 디지털 사회를 제대로 운용할 수 없다. 즉, 기존의 법이 디지털 사회에서는 악법이고 굴레일 수 있으며, 무용지물이 될 수도 있다.

기업들의 조세회피는 각 국가의 전통적인 조세법이 갖는 제도적 한계에서 비롯된 것이며, 각 국가와 국제기구에서는 이를 막으려는 법 제정과 제도가 활발하게 추진 중이다. 특히 EU가 이와 관련해 가장 공격적 행보를 보이고 있다. 유럽연합은 GAFA^{Google, Apple, Facebook, Amazon}라 대표되는 인터넷 기업들에 물리는 세금을 디지털 서비스세, 일명 '구글세'라고 명명하고 합의안을 도출해 공동 대응을 해오고 있다. 하지만 이를 둘러싼 국가간 이해관계가 첨예하므로 쉽사리 합의안 도출은 되지 못하고 있다. 대표적으로 구글 등이 조세 회피처로 활용하고 있는 아일랜드, 네덜란드, 룩셈부르크 등 일부 회원국은 강력히 반대하고 있다. 게다가 미국은 자국의 IT 기업인 GAFA가 타격을 받을 것이기에 강력하게 반발하며 무역 전쟁으로 발전될 조짐까지 있다.

상황이 이렇다 보니 EU 차원의 국제 합의안 도출은 유보되고 있지만 2019년 7월에 프랑스, 2020년 1월부터 이탈리아와 오스트리아, 4월에 영국, 6월에 체코 등이 자체적인 디지털 서비스세 법안을 통과시켜 시행하고 있다. 일례로 세계 매출 5억 유로, 자국 내 매출 2500만 유로 이상일 경우 프랑스는 3%의 세율을 책정하고, 체코는 7%의 과세를 하는 법안을 제정해 시행하고 있다. 또한 OECD 역시 올해 말까지 디지털 서비스세에 대한 국제 합의안을 마련하기로 했다. OECD의 경우 ICT 서비스업을 넘어 제조 기업에 대한 세금 부과도 고려하고 있으며, 아예 일정 수준의 최소 세금을 강제하겠다고 밝히고 있어 앞으로 ICT 기업의 절세 아닌 탈세는 축소될 수밖에 없을 것으로 전망된다.

전통 제조업의 평균 법인세율은 약 23%인 데 반해 글로벌 플랫폼을 통해 더 많은 매출과 안정적 수익을 기록하는 ICT 기업의 세율은 10%가 되지 않는다는 것은 상식적으로 문제가 있다. 이를 바로 잡기 위해 EU, OECD를 중심으로 하는 새로운 조세제도 정비는 당연하다. 하지만 자칫 과도한 디지털세는 소비자 부담으로 전가되고, 이중과세 문제로 이어질 수 있다. 디지털세는 글로벌 ICT 기업이 온라인 거래를 통해 특정 국가에서 발생한 매출에 납부하는 조세인데, 사실 이미 이 ICT 기업은 자국에 법인세를 납부했음에도 추가로 해외 국가에 조세를 납부해야 하기에 이중과세인 것이다. 비록 ICT 기업의 조세 회피와 낮은 세율에 대한 문제제기는 합당하지만 기존 국제규범으로 볼 때 추가 과세 문제는 안고 있는 것이다.

구글은 2019년 12월 31일 전 세계 지사의 정책을 개편해 지식재산권을 미국에 모으겠다고 밝혔다. 그간 DIDS를 이용해 버뮤다에 수익을 쌓아오던 것을 포기하고 미국에 수익을 쌓고 세금을 미국에 부과하겠다는 것이다. 최근 유럽 국가들의 구글세 부과에 대한 명분을 제거하고 미국 행정부의 조세 압박에 굴복한 결과로 분석된다. 또한 페이스북은 2019년부터 투명성 강화 차원에서 광고매출을 나라별로 집계해 각 국가 현지 세무 당국에 신고하기로 했다. 세금 논란에 대한 문제 지적이 커지자 성실하게 납부를 하기 위한 대처로 보인다. 아마존 역시 2017년에 이탈리아 조세 당국과 협의해 1억 유로의 세금을 납부하기로 합의했다. 애플도 2018년에 아일랜드 정부에 130억 유로의 세금을 추가로 내기로 했다. 거듭되는 국제기구와 각 국가의 조세당국의 디지털 서비스세에 대한 압박과 탈세에 대한 고발이 잦아지면서 플랫폼 기업들도 투명한 사업 운영에 대한 의지와 기업 정보 공개에 적극적으로 나서고 있다.

● 대부분의 인터넷 플랫폼 기업은 주된 매출이 광고이며, 그 규모는 글로벌을 대상으로 한다. 플랫폼 서비스의 특성상 사용자가 떠나는 순간 플랫폼의 경쟁력은 퇴색되기 마련이다. 아마존, 구글, 페이스북, 애플의 사용자가 이들 기업에 발길을 돌리면 모래 위의 성처럼 금세 플랫폼의 위력은 소멸된다. 그렇다 보니 기업 이미지는 이들의 사업 지속성에 중요한 축이다. 그래서 광고로 돈을 벌면서도 사용자들의 개인정보를 과도하게 이

용한다는 낙인이 찍혀 플랫폼의 사용자들이 떠나지 않도록 하려는 거버넌스를 늘 고려한다. 그래서 애플과 구글도 개인정보 사용에 있어 적절한 규제를 하려고 노력하는 것이다. 더 나아가 이들 글로벌 플랫폼 기업들이 만일 특정 국가의 사용자들을 통해 발생한 수익에 대해 제대로 된 세금을 납부하지 않고 매출과 수익에 대한 정보도 숨기고 불투명하게 사업을 운영한다면, 각 국가의 소비자들이 이들 플랫폼을 좋게 볼 리 없다. 그런 만큼 인터넷 기업들이 정당한 사업 운영에 대한 과세에 적극적으로 임하고 사회적 가치에 동참하는 모습을 보여주는 것은 사업의 영속성을 위해서도 당연한 이치다. 사용자들을 통해 벌어들인 수익은 그 나라의 사용자들을 위해 세금으로 환원되어야 한다는 당연한 상식을 ICT 기업들이 인식하고 그에 맞는 책임을 다하는 자세가 요구되고 있다.

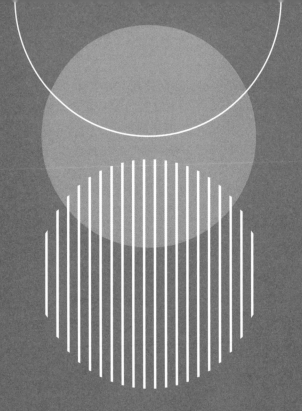

2장

일터를 바꾼
IT 매뉴얼

30년 전만 해도 사무실 책상 위에는 서류뭉치와 자, 연필, 지우개 그리고 계산기가 있었다. 사무실 한편에는 전화기와 팩시밀리, 복사기가 자리를 차지했다. 하지만 이제는 노트북과 복합기가 대신하고 있다. 컴퓨터, 인터넷 사용법을 모르면 회사 업무를 볼 수조차 없다. 회사에 정전이라도 일어나거나 인터넷 연결에 문제가 생기면 업무는 마비될 것이다. 이제 컴퓨터는 회사의 중요한 업무 도구로 자리잡았다. 최첨단의 ICT 클라우드, AI, 그리고 각종 데이터 분석 툴 등의 소프트웨어도 도구일 뿐이며, 이를 활용해 무엇을 할 수 있느냐는 그 도구를 사용하는 사람의 몫이다. 만일 이런 도구를 제대로 사용하지 못하면 도태될 것이다. 내가 가진 능력을 충분히 발휘하려면 도구를 이용할 수 있어야 한다. 일터에서 디지털 기술을 도구로 잘 활용하면 우리 능력에 더해, 더욱 큰 성과를 만드는 데 기여할 수 있다. 단, 그런 새로운 도구는 익히고 도입하는 과정에서 개인적으로 학습이 필요하고, 회사 차원에서는 새로운 시스템의 도입을 위한 투자와 필요에 따라 조직의 재편이 수반되어야 한다. 그렇게 일터에 일하는 방식이 바뀌면 더 큰 성과와 혁신의 가능성이 열린다.

슬랙과 드롭박스가 주도하는
스마트워크

스마트폰의 대중적 보급과 함께 '스마트'라는 키워드가 트렌드처럼 사용되고 있다. 스마트TV, 스마트 인재, 스마트워크 등 다양한 곳에 스마트라는 단어가 이용되고 있다. 스마트폰은 삶을 보다 윤택하고 풍요롭게 만들어주며 컴퓨터로 할 수 있는 다양한 작업을 할 수 있게 해주었다. 스마트폰은 기존 휴대폰보다 생산성과 활용성이 높아졌고, 이로 인해 언제, 어디서나 컴퓨팅 작업을 할 수 있게 되었다. 스마트한 인재 역시 스마트폰과 같은 업무 생산성이 높은 인재를 말한다. 과연 스마트폰을 닮은 인재는 어떤 역량과 능력을 갖춰야 하는지, 스마트워크를 위한 실천방안은 어떤 것인지 살펴보자.

스마트한 인재가 되려면?

회사가 바라는 인재상은 남들보다 더 빨리, 더 좋은 성과를, 꾸준하게 낼 수 있는 생산성 높은 인재다. 그런 인재가 되는 가장 최고의 방법은 성실하게, 똑똑하게 일하면 된다. 그런데 왜 우리는 그렇게 못할까? 마라톤의 왕도는 중간에 포기하지 않고 남들보다 더 빨리 달리면 된다. 하지만 왜 우리는 뻔히 알면서도 그렇게 못하는 것일까?

할 수 있는 능력이 안 되기 때문이다. 또한 능력이 되더라도 해야만 하는 사명감이 부족해 끈기 있게, 성실하게 추진하지 못하기 때문이다. 그렇다면, 회사에서 주어진 일을 해내려면 어떻게 해야 할까? 최선의 방법은 그 일이 하고 싶은 일이면 된다. 즉, 하고 싶은 일이면 자연스럽게 해야만 하는 일이 되고, 그렇게 꾸준히 하게 되면 할 수 있게 된다.

스마트워크는 내가 진정 좋아하는 일, 즐길 수 있는 일을 선택하는 것부터 시작된다. 일을 즐기게 되면 자연스럽게 열정이 샘솟고 그 열정이 능력과 역량을 만들어주게 된다. 그렇게 일에 임하게 되면 자연스럽게 스마트하게 일을 할 수 있다. 그러면 회사가 바라는 인재상에 부합되는 역량과 태도를 갖추게 되기 마련이다.

좋아하는 내 일 찾기

스마트워크를 위한 거창한 방법론이나 특별한 도구보다 더 중요한 것은 일에 대한 애정이다. 내가 진정 하고 싶은 직업, 일을 선택하면 그것으로 스마트워크는 저절로 시작된다. 스마트워크는 하고 싶은 일, 할 수 있는 일, 해야만 하는 일, 이 세 가지가 일치하는 것으로 완성된다. 이 세 가지를 일치시키는 첫 시작은 하고 싶은 일을 찾는 것이다.

지금 당신이 근무하고 있는 그곳에서, 현재 하고 있는 그 일은 당신이 진정 좋아하는 일인가? 지금 그 일을 즐기고 있는가? 스마트워크로 스마트한 인재가 되고 싶다면 우선 이 질문에 대한 답부터 찾아야 한다.

똑똑하지 않아도 괜찮아, 스마트한 도구와 성실함만 있다면

이솝우화 〈토끼와 거북이〉는 아무리 훌륭한 능력도 성실한 태도가 뒷받침되지 않으면 성과를 낼 수 없다는 교훈을 말해준다. 직장 생활 수년씩 해가면서 업무 경험이 쌓이다 보면 자연스럽게 업무와 관련된 내공이 쌓이며 역량이 커지게 된다. 하지만 직장생활을 하는 모든 직장인이 같은 시간 동안 같은 내공과 역량을 쌓

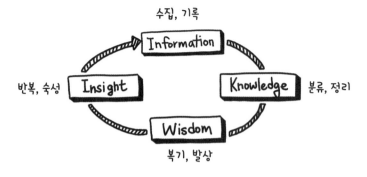

▲ 경험이 숙성되는 과정

는 것은 아니다. 똑같은 경험을 하더라도 각자 가지게 되는 깨달음은 서로 다르다.

회사 생활을 하면서 우리는 다양한 정보를 접하게 된다. 회사 설립 이후 축적되어온 기업의 소중한 자료와 함께 일하는 동료들이 작업한 데이터들을 만난다. 이런 정보를 접하면서 자연스럽게 생각이 정리되고 이것이 모여서 지식이 쌓인다. 그렇게 쌓인 지식 덕분에 우리는 효율성 있게 업무를 처리할 수 있게 되고, 업무 속도가 빨라진다. 그 지식이 내공으로 쌓여가면서 지혜로워지게 된다. 그 지혜가 중요한 의사결정을 올바르게 할 수 있도록 만들어준다. 우리 주변의 부장님들, 팀장님들은 10년 넘는 업무 경험 속에 지혜를 쌓은 분들이다. 그 지혜가 숙성되면 통찰력을 얻을 수 있다. 통찰력 덕분에 우리는 위기를 예측하고 미래 트렌드를 예상할 수 있게 된다. 그렇게 내일의 시장을 읽을 수 있기에 사업 계획을 세우고 신성장 동력을 찾을 수 있는 것이다.

이러한 과정을 통해서 스마트워크를 위한 내공이 쌓이는데, 이 과정을 단축하는 것이 모든 직장인의 꿈일 것이다. 그러려면 시간을 단축해줄 수 있는 훌륭한 도구를 사용하는 것과 성실함이 필요하다. 물론 타고난 천재성과 뒤를 단단히 봐주는 조력자가 있다면 더할 나위 없을 것이다. 하지만 누구에게나 그런 기회가 주어지진 않는다. 훌륭한 도구와 성실한 태도가 뒷받침되면 스마트워크를 좀 더 쉽게 할 수 있고, 스마트한 인재가 될 확률이 커지게 될 것이다.

진화의 열쇠 도구, 스마트워크 시대를 열다

인간이 동물과 다른 큰 특징 중 하나는 도구를 다룰 수 있다는 점이다. 인류 문명의 진화는 언제나 도구의 진화와 함께 일어났다. 석기시대, 청동기시대, 철기시대를 거치면서 인류가 다룰 수 있는 도구는 더욱 다양해지고 강력해졌다. 또한 산업혁명과 함께 자연의 에너지를 이용해 엔진으로 강력한 힘을 다룰 수 있게 되면서 문명이 진일보했다. 그리고 1990년대 컴퓨터의 등장, 2000년대 초고속 인터넷의 보급과 함께 디지털 혁명으로 우리 삶과 업무는 더욱 편리해졌다. 현대사회에서 정전이나 인터넷 불통으로 컴퓨터, 인터넷을 사용하지 못한다면 회사 업무는 마비될 것이다. 그만큼 도구는 중요하다.

스마트워크에 있어서 도구는 윤활유 같은 존재다. 도구를 잘 활용하면 업무의 속도가 빨라지고 생산성이 개선된다. 역량과 태도도 중요하지만, 같은 조건이라면 어떤 도구를 사용하느냐에 따라 업무 생산성과 효율성이 달라진다. 문명의 이기를 적극 활용할 수 있어야 스마트워크를 보다 쉽게 할 수 있다. 특히 IT 기술이 고도화되면서 다양한 디지털 장비들이 등장하고 있어 이러한 기기들이 일을 보다 스마트하게 할 수 있도록 도와준다.

▲ 스마트워크 시대, 도구가 답이다

우리가 꼭 기억해야 할 점은, IT 기술이나 각종 도구는 스마트워크를 달성하기 위한 수단일 뿐 목적이 아니라는 것이다. 기술 자체에 몰입하지 말고 그 기술을 이용해서 달성하고자 하는 목표에 더 집중해야 한다. 즉, 구체적인 실천방안이나 도구보다 스마트워크를 위한 마음의 태도와 자세가 중요하다. 첫 단추를 제대로 꿰면 다음에는 선순환 효과로 자동으로 스마트워크를 할 수 있을 것이다.

요즘IT
스마트워크를 위한 5종 툴Tool

스마트워크에 도움을 줄 수 있는 다섯 가지 툴을 소개한다.

① 마인드노드mindnode, 심플마인드simplemind : 마인드맵 툴. 생각을 구조적으로 정리할 때 사용하기 좋다.

② 구글 독스google docs, MS 오피스office 365 : 워드, 엑셀, 파워포인트 등의 문서를 공동 편집, 작성하고 공유할 수 있다.

③ 슬랙slack, 잔디jandi : 업무용 메신저. 팀, 프로젝트 TF 등에서 업무 관련 정보를 주고 받으며 자료를 공유하며 협업할 때 유용하다.

④ 드롭박스dropbox, 원드라이브one drive : 클라우드에서 문서를 저장하고 공유할 때 편리하다.

⑤ 에버노트evernote, 원노트onenote : 간단한 메모를 기록하고 여러 디바

이스에서 열어볼 때 편리하다.

디지털 기기와 소프트웨어는 매년 진화를 거듭하고 있다. 하지만 기술이 진화했다고 사람도 함께 진화하는 것은 아니다. 기술을 도구로 잘 사용할 수 있어야 우리도 함께 진화할 수 있다. 석기시대와 철기시대의 차이는 어떤 재료로 만든 도구를 이용해 경작을 하고 전쟁을 했느냐다. 당연히 철을 잘 다룰 수 있는 집단이 기존의 석기시대에 머물던 집단과 경쟁해 이길 수 있었다. 인류의 문명은 도구를 어떻게 다루느냐에 의해 결정되었다. 디지털 시대에 스마트워크를 하기 위해서는 디지털 기기와 소프트웨어를 잘 활용할 수 있어야 한다. 그래야 다양해지고 발전하고 있는 업무 관련 소프트웨어를 적극 활용해 업무의 생산성을 보다 높일 수 있고 적은 시간으로 더 생산적인 업무 성과를 얻을 수 있다.

호텔과 택시 비즈니스,
에어비앤비와 우버로 한다

인터넷 기업의 비즈니스 모델은 기존 산업 영역과는 크게 다른 점이 있다. 바로 공짜를 기본으로 한다는 점이다. 네이버, 카카오, 유튜브, 티맵 등 대부분이 무료다. 네이버는 신문, 카카오는 SMS, 유튜브는 IPTV, 티맵은 내비게이션으로 비교하자면 기존 서비스들은 유료로 제공했던 것들이 일반적이다. 인터넷 기업들은 비즈니스를 새롭게 정의하고 기존의 밸류체인을 와해하며 새로운 비즈니스 모델을 만들며 돈을 다른 방식으로 번다. 이들 기업의 비즈니스 모델을 알아야 디지털 비즈니스를 이해할 수 있다.

플랫폼은 어쩌다 뜬 걸까

플랫폼은 양쪽을 연결해서 가치를 교환하게 해주는 양면 시장의 특성이 있다. 반면 TV, 라디오, 신문, 잡지 같은 전통 매체는 콘텐츠의 생산과 유통을 미디어 사업자가 맡아 독자들에게 제공하는 단면 시장의 특성을 가졌다. 하지만 유튜브, 팟캐스트, 블로그 등은 콘텐츠의 생산 주체와 이들 인터넷 미디어 플랫폼의 운영 주체가 다르다. 즉, 플랫폼 사업자는 생산자와 독자가 좀 더 편리하게 콘텐츠를 거래하면서 다양한 가치를 만들어낼 수 있는 장치를 제공하는 데 집중한다. 일례로, 유튜브 플랫폼을 운영하는 구글은 유튜브를 통해 동영상 제작자와 영상을 소비하는 소비자가 좀 더 빠르고 고화질의 영상을 PC, 스마트폰, 태블릿, 그리고 이메일, 블로그, 페이스북, 카카오톡 등 다양한 디바이스와 채널에서 편하게 볼 수 있는 기능을 제공한다. 이에 더해 자막과 번역, 투표, 댓글 등의 새로운 가치를 만들어내는 서비스를 개발하면서 양쪽 사용자 간의 가치 교환을 더욱 풍성하게 하는 데 집중한다. 기존 단면 시장의 사업자와 다른 비전과 전략으로 플랫폼을 개발하고 운영한다. 유튜브 외에 카카오톡, 밴드, 페이스북, 인스타그램, 아프리카TV 등이 대표적인 플랫폼 사업자다.

플랫폼 사업자는 PC 기반의 웹, 스마트폰 기반의 모바일이 등장하면서 주목받기 시작했고, 기존의 전통 굴뚝 사업자와 다른 비즈니스 모델과 사업 전략을 가지고 고도성장 중이다. 이제 플랫폼을 지배하기 위한 경쟁은 인터넷 서비스를 운영하는 IT 기업들만 대상이 아니라 제조업, 통신업, 유통업, 미디어업, 광고업, 금융업 등 굴뚝산업의 기존 기업들도 뛰어들어야 한다. 그런데 스마트폰 이후 사물인터넷, 그리고 빅데이터와 인공지능의 등장과 함께 플랫폼 시장의 구도도 크게 변화되고 있다.

전통적인 플랫폼의 구성은 C-P-N-D^{Contents-Platform-Network-Device} 로 구성되어 왔다. 일례를 들어, '포탈-웹-초고속 인터넷-컴퓨터', '앱-플레이 스토어-4G LTE-스마트폰'과 같이 콘텐츠를 담은 서비스^{웹브라우저, 모바일 앱}와 이를 중계하는 웹/앱 플랫폼, 그리고 네트워크 통신망, 하드웨어 디바이스로 구성된 것이 기존 플랫폼의 기본적인 구성도다. 그런데 보다 많은 하드웨어가 인터넷에 연결되는 사물인터넷 시대에 접어들고, 이들 사물이 기존보다 더 많은 데이터를 만들어내고, 이들 데이터가 딥러닝, 머신러닝이라는 기술과 만나면서 인공지능 기술이 발전했고 플랫폼의 복잡도가 높아지고 있다. 즉, 디바이스에 소프트웨어가 밀결합되어 사용자에게 새로운 가치를 제공하고, 이를 통해 데이터를 축적함으로써 새로운 플랫폼이 주목받고 있다.

센서가 장착된 공기청정기는 스마트폰의 공기청정기 앱이나 웹 홈페이지 등의 소프트웨어를 통해서 집안의 공기 오염도와 기기의 가동 상태 등을 체크하며 각 집안 특성에 따라 다른 데이터를 수집하고, 이렇게 축적된 데이터 기반으로 보다 최적화된 서비스를 제공한다. 이 서비스는 그동안 쌓인 데이터를 기반으로 학습된 인공지능으로 꾸준히 더 좋아진다. 물론 이렇게 쌓인 데이터의 양이 많아지고 다른 기기에 쌓인 데이터와 크로스 분석이 되면 새로운 가치를 만들어낼 수 있다. 그 가치는 사용자에게 더 나은 경험을 제공하는 것뿐 아니라 기업에게는 새로운 비즈니스 모델을 만들어내는 기회가 되기도 한다. 이처럼 하드웨어가 소프트웨어와 결합되고 이 과정에서 고객의 데이터를 확보하게 되는 새로운 플랫폼이 만들어지게 된다. 이 플랫폼을 선점하기 위한 경쟁이 기존 제조업, IT 서비스 기업과 통신사, 더 나아가 스타트업 간에 치열해지고 있다.

이를 C-P-N-D에 빗대어, 개인적으로 D-P-S-D^{Data-Platform-SW-Device}라고 정의해본다. 더 나아가, 플랫폼의 구성은 위의 두 가지 형태를 넘어 더 복잡한 형태로 다변화되어가고 있다. 예를 들어, 하드웨어에 종속되지 않고 다양한 디바이스를 넘나들면서 콘텐츠를 중계하는 서비스 채널에 의해 서비스 플랫폼의 존재도 두드러지고 있다. 넷플릭스의 경우 유튜브와 함께 대표적인 동영상 플랫폼으로, 이 서비스를 통해서 PC, 태블릿, TV, 스마트폰을 넘나들며 콘텐츠를 중계하고 있다.

TED의 경우에는 유튜브를 통해, 독자적인 홈페이지를 통해, 아마존의 에코쇼와 같은 새로운 AI 스피커 등을 통해 교육 동영상을 중계하는 서비스 중심의 플랫폼으로 자리매김해가고 있다. 향후 MBC 방송을 TV 지상파의 11번 채널이 아닌 유튜브, 벽에 부착된 디스플레이, 화장실의 거울, VR과 AR 안경 등 다양한 디스플레이로 호출해 볼 수 있게 될 것이다. 이제 디바이스를 벗어나 더 이상 하드웨어에 종속되지 않고, 서비스를 부르면 바로 원하는 콘텐츠를 제공받을 수 있는 서비스 플랫폼의 시대로 나아가는 패러다임의 전환이 있을 것이다. 기존의 미디어 사업자와 콘텐츠를 생산하는 제작사와 인터넷 서비스를 운영하는 사업자들 간에 이 영역을 둘러싼 치열한 경쟁이 시작되고 있다.

AI를 기반으로 한 플랫폼의 부상도 눈여겨볼 만하다. 시작은 스피커였지만, 보이스Voice 인터페이스를 기반으로 자동차, TV, 가전기기 등의 다양한 디바이스에 탑재되는 AI는 하드웨어는 물론 소프트웨어의 존재마저도 잊게 할 위력 있는 플랫폼이 되어갈 것이다. 어디서든 "xxx"를 부르면 원하는 콘텐츠, 서비스를 호출할 수 있기에 눈앞에, 손안에 그 어떤 디바이스가 있을 필요가 없고, 소프트웨어를 설치할 필요도 없게 만든다.

이처럼 새로운 ICT 패러다임의 변화에 따라 플랫폼의 경쟁구도는 더욱 복잡해지고 이를 둘러싼 경쟁은 더욱 치열해질 것이다.

플랫폼 비즈니스의 대세

플랫폼 비즈니스는 이제 ICT 기업만의 전유물이 아니다. 산업 전 분야에서 플랫폼 비즈니스를 사업 혁신의 비즈니스 모델로 삼고 있다. 제조업체 역시 물건을 만들어 파는 기존의 방식에서 벗어나 다른 제조사의 상품을 소비자들에게 중계하는 방식의 플랫폼 사업을 추진하고 있기도 하다. 대표적인 곳이 중국의 샤오미다. 샤오미는 클라우드와 스마트폰 앱 Mi를 연동해서 다른 제조사의 기기를 사용자가 쉽게 사용할 수 있도록 지원해준다. 중소 제조업체가 직접 스마트폰 앱을 개발하고 클라우드를 유지해서 서비스를 제공하려면 상당한 투자와 유지비용이 든다. 게다가 제조업체별로 제각각 소프트웨어를 운영하다 보면, 소비자가 각기 다른 기기들을 인터넷 기반으로 사용하는 것도 번거롭다. 중소 제조업체들과 소비자의 불편을 줄여주고자 샤오미는 클라우드와 앱을 기반으로 플랫폼 제조 서비스를 제공하고 있다. 여기에 갈수록 고도화되는 AI는 덤이다. 이렇게 제조업을 플랫폼 서비스로 추진하는 곳은 샤오미 외에도 아마존과 구글 등이 있다.

고객과 관계 맺기가 핵심

고객과 만나는 접점이라고 할 수 있는 창구, 즉 채널이 줄어들면서 관련 기업은 위기에 빠졌다. 왜 신문사, 방송사, 유통사, 은행의 영향력이 이전만 못할까. 이들의 자리는 누가 대체한 것일까? 이들을 대체한 것은 온라인이라는 채널을 자유자재로 활용하는 ICT 플랫폼 기업과 유튜브와 SNS에서 활동하는 영향력을 갖춘 개인들, 그리고 독자적인 고객 채널을 만들어 중간 미들맨을 거치지 않고 고객과 만날 수 있게 된 제조업체와 작은 유통업체들이다.

인스타그램과 위챗에는 인플루언서가 되어 다양한 상품을 소개하고 판매, 마케팅까지 하는 1인 기업들이 개미처럼 많다. 한 인플루언서는 본인의 일상을 이야기하며 화장품, 베개, 원피스, 신발 등 다양한 종류의 상품을 소개한다. 심지어 전용 쇼핑몰을 만들어 이들 상품을 스토리로 묶어 마케팅하고 한정판매, 공동구매 이벤트를 통해 판매하기도 한다. 해당 제품의 공장에 직접 가보기도 하고, 해외 기업의 제조업체 사장을 만나기까지 하면서 기존 오프라인 유통회사, 총판이 하지 못하는 재미와 볼거리를 제시한다. 그러니 팔로워, 추종자가 모이고 사진 하나와 동영상 한 편에 사람들이 열광하고 기꺼이 주머니를 여는 것이다.

D2C는 'Direct to Consumer'로, 소비자와 직접 만나서 거래한다는 의미다. 오프라인 세계에서 거대 브랜드는 고객과 만나는 창

▲ 적극적으로 투자받는 플랫폼 사업

구를 통제하고 체계적으로 관리해왔다. 그런데 온라인에서는 오프라인에서 시장을 지배하던 방식과 전략적 이점이 먹혀들지 않을 뿐 아니라, 경쟁 구도가 기존과 전혀 달라 회사의 역량과 전략의 전면 수정이 필요하다. 그런데도 발 빠른 대응을 하지 못하니 위기의 늪에서 헤어 나오질 못하고 있다.

온라인은 오프라인보다 더 방대한 채널들로 혼재되어 있다. 직접 고객과 만날 수 있는 채널을 웹이든, 앱이든 독자적으로 만들어서 운영할 수 있고, 혹은 페이스북이든, 카카오톡이든 다른 채널에 입점하거나 제휴하는 형태로 사업을 전개할 수도 있다. 오프라인 중심의 사업을 해오던 기업은 온라인 채널에 대한 이해가 떨어져 언제, 어떤 채널을 어떻게 구축해서 대응할 것인지에 대한 전략을 체계적으로 수립하지 못한다. 독자적으로 구축한 온라인 채널을 중심으로 사업을 펼쳐갈 것인지, 파트너십 기반으로 주력 채널을 선정해서 운영할 것인지, 모든 채널에 다 대응할 것인지 등에 대한 전략적 포지셔닝을 수립하지 못한다. 또한 그렇게 채널 대응을 한다 하더라도 채널의 개발과 운영, 그리고 급변하는 IT 시장에 따라 신규 채널의 개설과 기존 채널의 관리 등에 대한 종합적 대응안을 체계적으로 찾지 못해 실패하는 경우도 허다하다.

거대한 오프라인 거점을 기반으로 고객과 만나는 접점을 확보하고 있던 기존 기업들이 온라인 채널로 눈을 돌린 고객들로 몸살을 앓고 있는 것은 어제오늘 일이 아니다. 이미 20년 전 웹의 등장과 함께 예고되었던 일이다. 그렇게 오랜 시간이 지났는데도 불구하고 대응하지 못한 이유는 뭘까. 오랜 기간 오프라인 중심의 사업을 하다 보니 온라인에 대한 이해가 떨어지고, 관련된 역량이 부족한 것이 가장 큰 원인이다. 온라인 채널을 어떻게 개발할 것인지, 다른 채널과 플랫폼과의 제휴 전략, 오프라인과의 연계 기획 등을 제때 정확하게 정의하지 못했기 때문이다. 게다가 온라인의 변화는 오프라인보다 상상할 수 없을 만큼 빠르다. 그런 변화의 속도를 제때, 제대로 이해하지 못한 채 오프라인의 속도로 대응을 하니 위기가 턱밑까지 온 것이다.

반면 온라인 비즈니스와 디지털 기술에 능숙한 IT 기업, 스타트업, 그리고 개인들은 변화의 파도를 타는 것을 넘어 물결을 만들어가고 있다. 수많은 숨은 경쟁자들의 전략을 이해하고 대응 방안을 찾기가 쉽지 않으니, 전통 오프라인 기업들이 속수무책으로 당하고 있다. 하지만 고객과 직접적으로 만나기 위해 기술을 이해하고 디지털을 활용하려는 전통기업들도 있다. 제조 역량과 브랜드를 가진 기업들이 온라인 채널에 투자하고 고객 데이터를 확보하면서, 기존과 다른 사업 전략을 추진하려고 노력하고 있다. 이제 더 이상 온라인 기업의 공세를 뒤쫓지 않고 기존의 밸류체인을 스스로 재정의하면서 디지털 기술을 접목해 혁신하려는 노력이 점차 많아지고 있다. 그렇게 변화하지 않으면 도태되기 때문이다.

고객과 접점을 잃어버리면 고객과 만날 수 없다. 고객과 관계 형성을 할 수 있는 채널이 없으면 그런 접점을 가진 유통망에 종속당하게 된다. 온라인으로 고객 접점을 갖춘 새 유통 채널은 디지털 데이터 기반으로 고객을 분석하고 서비스와 사업을 고도화한다. 이 과정에서 더욱 고객과의 접점을 강화할 수 있는 고객 중심 경영을 하게 되고, 그 결과 곧 더 많은 고객을 확보하고 고객의 충성도를 높일 수 있게 만들어준다. 이것을 가능하게 해주는 것이 ICT 플랫폼이며 이를 통해서 새로운 비즈니스 모델을 확장해가는 것이 플랫폼 비즈니스의 특징이다. 우리 산업에서 이렇게 새로 등장하는 고객과 접점을 밀착해가는 새로운 플랫폼은 누구이고 그들과 어떤 경쟁 전략을 가져가야 할지 고민하고 정리하는 것이 플랫폼 전략이다.

분야를 가리지 않는 혁신

코로나19는 우리 일상만 바꾼 것이 아니라 기업의 운명과 생존을 위한 전략마저 바꾸고 있다. 특히 코로나19로 위기를 겪은 전통 산업 영역의 기업들은 변화의 필요성을 절실하게 느낀다. 기업들 저마다 혁신을 외친다. 혁신의 대표적인 방법론으로 손꼽는 것이 '디지털 트랜스포메이션DT'이다. 디지털 기술을 상품의 개선이나 생산 공정 그리고 사업 전반의 프로세스에 적용함으로써 비용을 절감하거나 비즈니스를 효율화하는 것을 디지털 트랜스포메이션이라고 한다.

그간 디지털 트랜스포메이션은 ICT 기업들의 전유물처럼만 여겨져 왔다. 기술 기반으로 온라인 사업에서 두드러진 성과를 거둔 아마존, 구글, 페이스북, 그리고 네이버, 카카오, 쿠팡 등이 그렇다. 이들 회사는 유통, 마케팅, 제조, 교통 등 전통 산업 영역에서 온라인 서비스를 통해 새로운 고객 가치를 만들어내고 비즈니스를 확장해가고 있다. 기술을 무기로 혁신을 만들어내고 있는 것이다. 반면 온라인 서비스, 인터넷 비즈니스, 디지털 기술에 상대적으로 익숙하지 않은 전통 산업의 터줏대감들은 디지털 트랜스포메이션의 필요성은 절감하고 있지만 변화의 속도는 더디기만 하다.

전통기업들의 디지털 트랜스포메이션이 성에 차지 않는 이유는 무엇일까. 기술에 대한 이해와 역량이 부족한 탓만은 아니다. 디지털 트랜스포메이션을 추진하는 목적과 방법에 대한 충분한 공감대가 형성되지 않았기 때문이다. 경영진과 직원, 추진 부서와 사업 현장 간 눈높이를 맞추지 못했다. 기대하는 바가 다르고 이상과 현실의 차이가 크다 보니, 실행 과정 중에 이견이 많고 평가의 잣대에 대한 동상이몽으로 우여곡절이 많은 것이다. 게다가 디지털 트랜스포메이션의 추진은 결국 기술이 반 이상의 역할을 하는데, 기술에 대한 이해가 부족하고 내재화된 기술 역량이 없다 보니 외부에 의존하게 된다. 이 과정에서 과다한 투자 혹은 잘못된 선택으로 시행착오가 발생한다. 이를 수업료로 생각하지 않고 추진 부서에 대한 불신으로 이어지는 경우도 많다.

디지털 트랜스포메이션의 목적은 크게 두 가지로 생각해볼 수 있다. 하나는 기존의 사업과 상품을 유지한 채 기업 내부의 비효율을 제거함으로써 비용을 절감하고 프로세스를 개선하는 목적으로 기술을 활용하는 것이다. 주로 공장의 수율을 높이고 영업의 효율화를 개선하고 재고를 줄이고 생산 공정 상의 낭비를 줄이기 위해 디지털 트랜스포메이션을 추진하는 것들이 이에 속한다. 다른 하나는 새로운 상품을 만들거나 더 나은 고객 경험을 위해 서비스를 개선하고 비즈니스 모델을 변화시키는 데 디지털 트랜스포메이션을 활용하는 것도 가능하다. 기존 고객이 아닌 신규 고객을 확보하기 위해 새로운 상품이나 비즈니스에 진출하는 것이 대표적이다. 이 과정에서 고객에게 새로운 가치를 제공함으로써 매출의 확대가 이루어진다.

전자의 대표 사례는 전통적인 제조, 에너지, 유통 관련 기업의 공장에서 상품을 만드는 과정에 빅데이터 분석이나 자동화 로봇 등의 기술을 적용하는 방식이다. 이 경우 기존 상품의 제조과정에서 효율성이 높아진다. 후자는 이커머스인 아마존이 AWS Amazon Web Services 비즈니스나 알렉사와 에코를 활용한 새로운 AI 서비스를 제공함으로써 유통업을 넘어 클라우드 사업과 AI 사업에 진출하는 게 대표 사례다. 또 테슬라가 자동차에 자율주행 AI를 도입해 기존의 자동차와는 다른 차별화된 고객 경험을 제공하고, 에너지, 콘텐츠 중계 등의 사업 다각화를 통해 자동차를 마치 스마트폰처럼 다양한 서비스 확장의 도구로 삼아 혁신을 이룬 것도 사례로 들 수 있다.

디지털 기술에 익숙하지 않은 기업에서의 성공적인 디지털 트랜스포메이션 추진을 위해서는 무엇보다 세 가지의 원칙이 필요하다.

첫째, 디지털 트랜스포메이션 추진을 통해 얻으려는 목적을 명시화하는 회사 전체 차원의 공감대 형성이다. '왜Why'에 대해 정의

하고, 이를 디지털 트랜스포메이션 추진 부서는 물론 사업 현장과 기업 전체에 공유하고 공감대를 형성해야만 한다.

둘째, 기간과 목표 기반의 마일스톤milestone 수립과 그에 맞는 투자 규모 설정이다. '무엇What'을 할 것인가에 대해 구체화하고 기대 성과에 맞는 적정 투자 계획을 수립해야 한다.

셋째, 기술 내재화와 아웃소싱 및 인프라 구축 등에 대한 디자인을 할 수 있는 전담 조직 정비다. '어떻게How' 설계할 것인가를 결정할 기술 전문 인력과 역량이 필요하다.

디지털 트랜스포메이션 추진 부서 외에도 관련된 사업 현장, 그리고 디지털 트랜스포메이션 추진 과정에서 생긴 시행착오를 회사 전체 차원에서 공유하고, 디지털 기술에 대한 이해와 활용 방안 등을 모두 함께 숙지하고 학습할 수 있도록 해야 한다. 그래야 회사 전체가 디지털 기술을 업무에 효과적으로 활용할 수 있는 기반을 마련할 수 있다. 디지털 트랜스포메이션이 특정 전담 부서만의 전유물이 되어서는 안 되고 어떤 비즈니스 영역에서든 필요에 맞게 디지털 기술을 응용할 수 있는 디지털 역량을 보유해야만 한다. 그것이 장기적으로 기업이 기술 혁신을 통해 지속 성장할 수 있는 비결이다.

디지털 트랜스포메이션 추진을 위한 선행 과제

디지털은 비즈니스 모델BM 혁신에 활용하는 도구일 뿐이지 그 자체가 목적은 아니다. 즉, 디지털 기술 자체를 확보하고 이를 보유한 것이 중요한 것이 아니라, 기업의 BM 혁신에 디지털을 활용해 성과를 높이는 것이 핵심이다. 이를 위해서는 우리 BM 혁신 고객에게 어떤 개선된 경험을 제공하고, 우리 비즈니스 가치를 어떻게 높이고 효율성을 높일지를 정의해야 한다. 이것이 주된 목적이다. 이 목적을 달성하는 데 디지털 기술이 적정 역할을 해내면 그것이 바로 성공적인 디지털 트랜스포메이션이다. 그래서 성공적인 디지털 트랜스포메이션을 추진함에 있어서 세 가지를 명심해야 한다.

하나, 우리의 BM 혁신은 무엇을 목적으로 할 것인가에 대한 정의다.

둘, 이 목적 달성에 있어 어떤 디지털 기술을 어떻게 활용할 것인가를 정의해야 한다.

셋, 디지털로 BM 혁신의 목적을 달성하는 과정에서 기업 전반의 일하는 문화가 변화해야 한다.

디지털로 변화하고자 하는 사업의 궁극적 비전에 제약 없이 좀 더 광범위하고 큰 규모로 확산하기를 원한다면, 더욱더 기존의 틀에서 벗어나 회사 전체 차원에서 일하는 문화에 변화를 주어야 한다. 기존 관행과 경영진과 수직적 구조의 업무 프로세스와 의사결정을 벗어나, 데이터와 현장의 실무 중심, 그리고 고객 가치 기반으로 업무 추진이 될 수 있는 문화를 구축해야 한다.

● 플랫폼 비즈니스는 전통산업 영역에 적용됨으로써 BM 혁신을 꾀할 수 있는 툴이다. 전 세계의 호텔 숙박업에 도전한 에어비앤비Airbnb나 교통 시장을 혁신한 우버Uber를 보면 부동산에 투자하지 않고 택시를 소유하지 않고도 숙박과 교통 산업에 있어 글로벌 비즈니스를 구현할 수 있음을 깨닫게 된다. 배달의민족만 해도 음식 배달 산업 분야에서 플랫폼을 통해 혁신했으며, 이 기반 기술을 통해 동남아시아 등으로 진출함으로써 사업 확장을 꾀할 수 있음을 보여주었다. 플랫폼 비즈니스 관점에서 우리 기업의 BM 혁신에 어떤 기회가 있을지 생각해보면, 기존 사업 전략이나 BM과는 달리 전혀 생각하지도 못했던 아이디어가 떠오를 수 있다. 관성에 젖은 사업 구상이 아니라 플랫폼을 이용하는 고객 관점에서 보면 기존 사업, 상품, 서비스가 갖는 한계와 더 나은 고객 가치를 제공하기 위한 새로운 시각을 가질 수 있다.

코로나19로 가속 페달을 밟은
디지털 트랜스포메이션

코로나19는 우리 일상과 사회에 변화를 가져왔고, 특히 인터넷 비즈니스는 큰 기회를 얻었다. 집 밖을 나가지 못하다 보니 집에서 놀고 마시고 먹고 공부하고 일하게 되면서 온라인으로 이들 영역에서 서비스를 제공하는 기업들이 상대적으로 이익을 보고 있다. 이것을 언택트Untact, 비대면 비즈니스라고 부르고, 최근 들어서는 온택트Ontact, 온라인대면 비즈니스라고 한다.

코로나19가 살린 기업은?

코로나19의 대표 수혜 기업은 집에서 전 세계의 영화와 드라마를 볼 수 있는 온라인 영화관 넷플릭스, 스타크래프트와 오버워치 등의 게임을 서비스하는 온라인 게임 블리자드, 그리고 집에서 회의를 할 수 있도록 해주는 온라인 화상 회의 서비스 줌이다. 밖이 아닌 집에서 놀고 일하기 위한 온라인 서비스들이 주목받자 이들 기업의 가치는 코로나 이후 크게 상승하고 있다. 또한 인터넷 연결 시간이 길어지면서 온라인 서비스를 제공하는 기업들도 반사이익을 얻고 있다. 페이스북이나 아마존이 대표적이다. 강제로 집에 격리당하니 외로워져 인터넷으로 더 많이 연결돼 소통하기를 바라고, 자연히 커뮤니티 서비스 페이스북의 트래픽이 높아지고, 경제 활동 대부분을 집에서 하면서 아마존 같은 인터넷 쇼핑몰의 주문량도 급격히 늘고 있다. 또한 덩달아 이와 같은 인터넷 서비스를 운영하는 데 필요한 인프라를 제공하는 클라우드 기업 구글, MS 등도 큰 기회를 얻고 있다. 이는 고스란히 주가에도 반영됐다. 국내에서도 쿠팡, 마켓컬리, 배달의민족과 같은 이커머스, 배달 기업들이 코로나19로 인해 반사이익을 얻고 있다.

하지만 모든 정보통신기술ICT 기업이 청신호인 것은 아니다. 공유경제를 표방하는 우버나 소카, 에어비앤비, 그리고 항공과 여행 관련 중계 서비스들은 적신호가 켜졌다. 호텔과 항공, 백화점과

에너지 기업들의 주가는 반 토막을 넘어 심각한 상황에 처했음은
물론이다.

코로나19 치료제와 백신이 나오기 전까지는 당분간 홈 이코노미
Home economy, 가정 경제가 우리 경제 전반의 중요한 패러다임이 될 것
임은 자명하다. 그런데 정말 코로나가 해결된 후 우리는 과거의
습관으로 돌아가게 될까. 갑작스레, 어쩔 수 없이 다양한 온라인
서비스를 경험하면서 느낀 편리함과 새로운 습관이 과거로의 회
귀를 막는 것은 아닐까. 아마도 코로나로 인해 온라인 서비스를
처음으로, 또는 더 자주 사용하게 된 이들은 생각지 못한 온라인
의 강점과 편리함을 느끼게 됐을 것이다. 그런 측면에서 온라인
비즈니스의 영향은 앞으로도 지속될 가능성이 높다. 가정 경제가
만든 온라인 비즈니스는 모든 전통산업은 물론 소상공인에 핵심
축으로 작용하게 되어 앞으로 디지털 트랜스포메이션을 더욱 가
속화할 것이다.

비대면 서비스 기반의 비즈니스 수요가 늘어나면서 모든 기업
은 온라인 기반으로 사업 혁신을 새롭게 재정의해야 할 것이다.
그런 만큼 각 산업별로 고객과의 비대면 서비스를 어떻게 구성하
고 이를 위해 무엇이 필요한지를 정리해서 대비하는 자세가 필요
하다. 매장을 찾는 소비자가 사라진 백화점이나 은행은 고객에게
비대면 쇼핑과 금융 서비스를 어떻게 준비하고, 오프라인 거점은
어떻게 활용할지, 오프라인 운영에 들어가는 조직과 인력은 어떻

게 비대면 서비스의 확대를 위해 변화를 줘 관리해야 할지를 고민해야 한다.

매장 방문이 줄어든 피트니스 센터나 피부 관리실도 마찬가지다. 여전히 건강과 다이어트, 미용에 관심이 있는 고객들에게 비대면으로 서비스를 제공하기 위한 방법을 찾아야 할 것이다. 유튜브나 줌과 같은 온라인 동영상과 커뮤니케이션 서비스를 활용해원격으로 고객과 만나 새로운 경험의 서비스를 제공할 수 있을지고민해야 한다. 뷰티 관련 비즈니스를 하는 기업이라면 피부 미용과 관련된 정보를 온라인으로 계속 제공함으로써 고객과의 접점을 잃지 않으려 노력해야 한다. 또한 이들 고객에게 맞춤으로 최적의 운동, 건강, 미용 관련 상품들을 추천해서 배송해주는 구독경제 모델을 고려할 수 있다. 비대면 비즈니스의 핵심은 고객과의지속적인 관계 유지와 신뢰이며, 이를 기반으로 자동으로 최적의맞춤 서비스를 제공하는 것이다. 이를 위해 구독경제와 같은 모델을 고민해 비즈니스에 적용하는 방안을 고려해야 할 것이다.

코로나19가 가져온 언택트에 이어 온택트 일상은 우버의 차량공유 서비스에도 타격을 가져왔다. 공유경제가 상당히 위기에 빠졌다. 하지만 우버는 배달의민족과 비슷한 우버이츠라는 음식 배달 서비스를 제공하고 있다. 비대면 상황 때문에 배달 서비스가활성화되면서 우버이츠가 우버를 기사회생하게 해주고 있다.

결국 부동산 등의 실물 고정 자산을 기반으로 한 사업보다는,

무형자산 기반으로 하는 유연한 사업 운영이 코로나19 이후의 불확실성이 높아진 시장에서 요구되는 역량이다. 실제 코로나19 이후 네이버, 카카오 등의 시가총액이 현대자동차나 포스코보다 높아진 것은 유형자산보다 무형자산 기반의 온라인 비즈니스에 대한 시장 전망이 밝다는 것을 말해준다. 또한 시장 요구에 맞는 비즈니스 모델의 다변화와 언택트 비즈니스를 위한 기업의 변화 관리가 더욱 중요해지고 있다. 기존의 자산과 사업 모델에 대한 고수보다는 자산에 대한 재평가와 비즈니스 도메인을 넘고 비즈니스 모델을 혁신하는 데 주저하지 않아야 한다.

특히 오프라인 기반의 전통기업들에게 온라인 중심의 비즈니스 재편은 오히려 위기를 기회로 만들어줄 수도 있다. 기존의 자산

▲ 코로나19가 앞당긴 디지털 트랜스포메이션

과 고객과의 접점, 비즈니스를 온라인으로 올려두는 고민을 하다 보면 신규 고객 창출과 확장, 새로운 상품의 개발과 효율적인 마케팅 방안의 답을 찾을 수 있다. 기존 사업 운영의 비효율을 제거할 수 있는 기회를 얻을 수 있다. 단, 온라인 비즈니스를 추진하는 과정에서 디지털 트랜스포메이션은 필연적이다. 단지 온라인으로 물건을 팔고, 인터넷 기반의 상품을 개발하는 수준을 넘어 기업의 역량과 업무 프로세스, 시스템, 그리고 문화에 디지털이 스며들도록 변화 상황을 관리해야 한다. 그 과정이 바로 디지털 트랜스포메이션이며, 코로나19로 인한 시장의 변화는 전통기업들의 디지털 트랜스포메이션을 가속화하고 있다.

DT 추진에 가장 필요한 것은

고객이 웹과 앱에 머무는 시간이 길어지면서, 게다가 코로나19가 겹치면서 시장의 디지털화는 더욱 확대되고 있다. 이제 성장이 아닌 생존을 위해 DT를 추진하는 것이 기업의 숙명이 된 것이다. 그렇다면 DT 추진 과정에 있어 가장 중요한 것은 무얼까? 전략? 비즈니스 모델? 기술? 다름 아닌 기업 문화다. 유연하고 민첩하게 도전적으로 DT를 추진할 수 있도록 일하는 문화가 뒷받침되어야 성과를 창출할 수 있다. 이런 문화를 정착시키려면 그에 맞는 디지털 리더십이 필요하고, 함께 해낼 수 있는 역량 있는 동료들이 있어야 한다.

사회적 거리두기로 헛헛한 마음, 재택놀이로 달래다

놀이는 인간을 포함한 동물이 뇌를 발달시키는 데 중요한 역할을 한다. 특히 아이들에게 놀이는 성장하고 사회성을 갖춰 나가는 데 중요한 요소다. 코로나19로 원격 수업을 장기간 이어가면서 학교 가기를 그렇게 싫어하던 아이들이 학교에 가고 싶다고 말했던 것도 또래 친구와 장난치고 놀고 싶기 때문이다. 재택근무가 길어지면서, 어른들도 커피 한잔하며 잡담하던 자투리 시간, 오늘은 뭘 먹을까 고민하며 동료들과 함께 거리를 걷던 때가 그리워진다.

그런데 "두드려라, 그러면 열릴 것이다"라던 성경 말씀처럼, 만날 수 없어도 온라인만으로도 친구들과 장난치고 놀 수 있는 기발한 방법들을 아이들은 찾아가고 있다. 아이들의 적응력은 어른을 뛰어넘는다. 영화관을 갈 수 없는 상황에서 넷플릭스는 훌륭한 대안이 맞지만, 팝콘을 먹으며 친구들과 어울려 영화를 보는 감동을 온라인 영화관이 줄 수는 없다. 하지만 넷플릭스 파티Netflix Party와 함께라면 다르다. 시청하려는 영화를 친구와 공유하면 채팅을 하면서 함께 영화를 볼 수 있다.

　PC방에 우르르 게임하러 가던 경험도 각자 집에서 같은 서버에 연결하고, 디스코드Discord라는 게임 전용 보이스 채팅 서비스를 이용하면 곁에서 함께 왁자지껄 떠드는 현장감을 느낄 수 있다. 오프라인에서 떠드는 것보다 온라인 재잘거림이 오히려 더 재미있고 나은 면도 있다. 방장이 떠드는 친구 중 특정인의 마이크를 꺼서 묵음 처리를 할 수 있고, 닉네임을 기발하게 바꾸고 프로필 사진을 변경해서 폭소를 유발할 수 있다. 오프라인에서는 하기 어려운 재미를 온라인에서 찾을 수 있다.

　끝말잇기도 온라인으로 할 수 있다. 오히려 오프라인 끝말잇기보다 더 정확하고 다양한 즐거움을 즐길 수 있다. 끝말잇기를 정확히 국어사전에 등록된 기준으로 판별해서 누구도 이의제기하지 못한다. 또한 만화 제목, 기업명, 유명인 등의 다양한 주제어로 끝말잇기 게임을 할 수 있다. 오프라인 쇼핑이 주지 못하던 편리함을 온라인 쇼핑이 주는 것처럼 온라인 놀이도 오프라인이 주지 못하던 재미와 즐거움을 줄 수 있다.

　마인크래프트는 정육면체 블록과 도구를 이용해서 건축물을 만들고 사람을 사귀며 그 안에서 다양한 보드게임을 즐길 수 있는 온라인 게임 플랫폼이다. 이 게임은 역대 비디오 게임 판매량 중 1위로 가장 상업적으로 성공한 인디게임으로 평가받고 있다. 코로나19로 인해 오프라인에서 사람들을 만날 수 없게 되자 폴란드 정부는 학생들을 위해 게임 내에 교육용 마인크래프트 서버를 신설했다. '그라란탄나'라 불리는 이 사이트에 연결하면 게임을 하듯 즐겁게 시간을 보내면서 공부도 하고 친구들과 만나서 이야기를 나눌 수 있다. 이미 2014년에 덴마크 정부는 자국의 국토를 마인크래프트 내에 4조 개의 블록을 이용해 고스란히 재현했다. 도시를 그대로 재현한 마인크래프트에서 사람들을 만나고 이야기를 나누면서 다양한 활동을 할 수 있도록 한 것이다.

이처럼 온라인을 이용해 외로움을 달래는 게임은 팬미팅, 사인회를 온라인으로 대체하고 무관중 야구, 원격응원으로 이어지고 있다. 라이브 화상 채팅으로 팬과 만나 사인을 받고 사인한 종이는 우편으로 발송해준다. 텅빈 야구장은 온라인으로 연결한 팬들의 채팅 응원을 전광판에 띄우고 스포츠 팬들의 응원 목소리를 마이크로 입력받아 야구장에 울려 퍼지도록 할 수도 있을 것이다. 이미 브이 라이브VLIVE는 현장감 넘치는 8K 화질로 전 세계에 콘서트, 공연을 송출해준다. 방탄소년단도 월드 투어 공연을 브이 라이브를 통해 행사장에 오기 어려운 전 세계의 팬들에게 방송했다.

이미 콘텐츠, 커뮤니티, 커뮤니케이션, 그리고 커머스는 20년 IT 역사 속에서 많은 개선과 발전이 있었다. 그리고 재택수업과 재택근무의 편의성을 도모하기 위한 온라인 교육과 온라인 협업 툴의 개선도 시동이 걸리고 있다. 더불어 정작 사회적 거리두기로 격리된 우리에게 가장 필요한 것은 함께 떠들고 놀고먹고 마시면서 느끼는 감정의 교류다. 이런 재택놀이를 위한 IT 서비스가 이런 공백을 메워주고 있다.

거창한 기술 없이도 '사회적 곁에 두기' 할 수 있어

1999년에 동아일보 주최로 '체험! 인터넷 서바이벌99'라는 이름으로 5박 6일 120시간 동안 호텔이나 아파트에 갇힌 채 오직 PC 한 대와 현금 100만 원이 든 통장과 신용카드로 생활하는 인터넷 생존게임이 열렸다. 당연히 참여한 다섯 팀 모두 아무 문제 없이 행사를 마칠 수 있었다. 이후 2010년에는 BBC 방송국이 한국에서 '인터넷 없이 일주일 살기'를 실험했다. 불과 11년 만에 정반대의 행사가 열린 것이다. 10년간 한국의, 아니 전 세계의 인터넷 인프라와 서비스는 '있어도 그만'에서 '없으면 안되는 필수품'으로 자리매김했다. 그러니 인터넷으로 1주일을 살 수 있나에서, 인터넷 없이 1주일 삶이 가능한가로 180도 바뀐 행사가 개최되었다.

그렇다면 또 10년이 지난 2020년대의 현주소는 어떨까? 지금은 코로나19로 비자발적 재택근무, 강제 재택수업을 해야 하는 상황이 펼쳐지고 있다. 전 세계가 거대한 실험을 하고 있다. 집에 격리된 채 장기간 생활이 가능한 것일까. 아니, 경제활동, 사회활동이 가능하기나 한 것일까.

　이미 인터넷만으로도 1주일 넘게 삶이 가능하다는 것은 10년 전 증명이 되었고, 우리 모두 그렇게 살 수 있음을 체험하고 있다. 인터넷 쇼핑을 이용해 주문할 수 없는 것을 찾기가 어려울 만큼 생활에 필요한 모든 것을 구입할 수 있다. 그것도 오히려 오프라인에서 구매하는 것보다 더 편리하게 구입이 가능할 정도다. 하지만 일하고 수업을 들으면서 사회생활을 하는 것은 다르다. 아무리 온라인 기술이 발전해도 직접 같은 공간에 모여서 생각을 나누고 이야기하면서 각자의 작은 감정을 파악하는 것을 따라갈 수 없다.

　구글 스칼라, 줌, 슬랙과 같은 툴이 제아무리 개선되더라도 오프라인의 경험을 100% 흉내 낼 수는 없다. 물론 오프라인이 주지 못하는 효율성을 온라인이 주는 것도 있다. 온라인으로 연결한 모든 이력은 디지털 데이터로 저장되어 언제든 검색하고 활용할 수 있다. 회의에 참석한 참석자들의 얼굴 표정 하나하나가 화상 카메라로 잡혀 송출되기 때문에 회의 중 한눈팔기가 어렵다. 수십 명 넘는 학생들의 출석도 한 번에 체크할 수 있고, 오프라인에서는 모든 사람의 생각과 입장을 일일이 파악하기 어려운데 온라인은 모든 참석자의 의견을 수집하고 집계하기 쉽다. 하지만 오프라인의 스킨십으로 얻게 되는 직관적인 커뮤니케이션을 온라인이 메꿔주긴 어렵다. 상황이 이렇다 보니 장기간 재택근무, 재택수업이 진행되면서 기업과 학교의 고민은 날로 커지고 있다.

그래도 희망적인 것은 기술의 진화는 늘 그래왔듯이 생각보다 빠르다. 기업을 위한 온라인 협업 툴과 교육을 위한 혁신적인 에드테크Edtech가 현장의 아쉬움을 메꿔가고 있다. 코로나19가 진정되지 않아 피치 못하게 강제 격리가 길어지거나 의외의 경험 속에서 온라인을 통한 사회생활의 편리성과 강점이 부각된다면, 기술은 온라인 사회생활의 부족한 점을 해결해주는 데 집중할 것이다. MS 홀로렌즈 등의 VR, AR 기술과 AI가 온라인을 통해 좀 더 업무와 학습을 생산적으로 할 수 있도록 도와줄 것이다.

그런데 회사와 학교에 가는 것이 일과 공부를 하기 위함이지만 그것만이 전부는 아니다. 그 외에도 함께 떠들고 마시고 놀고먹기 위함도 있다. 기술은 온라인 회의와 교육을 보다 효율화하는 데 기여할 것이다. 하지만 좀 더 재미있게 놀고 잘 떠드는 데 기술이 기여할 것이 있을지, 아니 그럴 필요를 가질지 의문이다. 밥만 먹고 살 수 없듯이 일만 하고 공부만 하고 살 수는 없다. 집에 감금된 현실에서 온라인만으로 어떻게 재미를 찾고 인간관계를 찾을 수 있을까.

게임 전용 보이스 채팅 서비스 디스코드, 회의 용도로 출발한 줌, 동영상 서비스로 시작한 유튜브는 애초의 의도를 넘어 온라인을 기반으로 인간관계를 유지한다. 엄청난 기술이 아니어도 현재의 온라인 서비스를 이용해서 놀고 웃고 떠들기에 충분하다. 즉, 도구의 문제가 아니라 결국 인지와 의지의 문제다.

사회적 거리두기는 오프라인에만 적용되는 것일 뿐 온라인에 영향을 주지 못한다. 그런데도 우리는 오프라인에서 만나지 못하면 친밀함을 유지하기 어렵다고 생각한다. 현재 주어진 기술 수준만으로도 온라인에서 충분히 교감을 나눌 수 있는데도, 감히 그럴 시도를 못한다. 재택근무와 재택수업이 제대로 작동하기 위해서는 사실 동료들과의 동질감 유지와 친구들과의 유대감이 기본이 되어야 한다. 이는 기술이 해결해줄 수 있는 문제가 아니다. 온라인으로 '사회적 곁에 두기'를 충분히 할 수 있다는 의지를 가지고 실행에 옮기는 실행력이 필수적이다.

팬데믹 이후 교육, 희망은 있다

코로나19로 타격을 받은 산업 중 하나가 교육이다. 컨퍼런스, 세미나, 강연의 특성 상 여러 명이 함께 모여야 하니 사회적 거리두기에 고스란히 피해를 겪을 수밖에 없다. 그렇다고 마냥 교육을 미루고 중단할 수는 없으니 2020년 4분기부터 강연은 대부분 비대면 방식으로 전환되었다. 하지만 온라인 교육이라고 해도 다 같은 방식은 아니기에 제공 기관에 따라 경험은 천차만별이다. 팬데믹 초기만 해도 그저 교육을 연기만 하다, 이후 연단에 강사를 세워두고 카메라로 강연 영상을 촬영해서 유튜브나 웹이나 솔루션을 이용해 브로드캐스팅하는 정도 수준이었다.

하지만 오프라인에 모여 강연을 듣는 것과 비교하면 온라인 브로드캐스팅의 학습 효과는 뛰어날 리 없다. 더 많은 사람이 시공간의 제약 없이 연결 가능하다는 장점은 있지만 현장감과 몰입감이 떨어지는 것은 어쩔 수 없다. 몰입감을 높이기 위한 첨단 기술의 진화는 계속되고 있다. 여러 대의 카메라를 통해 다양한 각도에서 촬영한 영상을 끊김 없이 여러 디바이스에서 시청할 수 있는 멀티뷰 스트리밍과 클라우드 캐스트 기술 등이 선보이고 있다. 더 나아가 아예 현실보다 더 진짜 같은 3D 아바타를 활용한 메타버스 기술도 발전 중이다.

오프라인의 현장을 온라인에 복제하는 기술이 아무리 발전한다고 해도 생생한 경험을 고스란히 살리긴 어렵다. 오히려 오프라인이 줄 수 없는 온라인만의 강점을 살리는 학습 방식을 찾아야 한다. 온라인은 참여 인원의 제한이 없고 다양한 콘텐츠와 유기적인 연결을 통해 입체적인 학습 경험의 제공이 가능하다는 강점을 갖는다. 모두 디지털 디바이스를 통해 온라인 서비스에 연결되어 있기에 강사의 강연 장면 외에 다양한 학습 자료를 전달하기에 최적화되어 있다. 강사의 전달 메시지만 가만히 앉아서 듣는 것이 아니라 강사가 제공하는 학습 관련 자료들을 병행해서 볼 수 있다. 또한 강연에 참여 중인 학습자들에게 질문을 청취하고 설문조사 등을 통한 의견 파악이 수월하다. 오프라인 강연에서는 참석자들 대상으로 설문을 하거나 질문을 받는 데 제한이 있지만, 온라인은 한 번에 빠르고 손쉽게 질문을 받고 설문을 파악하는 것이 가능하다.

특히 온라인 학습의 최대 장점은 개인별 맞춤 학습 서비스의 제공이 가능하다는 점이다. 학습자별로 수준이 모두 다르기 때문에 콘텐츠 전달이 일방적일 경우 학습 효과는 개인별 차이가 클 수밖에 없다. 반면 온라인의 경우 학습 시작 전에 학습자별 수준을 평가해 그에 맞는 학습 코스를 제공할 수 있다. 학습 과정 중에도 이해도를 측정해 상황에 맞는 콘텐츠를 줄 수도 있다. 오프라인에서는 불가능한 학습 경험이다. 온라인이 갖는 강점을 살린 학습 방식을 설계하기 위해서는 기술의 활용이 절대적이다. 바로 빅데이터와 클라우드, 그리고 인공지능 등의 기술이 더 나은 학습 방식을 위해 필수적인 것들이다. 그렇다면 과연 팬데믹 이후 우리의 교육은 어떻게 혁신하게 될까?

우리는 이제 팬데믹 이전으로 되돌아갈 수 없을 것이다. 팬데믹으로 경험하게 된 온라인, 비대면 교육 서비스의 장점을 버리고 다시 오프라인으로 회귀하지는 못할 것이다. 그렇다고 온라인에만 머물지도 못할 것이다. 온라인과 오프라인은 서로 하모니를 이루면서 융합해 더 나은 학습 경험을 제공해야만 할 것이다. 이때 필요한 것이 바로 기술이다. 여전히 우리가 오프라인에 기대하는 바와 온라인으로 얻을 수 있는 장점이 서로 결합해 새로운 교육 서비스를 제공해야 우리 교육은 한 단계 도약할 수 있다. 이를 위해 기술의 활용이 절대적이다. 우리가 가진 교육 콘텐츠와 학습자들의 학습 경험을 데이터화하여 측정, 수집해야 하고 인공지능을 기반으로 분석해 더 나은 학습 서비스를 제공할 수 있어야 한다. 이때 온라인과 오프라인의 밀결합을 통해 유기적인 연계를 함으로써 입체적 경험을 제시할 수 있어야 한다.

● 코로나19로 가속화된 DT를 효율적으로 추진하기 위해서는 문화와 리더십 모두 중요하지만 무엇보다도 조직 구성원 모두의 역량과 변화관리에 대한 의지와 끈기가 필요하다. 경영진, 팀장이 아무리 부르짖어도 중간 허리와 구성원 전체가 소극적이고 방어적이면, 이가 나간 톱니바퀴처럼 맞물려 돌아가기 힘들 것이다. 외부 시장은 이미 4차 산업혁명과 코로나19로 인한 디지털 가속화가 본격화되며 산업 패러다임이 바뀌고 있다. 그런 변화의 파고 속에서 기업은 혁신하지 않으면 도태된다. 회사의 생산물 Product을 바꾸든, 프로세스Process를 개선하든, 프로모션Promotion을 효율화해서 신규 고객을 찾고 새로운 시장을 개척해가야 한다. 그 과정에서 디지털 기술은 혁신을 보다 파괴적이고 규모 있게, 빠르게 추진할 수 있도록 도와준다. 그러기 위해서는 기업의 일하는 문화가 DT를 자유롭게 구사할 수 있어야 하며, 이를 위해 리더의 역할이 그 어느 때보다 중요하다. 하지만 궁극적으로는 회사 전체 차원에서 변화 관리가 되지 않으면 공염불에

불과하다.

DT는 우리뿐만 아니라 이미 자유롭게 디지털 기술을 구사하는 ICT 빅테크 기업과 날카로운 문제 해결 역량을 갖추고 빠르게 시장에 진입해 도전하는 스타트업, 그리고 전통적인 경쟁 우위 기업에서 일상화되어 추진하고 있다. 그런 만큼 DT 추진 과정에서는 생각하지도 못한, 예측할 수도 없던 경쟁 환경의 변화와 신기술의 등장, 믿었던 기술의 몰락 등으로 변수가 많이 발생한다. 우리가 생각한 대로 DT 혁신이 추진될 리 없다는 것이다. 좌충우돌 시행착오를 하며 소기의 성과를 거두고, 실패를 딛고 반성하며 피보팅한 방향으로 사업을 혁신하며 목표를 향해 걸어가야 한다. 그런 만큼 조직 구성원 전체의 동참과 인내, 믿음이 필요한 것이다. 결국 디지털 도구를 활용해 사업 혁신을 하는 것은 우리 동료이자 구성원들이 주체가 되어야 하기 때문이다.

AI는 정말 인류를
지배하게 될까

인공지능에 대한 기대와 우려가 공존하는 시기에 가장 높아진 위기감은 AI가 일자리를 뺏는다는 막연한 두려움 때문이다. 산업혁명으로 공장이 들어서며 대량생산의 시대가 되면서 가내수공업자들의 일자리가 사라진 것처럼, 자동차의 등장으로 마부의 자리가 사라진 것처럼, AI는 더 많은 일자리를 사라지게 하지 않을까 하는 우려가 팽배한다. 결국 AI가 인류를 지배하지 않을까 하는 우려가 고개를 든다. 정말 그럴까? 그렇다면 우리는 어떻게 AI 시대를 대비해야 할까.

빠르게 진화하는 AI, 적일까, 친구일까

인공지능이 우리의 적인지, 친구인지를 따지는 논쟁만큼 바보 같은 것도 없다. AI는 도구일 뿐이다. 다만 우리가 그간 사용한 도구와는 차원이 다른 고차원의 도구라는 것만 다를 뿐, 여전히 AI는 도구다. 그런 AI가 우리 인간을 위협할 것인가에 대한 답은 마치 불이 인류에게 재앙인지, 희망인지를 따지는 것과 다를 바 없다. 즉, AI를 어떻게 사용하느냐에 따라 적이 될 수도, 친구가 될 수도 있다. 또한 AI는 불처럼 특정 영역에서만 사용되는 것이 아니라 다양한 분야에서 활용될 수 있는 만큼 AI가 어떤 역할을 하게 될 것인지도 각양각색일 것이다.

그런 도구에 불과한 AI에 대해 우리는 도구 이상으로 AI를 두려워하는 것일까? AI가 많은 영화의 소재가 되었고, 이 기술이 우리 통제 범위를 벗어날 수 있으며 그로 인한 파급력이 상상을 초월해 광범위할 수 있다는 불신 때문일 것이다. 게다가 AI와 대결 구도를 만들어가며 인간의 능력을 다양한 분야에서 앞서고 있음을 보여주는 이벤트와 언론의 보도 행태도 한몫했다.

사실 인공지능은 지난 30년 전부터 비주류로 인식되던 암흑기를 지나 2015년경부터 가시적인 성과가 나오면서 주목받기 시작했다. 하늘을 나는 비행기의 형태는 모두 제각각이지만, 비행 원리는 새가 하늘을 나는 것을 연구해 도출된 공통 결과를 기반으로 만들어졌다. 심지어 헬리콥터와 로켓은 또 다른 원리를 연구해 나온 산물이다. 이처럼 인공지능 역시 목적은 같지만 구현 원리는 다양하다. 인공지능 역시 다양한 구현 원리 중 딥러닝, 강화 학습, 신경망 학습 등이 주목을 받게 되었고, 여기에는 영역별로 방대해진 데이터와 혁신적인 컴퓨팅 파워의 공이 크다.

그런데 이 기술로 인한 인공지능의 파워가 기존에 우리가 생각한 것보다 빠르고 강력하게 다양한 영역에 적용되면서 두려움이 시작되었다. 이 두려움은 인공지능이 인간 수준에 언제 도달할 것인가, 그리고 그런 인공지능이 우리 인간을 혹시나 말살하지는 않을까, 하는 걱정으로 이어지고 있다. 인간 수준의 인공지능이 언제쯤 실현되는지는 2030년이면 도달한다는 의견부터, 100년은 훌쩍 지나야 한다는 견해에 이르기까지, 전문가마다 다양하다. 대체로 시간이 오래 걸린다는 전문가들의 의견은 이렇다. 일반 인공지능이라 불리는 이 영역은 특정한 목적을 위해 이용되는 좁은 인공지능에 비해 복잡하고 넘어야 할 산들이 많아 이를 해결하는 데 시간이 오래 걸린다는 입장이다. 이미 관련 연구가 진행되고 있지만 진척이 더뎌 높은 수준의 추론이 필요하고, 현재는 아주 초기 단계라는 것이다. 물론 불가능하지는 않다는 의견이다. 반면 근미래에 일반인공지능이 가능하리라는 의견의 핵심에는 분야별로 고도화되고 있는 인공지능이 서로 연결되고 우리 예측보다 늘 빠르게 발전하고 있는 하드웨어와 소프트웨어의 속도에 주목한다. 단, 그 정도 수준에 도달한 인공지능이 우리 인간의 명령이나 사회 관념을 위배하고 임의로 작동되어 문제를 일으킬 것인가에 대해서는, 구체적인 근거나 사례 없이 막연한 기우와 걱정으로 전망하는 경우가 많다. 중요한 것은 인공지능이 그렇게 완성되어 가는 과정에서 우리 인류도 앞으로 발생할 문제에 대해 기후 변화나 탄소배출 등의 재앙에 대처하듯 대안을 모색하고 장치를 마련할 것이다.

물론 인공지능은 지금도 다양한 비즈니스 영역과 일상에서 사용되면서, 하루가 다르게 진화하며 가능성을 넘어 걱정을 일으키고 있는 것은 사실이다. 특히 우리가 가장 우려하고 있는 영역은 자율주행이다. 테슬라로 대표되는 디지털 시대의 자동차가 운전자를 대신해 인공지능이 운전할 만큼 기술 진화를 이뤄내면서, 이로 인해 야기될 수 있는 위험과 문제에 대해 누구나 한 번쯤 생각해봤을 것이다. 앞으로 인공지능이 우리 산업과 사회에 어떤 영향을 줄 것인지 아무도 정답을 예측할 수 없지만, 적어도 각 분야의 인공지능 전문가들은 다른 사람보다 현재 상태와 혁신에 대한 정보를 더 많이 알고 있는 것은 사실이다. 하지만 이들 전문가는 각자 고유의 전문 영역 내에서 인공지능을 연구하고 있어 파편화된 지식으로 분절된 것 또한 사실이다. 그러니 이들의 서로 다른 생각을 잘 모아서 해석해야만 인공지능이 가져올 미래 위험과 기회를 전망하고 대처할 수 있다.

인공지능은 사회문제를 어떻게 처리할까

인공지능이 가져올 사회적 문제에 대해서는 누구나 인지하고 있으며, 중요한 것은 이에 대한 막연한 걱정이나 전망보다 이 문제를 예방하기 위한 사회적 담론이다. 일례로 인공지능이 고도화되면서 활용한 학습 데이터가 인류 모두가 떠안은 사회문제, 즉 인종과 성별에 대한 편향성을 그대로 닮을 것인가에 대한 우려가 있다. 인공지능으로 인해 사회문제가 가속화될 수도 있고, 오히려 사전에 알고리즘이 균형 있는 시각을 반영해 사회 평등이나 공정성을 만드는 도구가 될 수도 있다. 단, 이러한 문제를 인지하고 대안을 찾는 과정에서 활발한 의견 개진과 토의가 필요하다. 이렇게 인공지능의 개발에서 사회적 가치를 우선시하고 기득권 집단에 권력이 집중되지 않고 소수 의견도 존중해야 한다. 특히, 물과 전기처럼 언제든 원하면 인공지능을 사용할 수 있게 교육이 보편화되어야 하고, 기술 민주화를 통해 인공지능이 사용되도록 하는 사회적 담론도 함께 필요하다.

AI와 공존하는 인간의 일자리

인공지능이 일자리에 주는 영향에 대해서는 여러 견해가 있다.

인공지능으로 인해 기존 일자리가 사라지는 것은 사실이지만 새로운 영역에서 고용이 창출된다는 의견부터, 일자리의 변화는 인공지능 이전부터 점진적으로 있었던 것이니 인공지능도 그런 과정의 하나로 해석해야지 인공지능이 더 많은 일자리를 파괴할 만큼 큰 이슈가 아니라는 의견까지 다양하다. 그런데 특정 일자리에서 AI가 위기를 가져올 것은 기정사실이라는 점에는 한목소리를 낸다. AI는 과연 어떤 일자리에 위기를 가져올까?

AI는 이미 자율주행으로 트럭 운전사와 트랙터 농부, 텔레마케터, 산불 감시원, 보험 상담사, 펀드 매니저 등 일부 직업을 위태롭게 만들고 있다. 자율주행만 봐도 기술 완성도와 사회적 담론 형성의 문제로 인해 택시나 버스, 자동차 등의 일반 주행 차량에 보편적으로 적용하는 데 시간이 걸릴 수 있지만, 제한된 공간이나 특수 목적으로 사용되는 택배나 농기구 등에는 빠르게 적용될 수 있어 관련 일자리에 위기를 가져다줄 것이다. 또한 고객 상담이나 마케팅 등을 목적으로 운영되는 텔레마케터 역시 사람 목소리와 구분되지 않고 상황 파악과 고객 상담을 위한 모든 매뉴얼을 이해하고 있는 AI가 대체하기 충분한 직업이다. 이런 일자리들은 앞으로 사라질 것이 자명하며, 그런 영역은 조금씩 확대될 것이다.

하지만 AI가 실제 의사의 자리를 위태롭게 하거나, 판사의 자리를 없애지는 않을 것이다. 이는 기술의 문제가 아니라 안심과 사

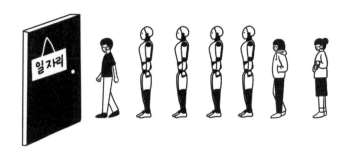

▲ AI는 인간의 일자리를 위협할까?

회적·문화적 수용의 문제가 있는 만큼, 오히려 보다 정확한 진단
과 판결에 도움을 주는 서포터로서 AI가 기존 의사와 판사에게 날
개를 달아줄 것이다. 마치 야구 심판을 서포트하는 비디오 판독
처럼 말이다. 이렇게 특정 직업별로 AI가 일자리에 위기와 기회를
동시에 가져다줄 것이다.

　그런데 이렇게 사라지는 일자리로 인해 전체 인간의 일자리가
크게 위협받는다고 단언할 수는 없다. 이유는 두 가지다. 하나는
이렇게 다양한 영역에서 필요한 AI를 개발하고 고도화하기 위해
서는 관련 디지털 일자리가 만들어지기 때문이다. AI는 한순간 개
발되는 것이 아니며, 이를 계속 진화시키기 위해서는 데이터 수집
과 정제, 그리고 관련된 인프라와 AI를 실제 상품에 적용하는 과
정에서 추가 개발이 필요하다. 이렇게 생겨나는 일자리의 수와 사

라지는 일자리의 수를 비교해보면 아마도 전자보다는 후자가 더 클 것으로 보이지만, AI의 고도화로 인해 파생적으로 만들어지는 새로운 일자리까지 고려하면 무조건 기존의 일자리 수가 크게 줄어든다고 단정지을 수만은 없다. 말을 자동차가 대체한 이후, 자동차 생산과 주유, 원유 개발, 카센터, 자동차 보험, 세차 등 다양한 관련 사업이 파생적으로 만들어지며 추가 일자리가 생겨난 것을 보면, AI가 기존 일자리를 대체해 발생하는 부정적 측면만 고려할 수는 없다.

그런 AI로 생산성이 비약적으로 향상되고 여유가 얻어지면, 다른 산업의 부활을 가져다줄 수 있다. 일례로 산업혁명으로 인한 인류 문명의 도약으로 경제 수준이 높아지면서 외식 레스토랑과 놀이동산, 영화관, 그리고 드라마와 가요 등의 다양한 엔터테인먼트 산업이 성장할 수 있었던 것처럼, AI로 얻게 된 생산성의 향상은 다른 산업의 성장 기회를 가져다줄 수 있다.

무엇보다 AI에 대해 우리가 인식해야 할 중요한 시사점은 인공지능을 각자의 업무와 생활에 활용함으로써 나만의 역량을 강화하고 더 생산적인 업무 처리를 할 수 있는 수단으로 활용해야 한다.

AI와 어떻게 동료로 일해야 할까

2016년 알파고가 이세돌 9단을 꺾고 바둑 고수들을 연이어 패배시켰으며, 이 과정에서 총 네 번의 업그레이드가 있었다. 알파고 이후에 알파고 판, 알파고 리, 알파고 마스터를 거친 뒤 2017년에 은퇴했다. 이후의 바둑 시장은 어떻게 되었을까? 중국텐센트의 '절예絕藝', 일본도쿄대의 '딥젠고', 한국NHN의 '한돌', 미국페이스북의 '엘프고ELF OpenGo' 등의 탄생으로 이어지며 과학적 측면의 바둑은 발전했다.

그렇다면 사람이 두는 바둑 시장은 어떻게 되었을까. AI 기사의 등장은 프로 기사들에게는 당연히 충격을 주었다. 하지만 바둑을 더 잘 두려는 교육생들의 입장에서는 훌륭한 선생님이 등장한 셈이다. AI 기사 이전의 바둑은 포석이 정형화되어 몇 가지의 수와 대응 방안이 매뉴얼처럼 존재했다. 하지만 AI의 독특하고 과감한 수는 다양한 포석에 대한 배움의 기회를 마련해 주었다. 그렇다 보니 바둑을 배우기 위해 기원에 가거나 프로 기사들의 기보를 보는 것보다, 혼자서 AI 선생님을 두고 독학하는 공부 방법이 대세가 되었다. 심지어 프로 기사도 AI로 훈련을 할 정도다. 중국의 커제 9단은 한 인터뷰에서 AI로 포석을 두는 데 도움을 받고 복기할 때도 유용하다고 밝혔다.

이렇다 보니 프로 기사들의 바둑 실력이 상향 평준화되는 현상이 발생했다. 아무래도 비슷한 수준의 다른 기사들의 기보를 분석해서 배우는 것보다 월등히 실력 높은 AI를 통해 학습하다 보니 실력이 도약하게 된 것이다. 절대 강자가 군림하던 프로 기사의 랭킹에도 변화가 일고 있다. 상향 평준화된 프로 기사들의 실력으로 인해 이전처럼 절대 1위 자리를 고수하기가 어려워졌다. 아마추어 기사들도 비용과 정보 제약의 한계에서 벗어나 언제든 AI를 통해 학습을 할 수 있어 배움의 기회가 확대되었다. 그만큼 바둑 시장에서 인간의 실력은 진일보하게 된 것이다.

게다가 AI 덕분에 바둑 해설도 훨씬 정교하고 정확한 정보 전달이 가능해졌다. 해설자가 AI 승률을 보면서 판도를 설명하니 더 객관적인 분석을 해줄 수 있게 된 것이다. TV 등을 통한 해설 방송에서도 실시간으로 AI 기반의 다채로운 분석 그래프와 승률 예측을 제시할 수 있어 시청자에게 입체적인 정보를 전달할 수 있게 되었다. 많은 이들이 우려했던 것과는 달리, AI 기사의 등장이 바둑의 즐거움을 빼앗고 프로 기사의 존재를 사라지게 한 것이 아니라, 오히려 더 큰 즐거움과 학습의 기회를 제공한 것이다.

하지만 바둑 시장에 AI가 긍정적 효과를 가져온 것만은 아니다. 바둑을 두는 과정에 AI가 승률을 퍼센트로 표시하기 때문에 모험을 하며 새로운 경험으로 터득할 수 있는 배움의 기회를 저버리고 AI가 제시하는 길만 정답으로 인식하고 있다. 그간 인간이 두어온 바둑이 기보를 따라 정형화된 것처럼, 이제는 AI가 가르치는 바둑이 정형화되고 있다. 인간이 두는 바둑은 확신에 찬 승률을 계산하며 두는 것이 아니라 다양한 도전 속에서 자신만의 바둑을 두는 형세가 만들어져 개성이 있었다. 제비 조훈현, 신산 이창호, 독사 최철한, 쎈돌 이세돌, 지하철 바둑 고바야시 고이치, 우주류 다케미야 마사키라 불리며 프로 기사들마다 기풍이 있었다. 하지만 AI로 배운 바둑은 그런 개성을 사라지게 하고 있다. 포석을 둘 때마다 승률이 계산되어 정답이 제시되니, AI의 기계적인 기풍이 인간의 개성을 지배하는 결과를 낳았다.

결국 AI가 바둑 시장에 던진 메시지는 인간의 개성과 모험적인 도전정신, 창의력을 사라지게 하는 것이었다. 물론 AI가 초기 바둑 시장에 새로운 포석의 가능성을 보여주고 실력의 상향 평준화를 제공한 것까지는 좋았다. AI의 제안은 사고의 지평을 넓혀주고 상상조차 못했던 가능성을 제공하는 또 하나의 기회일 뿐이다. 하지만 그것을 정답으로 알고 생각의 진화를 멈춰서는 안 된다. 계산기를 이용하면 덧셈, 뺄셈, 곱셈은 물론 복잡한 연산을 쉽게 처리할 수 있다. 그럼에도 우리가 사칙연산과 수학을 배우는 이유는 계산의 원리를 이해하고 간단한 수식을 기반으로 더 복잡한 연산을 어떻게 처리할 수 있을지를 사고하기 위함이다. 기초적인 동작 원리를 이해한 이후에는 계산기를 이용해 빠르게 처리하고, 더 복잡한 문제를 근원적으로 어떻게 해결할 수 있을지를 고민하게 된다. 단순 반복 업무는 계산기에 맡기고,

사람은 더 고차원적인 수학 문제 해결 방안을 찾는 것이 계산기를 효율적으로 사용하는 방법이다. AI 역시 그런 도구로 활용해야 한다. 즉, 우리 인간은 AI가 제시하는 답만을 정답으로 생각하고, 다른 가능성을 배제한 채로 사고가 닫히는 것을 경계해야 한다.

기입에서 문제를 해결하는 솔루션으로서 AI를 적용하다 보면, 점차 많은 영역에서 AI가 사람을 대체해갈 것이다. 또한 남은 사람들도 AI에 더욱 의존하게 될 것이다. AI가 추천해주는 대안과 선택을 의심하지 않은 채 추종하다 보면, 머지않아 의사결정권을 AI에게 넘길 것이다. 은행에서 대출 심사를 하거나 증권사에서 투자 심의를 하고, 병원에서 환자의 질병 진단을 할 때 AI에 맡기다 보면, 점차 의심 없이 AI의 선택을 수용하게 될 것이다. 인간이 기계와 다른 점은 사람마다 다양한 자유 사고와 취향, 성향으로 다양한 선택을 한다는 것이다. 서로 다른 정반대의 생각들이 논쟁 끝에 타협과 합의 과정을 거쳐 더 나은 결정이 되어 인류는 발전했다. 그것이 인간다움을 만들어주고 그로 인해 인류 문명은 진화를 거듭해왔다. 그런데 AI의 판단을 아무런 의심도, 논쟁도 하지 않은 채 무조건 따르다 보면 인간의 문명이 그간 발전해오던 메커니즘과는 전혀 다른 길을 가게 될 것이다. 기업에서 AI를 도입하고 활용하는 과정에서 AI의 판단을 어떻게 의심하고 견제해야 할 것인지 고민해야 한다. 또한 최종 의사결정의 권한은 AI

의 판단을 참고로 인간이 해야 함을 잊어서는 안 된다.

● 　2020년 들어 친환경, 사회적 책임 경험, 지배 구조 개선 등을 뜻하는 ESGEnvironmental, Social and Governance 경영이 주된 화두가 되고 있다. 그만큼 기업의 사회적 책무가 중요한 지속성장한 핵심 요소라는 것을 말해주는 것이다. 그런 면에서 에너지나 통신, 방송만큼 향후 사회에 큰 영향을 줄 것으로 예상되는 AI 기술의 사회 영향에 대해 스스로 돌아보고 진단할 수 있는 기업 거버넌스가 앞으로 중요한 화두가 될 것이다. 즉, 인공지능이 인간지능을 가지게 될 것을 걱정하기보다는 그런 월등한 인공지능이 사회악으로 사용되지 않도록 견제할 수 있는 우리 사회의 감시자 역할이 작동되지 않을까에 대해 우려해야 한다. 이를 위해 회사에서 사용하는 AI에 대해 한국판 AI 윤리기준을 잣대 삼아 돌아보고, 어떤 개선점이 필요한지 주기적으로 점검하는 것이 필요할 것이다.

일례로 디지털 휴먼, 버추얼 휴먼이라고, 존재하지 않는 가상의 인간으로 활동하는 아이돌이 디지털 실체를 가지고 AI로 실시간으로 팬들과 소통한다면, 이루다보다 더 큰 이슈와 문제를 불러올 것이다. 딥페이크를 이용해 유명인들을 고통받게 하거나 정치인을 매장시키는 등의 범죄 문제 역시 앞으로 이 사회가 어떻게 성숙하게 대처할 것인지 큰 화두가 될 것이다. 이렇게 AI가 가져올 수 있는 사회적 이슈에 대해 기업 차원에서 고려해보고 대안을 찾아보는 생산적인 고민이 필요하다. 또한 단기적으로는 우리 일상과 기업에서 AI를 이용해 어떻게 비즈니스 문제를 풀 수 있는 솔루션으로 활용할 수 있을지를 진단하고 적용 방안을 찾아보는 것도 AI 시대에 우리가 고민해야 할 부분이다.

데이터 기반 의사결정
DDDM이 뜨는 이유

DDDM^{Data Driven Decision Management}은 데이터에 기반한 의사결정 체계를 뜻한다. 경영의 신이라 불리는 미국의 경영학자 피터 드러커는 "측정할 수 없으면 개선할 수 없다^{what gets measured gets managed}"라는 취지의 이야기를 하며 계량적 데이터 관리의 중요성을 설파했다. 꼭 이 명언이 아니더라도 디지털화된 산업 변화 속에서 데이터의 중요성은 두말하면 잔소리일 만큼 모든 기업에 중요한 화두가 되었다. 알리바바의 창업자인 마윈 전前 회장은 "세상은 지금 IT 시대에서 DT^{Data Technology} 시대로 가고 있다"고 말하기도 했다. 그럴 정도로 데이터는 정보화 시대의 원유나 다를 바 없는 가치를 가진 존재가 되고 있다.

체온계와 스마트폰이 연결되면 어떤 일이?

킨사KINSA라는 스타트업의 체온계는 스마트폰과 연결해서 사용한다. 체온계와 스마트폰을 연결할 필요가 있을까? 단순히 온도를 확인할 수 있는 작은 액정 화면에 숫자만 보여주면 되지 굳이 스마트폰과 연결해서 얻을 게 뭘까? 아이가 열이 펄펄 끓어 체온을 잴 때 우리가 궁금한 건 뭘까? 단순히 숫자가 궁금한 걸까? 아니면 당장 병원에 가야 할 만큼 심각한 상태인지, 병원까지 가지 않아도 조금 쉬면 나아지는 상태인지를 아는 걸까? 당연히 후자일 것이다. 즉, 숫자가 궁금한 것이 아니라 그 숫자가 의미하는 바가 궁금한 것이다.

킨사의 체온계는 스마트폰에 연결해서 전용 소프트웨어를 통해서 체온의 숫자가 의미하는 것을 확인할 수 있다. 체온을 잴 때마다 체온은 물론 시간이 함께 저장되고, 이렇게 수집된 정보를 기반으로 현재 측정한 체온이 어떤 상태인지를 알려준다. 또한 이 앱에는 체온을 재면서 아이의 상태를 함께 기록할 수도 있다. 즉, 시간과 체온이라는 정형 데이터 외에 아이가 구토를 했는지, 설사를 했는지, 땀을 흘렸는지 등의 비정형 정보를 텍스트로 기록할 수 있다. 이렇게 기록된 여러 정보는 병원이나 주치의와 공유할 수 있도록 함으로써 좀 더 체계적인 의료적 어드바이스를 받을 수도 있을 것이다. 기존의 체온계가 그저 숫자만 보여줬을 뿐이라면 킨사의 체온계는 실제 체온을 재려는 사용자에게 필요한 본질적인 가치를 보여준다. 킨사의 체온계를 이용하면 인터넷 검색을 하거나 의사와 상담할 필요가 없게 된다. 이것이 체온계를 인터넷에 연결함으로써 얻을 수 있는 새로운 경험이다.

데이터를 활용해 사업 혁신을 하는 여러 기업과 제품의 사례를 보면 비슷한 점을 찾을 수 있다.

첫째, 고객에게 새로운 경험과 가치를 제공하기 위해 디지털 기술을 활용해 제품이나 사업을 개선했다.

둘째, 기존에는 측정해서 수집하기 어려웠던 고객 데이터를 수집해서 이를 비즈니스 혁신에 적극 활용했다.

셋째, 고정관념을 벗어나 새로운 비즈니스 모델을 적용해 기업의 가치를 극대화했다.

사물인터넷, 데이터로 하는 거였어?

코웨이는 공기청정기, 정수기 등을 렌탈로 서비스하고 있는데 일부 제품들은 인터넷에 연결해서 스마트폰 앱을 이용해 제어할 수 있다. 사실 바로 눈앞에 있는 공기청정기를 굳이 스마트폰 앱으로 조작할 이유는 없다. 다만, 사무실에서 애완동물이 있는 집 공기가 좋지 않아서 원격으로 청정기를 켜주거나 할 때 유용한 정도다. 또한 정수기 등의 필터를 교체해야 하는 시기를 스마트폰 앱 알람으로 알려주는 정도가 이들 기기를 인터넷에 연결하고 앱을 통해 얻을 수 있는 고객 가치다. 이 정도를 위해 사물인터넷을 위한 소프트웨어와 클라우드 시스템에 투자하는 것은 기업 입장에서는 부담스럽다. 그렇다면 코웨이는 어째서 이러한 사물인터넷에 투자하고 있는 것일까?

같은 모델의 공기청정기를 사용하면서도 사용 패턴은 다를 것이다. 서울 용산구와 경기 부천시에서의 사용 패턴도 다르겠지만, 같은 아파트에서조차 사용 방식은 다르다. 온종일 켜놓고 사용하는 사람, 미세먼지 농도를 확인하고 안 좋을 때만 켜는 사람, 집에서 고등어나 삼겹살을 구울 때 켜두고 사용하는 사람에 이르기까지, 사용 행태는 모두 제각각이다. 그러니 공기청정기의 필터 교체 주기도 다르고 실제 청정기가 제 역할을 하며 실내 미세먼지를 줄여주는 데 도움을 주는 정도도 다를 수밖에 없다.

하지만 공기청정기를 판매한 제조사는 이렇게 각각 다르게 사용하는 사용자들의 상태를 알기 어렵다. 그런데 인터넷에 연결된 공기청정기라면 사용자가 어떻게 공기청정기를 동작시키는지 아주 자세히 알 수 있을 것이다. 모든 동작 상태는 물론 실내 미세먼지 농도까지 센서로 수집해 이 데이터들을 모두 클라우드에 기록하니 자세한 정보를 알 수 있다. 예를 들어, 같은 아파트에서 공기청정기를 어떻게 다르게 사용하고 그에 따라 집안의 미세먼지가 어떻게 개선되고 필터는 어떤 주기로 교체하고 오염되는지를 알수 있다. 이런 정보를 기반으로 공기청정기를 제대로 사용하지 못하는 경우 안내해주거나, 자동으로 청정기를 동작시켜서 올바르게 사용하도록 안내할 수 있다. 단순 원격 제어가 아닌 스스로 알아서 동작하는 공기청정기가 되는 셈이다. 사람이 하는 것보다 더완벽하게 자동화되어 작동하는 공기청정기가 될 수 있다. 이것이야말로 새로운 고객 경험이다. 이런 정보가 클라우드에 쌓이다 보면 각 지역별, 사용자의 주거 행태별로 최적화된 공기청정기의 조작 방식이 만들어질 수 있다. 이를 인터넷에 연결되지 않은 청정기에 적용하면 기존보다 훨씬 성능이 좋은 공기청정기가 탄생하는 셈이다. 사물인터넷으로 얻은 데이터로 기존 공기청정기의 성능을 개선할 수 있는 솔루션이 도출된다. 더 나아가 한국 전역에서 사용되는 공기청정기를 통해서 수집된 데이터는 그 어떤 공공기관이나 통계청도 가지고 있지 못한 데이터다. 각 아파트별, 심지어 동호수별, 층별, 그리고 주거형태별로 실내 미세먼지를 수집했기 때문에 외부 공기질 대비 실내 공기질이 어떻게 다른지를 알 수 있다. 이런 데이터는 다양한 연구 목적과 사업 용도로 활용이 가능할 것이다. 이것만 해도 훌륭한 사업모델이 될 수도 있다.

이런 사례를 보면 디지털 트랜스포메이션의 과정과 방법에서 고객 관련 데이터를 수집하고 이 자료를 분석해서 활용하는 것이

▲ AI가 축적한 데이터를 기반으로 의사결정을 하는 인간

중요한 요소임을 알 수 있다. 신선식품 배달 시장에서 빠르게 성장하고 있는 마켓컬리와 배달 플랫폼 서비스를 제공하는 배달의 민족 역시 고객 데이터를 수집해 사업에 활용한 것이 기업 성장의 비결이다. 엄청난 디지털 기술을 이용해서 혁신하는 것이라기보다 그동안 수집하기 어려웠던 고객 데이터를 측정해서 이를 클라우드 시스템에 효율적으로 축적해 분석함으로써 사업의 혁신 기회로 삼았다는 것이 중요하다. 일례로 마켓컬리는 기존의 유통업체에서 수집하기 어려웠던 고객에 대한 상세한 선호 식품 구매 패턴과 주기 등의 다양한 데이터를 분석함으로써 상품을 소싱하고 새벽배송을 할 수 있게 최적화된 물류 시스템과 배달 루트를 설계

하는 데 활용한다. 이를 위해 기존의 유통업체가 하지 못했던 데이터를 측정하고 수집하고 분석하는 데 디지털 기술을 이용한다. 이때 중요한 것은 기술 자체가 아니라, 이렇게 데이터를 활용해 새로운 가치를 만들어내는 것에 대한 비전과 이를 실행하기 위한 역량, 조직, 업무 프로세스와 의사결정 체계 전반에 대한 변화관리다. 아무리 좋은 기술이 있어도 이를 효율적으로 활용할 수 있는 인재와 기업 문화, 그리고 경영진의 의사결정이 없으면 무용지물이다.

DT의 결실, DDDM

디지털 트랜스포메이션에 성공하는 기업들의 가장 중요한 특징 중 하나는 DDDM, 즉 Data Driven Decision Management를 가졌다는 것이다. 이는 기업의 의사결정을 입증 가능한 데이터에 근거해 판단하도록 장려하는 경영 방식을 뜻한다. 이렇게 데이터 기반의 의사결정 체계를 구축하면 시행착오를 최소화해 위기를 최소화하고 성공 확률을 높일 수 있는 비즈니스 모델 혁신이 가능하다. 단, 그렇게 하려면 데이터가 있어야 한다. 현재 기업이 보유한 데이터가 무엇이고, 어떤 데이터를 추가로 수집해야 하는지, 그러려면 어떻게 측정해야 하는지를 구상해야 한다. 이렇게 수집된 데이터는 어디에 축적하고, 이를 어떻게 분석할 것인지를 정의해야 한다. 그리고 이렇게 분석한 데이터를 가지고 어떻게 활용해서 의사 결정할 것인지를 고려해야 한다. 이 전 과정이 DDDM을 구축하는 데 중요한 요소들이다.

무수히 쌓여가는 데이터, 어떻게 활용할까?

카카오택시에는 누가, 언제, 어디서, 어디로, 어떤 경로를 이용해 어떤 택시를 타고 이동했는지 데이터가 수집된다. 이렇게 수백만 명의 택시 호출 정보들이 쌓이면서 카카오택시는 어떤 시점에 주로 어디서 어디로 이동하려는 택시 수요가 많은지를 예측할 수 있다. 또한, 택시들의 이동 속도도 측정할 수 있어 어떤 도로가 막히는지도 추정할 수 있다. 이런 데이터 덕분에 좀 더 효율적으로 택시를 배차하고 사용자들에게 모빌리티 정보를 추천할 수 있다.

쿠팡에 쌓이는 데이터는 어떤 주소에서 무슨 물건을 구매하는지에 대한 정보들이다. 이런 데이터를 분석하면 무슨 물건이 어떤 시점에 소비가 늘고, 어떤 브랜드가 사람들에게 인기 있는지를 실시간으로 추적할 수 있다. 또한 어떤 물건을 산 사람들은 다음번에 어떤 물건을 구매하는지도 추정할 수 있다. 그런 데이터 덕분에 수요 예측을 해서 효율적으로 상품 매입을 하고 판매 계획을 수립할 수 있는 것이다.

이렇게 데이터 기반으로 비효율을 제거하고 새로운 고객 가치가 만들어지면서 기존 전통 기업의 경영진들은 데이터를 부르짖으며 고객 데이터를 수집해서 분석하라고 특별 지시를 내리며 전담 부서를 만들거나 관련된 컨설팅, 아웃소싱에 나서며 투자를 하고 있다.

그런데 그렇게 중요하다고 하는 데이터를 그간 그렇게 신경 쓰지 않다가, 왜 지금에 와서야 신성시하게 된 걸까. 데이터를 이용해 어떤 가치를 만들고자 투자를 하겠다는 것일까. 남들이 중요하다고 하니까 편승해서 목적도, 방법도, 수단도, 그리고 어디에 활용해서 어떤 가치를 얻을지를 체계적으로 고민하지 않고 데이터 수집과 분석에 뛰어드는 것은 아닌가. 거기서 문제가 발생한다.

데이터를 사업 혁신에 활용하기 위해서는 그저 기술적으로 데이터를 수집, 분석하는 일만 중요한 것이 아니다. 데이터의 분석을 통해 어떤 비즈니스 가치를 만들고자 하는지에 대한 정의부터 시작해야 한다. 그 목적을 명확하게 한 후에 현재 수집되고 있는 데이터의 부족한 부분과 추가로 측정해야 하는 데이터에 대해 파악해야 한다. 그리고 그런 데이터를 어디서 수집해서 어떻게 분석할 것인지 시스템에 대한 구축 방안을 수립해야 한다.

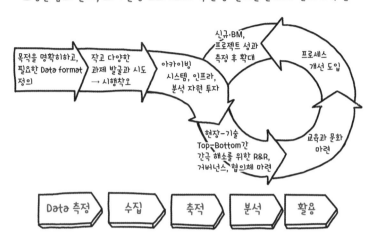

성공적 DDDM의 추진을 위해서는 기술 투자 외에
고정관념의 탈피, 의사결정 프로세스의 혁신 등 일하는 문화의 변화가 수반

▲ DDDM의 전체 프로세스

　그런데 분석 시스템에 대한 설계와 투자의 의사결정은 쉽지 않다. 이럴 땐 데이터 분석을 통해 얻고자 하는 목적에 맞는 작은 과제들을 발굴해 가볍게 시도해보는 게 좋다. 그러면서 회사의 수준과 규모, 그리고 데이터 분석의 목적에 맞는 분석 시스템을 찾는게 방법일 수 있다.

　이 같은 프로세스의 고려 없이 그저 경영진이 데이터의 중요성을 어디서 보고 듣고 와서 회사에 기계적으로 도입하고자 한다면 재앙을 만날 것이다. 회사 수준에 맞지 않은 과한 기술 투자를 하거나, 데이터 분석을 통해 얻게 된 인사이트가 사업에 실질적 도움은커녕 분란과 논쟁만 일으키게 된다. 장기적으로 전혀 도움이 되지 않는 데이터를 잘못 수집해서 쓰레기 데이터만 클라우드에 쌓여서 헛돈만 쓰게 될 수도 있다.

또한 데이터 기반 의사결정 체계DDDM에 있어 중요한 것은 조직 전반에 이를 가져가기 위한 역량개발 교육과 문화, 그리고 의사결정 프로세스의 개선이다. 데이터를 비즈니스에 활용한다는 것이 정해진 기간 내에 순차적으로 처리되는 것은 아니다. 추가적인 데이터의 측정이 필요하면 이를 위해 고객 접점에서 새로운 데이터의 수집을 위한 준비를 해야 하며, 가치 있는 시사점을 도출하기 위한 데이터 분석 과정에 여러 데이터를 교차 분석하며 현장의 비정형 정보와 결합한 협업이 요구된다. 그렇게 나온 결과가 실제 사업 일선에 적용돼 실행되기 위해서는 추가적인 데이터 분석, 시뮬레이션, 예측 등이 수반되어야 한다. 그렇기에 DDDM은 어느 한 부서의 역할이 아니라 회사 전반적인 문화가 이를 지원해야 효율적인 성과로 이어진다.

특히 유념해야 할 것은 이미 오랜 기간 사업을 하면서 고객 데이터를 수집해서 이를 분석에 바로 활용할 수 있다는 생각은 착각이라는 점이다. 기존에 수집하던 데이터가 데이터베이스로서 의미 있게 쌓이고 있는지, 기준 정보에 대한 정의는 제대로 되었는지, 이를 시스템으로 분석할 수 있을 만큼 체계적으로 분류가 되어 있는지를 점검해야 한다. 대개 제대로 수집되지 않은 경우가 많다. 게다가 데이터를 추가로 수집해야 의미 있는 분석이 가능한데, 추가 수집이 불가능하거나 어려운 경우도 많다.

내비게이션, 상가수첩에서 수집하던 데이터와 티맵, 배달의민족에서 수집하는 데이터는 근본적으로 다르다. 그러므로 비즈니스 혁신을 위해 DDDM을 추구하고자 한다면 우리가 모으고 있던 데이터의 한계를 직시하고, 어떤 목적을 위해 앞으로 어떤 데이터를 어떻게 수집할 것인지, 사업 현장과 관련 부서와 어떻게 데이터 기반으로 의사결정을 함께 해갈 것인지에 대한 거버넌스와 체계를 수립해야 한다. 특히 새로운 가치를 만들기 위해서는 기존에 수집하던 것보다 더 정교하게 의미 있는 데이터를 추가로 수집해야 할 수도 있는 만큼, 이를 어떻게 추진할 것인지에 대한 사항도 유념해야 한다.

요즘IT
데이터 기반 의사결정, 쉬운 일은 아냐

데이터 기반 의사결정 체계DDDM의 기초가 되는 데이터를 어떻게 측정하고, 어디에 수집해 축적하며, 누가 분석해서, 우리의 비즈니스 문제를 해결하고 의사결정하는 데 활용할 것인지의 전반적 프로세스를 다듬는 것.

이것이 DDDM 추진 전략의 첫걸음이다.

● 　과연 여러분 회사에서는 이렇게 데이터에 기반해 의사결정을 하고 있는지 자문해보자. 개인의 직감이나 경영진의 개인적인 의견만으로 판단하고 있지는 않은가? 여러분의 기업에는 어떤 데이터가 수집되어 있고, 그것을 어디에 저장해서, 누가 언제 어떻게 분석하고 있을까? 부족한 데이터는 어떻게 측정할 수 있고 이를 수집하기 위해서는 어떤 부서에서 무엇을 준비해야 할까? 이런 문제 제기가 데이터 기반 의사결정 체계DDDM의 첫걸음이다. 데이터를 클라우드에 쌓으며 기술적인 인프라를 담당하는 데이터 엔지니어와, 데이터를 분석해서 현장이나 경영진에 유의미한 정보를 추출해 시사점을 정리하는 데이터 사이언티스트가 데이터 관련 업무를 보는 사람들이다. 이들이 중추적 역할을 하지만, 만일 사업 현장과 의사결정권자가 협업을 하지 않으면 어렵게 수집한 데이터와 힘들게 분석한 시사점이 실제 경영에 중요한 도움을 주지 못한다. 그러므로 현장에서 의사결정권자가 데이터 전담 인력과 함께 데이터 측정을 시작으로 분석 결과를 활용하는 전 과정을 공유하며 데이터 중심의 의사결정을 해가는 문화를 만들어야 한다.

디지털 기술이 일상과 사회, 산업 전반에 확산하기 시작하면서 더욱더 많은 데이터가 수집될 것이다. 앞으로 21세기의 금광이라 불리는 데이터를 잘 활용하는 기업이 보다 빠르게, 더 많은 성과를 만들어낼 것이다. 그런 이유로 데이터 기술Data Technology, DT의 시대가 중요한 패러다임이라고 말하는 것이다.

지금 우리 기업이 속한 산업에서 디지털 기술에 기반한 어떤 혁신이 벌어 질 수 있을까. 이를 우리 기업이 주도할 수 있을지를 고민하는 데 있어 가 장 먼저 할 수 있는 것이 바로 DDDM이다. 이미 실행 중인 우리 사업에서 수집되고 있는 고객, 시장 데이터를 확인하고 이를 어떻게 사업 혁신에 활 용할 수 있을지를 고민해보자. 그 고민을 하면서 추가로 필요한 데이터를 정의하고, 사업 혁신에 활용하기 위해서는 데이터를 어떻게 분석해 사업 의 주요 의사결정과 비즈니스 모델에 이용할 것인지 생각해보는 것이 디 지털 트랜스포메이션의 첫걸음이다.

늘 깨어 있고 혁신하는
애자일 조직을 만드는 법

우리 사회와 산업은 늘 진화하고 있다. 그렇기에 기업도 늘 혁신하지 않으면 도태될 수 있다. 기업이 혁신하기 위해서는 기업 내 구성원들이 늘 깨어 있어야 한다. 깨어 있는 조직을 만들기 위해서는 민첩하고 기민하게 움직일 수 있는 조직 체계를 갖춰야 한다. 바로 애자일Agile 조직이다. ICT 기업들은 워낙 디지털 기술이 빠르게 변화하다 보니 민첩한 조직 운영이 필요해서, 애자일 조직은 IT 기업들의 전유물처럼 여겨졌다. 하지만 최근 들어 전통 기업에서도 빠른 혁신과 도전을 위해 애자일 조직 체계를 도입하고 있다.

혁신의 뒤에는 데이터가 있었다

인터넷 비즈니스가 이렇게 크게 성장할 수 있었던 이유는 데이터를 잘 활용했기 때문이다. 신문이나 TV 광고와 인터넷 광고, 이마트와 쿠팡을 이용할 때 가장 큰 차이는 무얼까. 내비게이션과 티맵의 다른 점은 무얼까. 모두 데이터를 서비스와 사업에 어떻게 활용하느냐의 차이다.

인터넷 사업은 다양한 종류의 데이터를 측정하고 수집하며, 이를 사업에 활용해서 상품을 기획하고 마케팅을 하고 사업을 효율화하고 개선하면서 진화한다. 철저한 데이터 중심의 의사결정과 사업 체계를 가지고 있다.

일례로 검색 광고는 특정 상품에 관심을 가진 구매 의사를 가진 사람들만 대상으로 마케팅을 할 수 있도록 해준다. 그렇게 노출한 광고를 누가 봤고, 몇 명이나 확인했으며, 광고를 보고 어떤 액션을 했는지를 추적할 수 있다. 그렇게 광고 효과를 측정하고 다음 광고를 개선하는 데 활용한다. 쿠팡은 이렇게 데이터를 기반으로 정교한 소비 예측이 가능하기에 빠른 배송이 가능하고 창고에 재고를 쌓아두지 않아 비용의 효율화를 꾀한다. 앞서 언급했던 티맵, 카카오페이를 주축으로 한 핀테크 기업들이 그렇다. 이렇게 다양한 산업 분야에서 데이터를 활용해 사업 혁신에 이용할 수 있게 된 것은 두 가지의 기술이 뒷받침되었기 때문이다.

첫째, 이전에는 측정하기 어려웠던 데이터의 수집이 쉬워졌다. 스마트폰과 각종 인터넷 서비스, 센서의 발전 덕분에 정교하게 데이터를 측정하고 이를 수집해 클라우드에 보관할 수 있는 기술이 발전했다.

둘째, 축적한 데이터를 효율적으로 분석할 수 있는 빅데이터 분석 기술이 발전했다. 특히 인공지능 기술의 발전이 데이터 분석의 퀄리티를 개선하고 있다.

자율주행차가 상용화 수준까지 발전할 수 있는 것은 자동차가 인터넷에 연결되어 차량 주행 정보가 클라우드에 축적되고, 차량을 자동으로 운행할 수 있는 인공지능이 진화하고 있기 때문이다. 인공지능은 데이터를 계속 부어주면 자가 학습을 하며 더 나은 성능으로 진화되기 때문에 갈수록 성능이 더 나아진다.

애자일 조직이 뭐라고

애자일 조직은 민첩하게 사업을 운영하는 조직체계를 뜻하는 것으로, 주로 프로그래밍을 하는 개발 업무에 적용하던 방식이다. 이런 조직체계는 빠른 업무 추진력이 필요한 스타트업과, 기술 혁신이 성공 요소인 인터넷 기업에서 주로 적용되고 있다. 그런데 최근 들어 애자일 조직체계가 굴뚝 산업인 금융, 제조, 에너지 등의 분야와 덩치 큰 대기업들에도 스며들고 있다. 왜 애자일 조직에 대한 관심이 급증하고 있는 것일까?

비즈니스의 모든 변화는 사람이 만들어낸다. 기업에서 사람은 조직으로 뭉치며 조직 구도에 따라 사람들의 성과는 큰 차이를 보인다. 시장 변화와 경쟁자의 움직임을 빠르게 알아채고 기민하게 대응할 수 있는 조직체계는 급변하는 기술의 시대에 사람들의 지혜를 모아 민첩하게 실행할 수 있도록 해준다. 민첩한 사업체계와 의사결정을 가져가기 위해서는 현장, 고객 중심의 사고가 필요하다. 이를 뒷받침해주는 것이 데이터 기반의 의사결정이고, 이를 가능하게 해주는 하나의 조직체계로서 애자일 조직이 주목받는 것이다.

최근에 마케팅, 유통, 금융을 넘어 최근에는 의료, 제조업, 농업, 임업 등 다양한 분야로 데이터 기반의 의사결정 체계가 확립되어가고 있다. 단, 이와 같은 데이터 중심의 사업 체계를 갖추기 위해서는 기술 외에 회사의 시스템, 문화가 뒷받침되어야 한다. 이미 오래된 전통 기업들도 사내에 많은 데이터가 쌓이고 있다. ERP^{Enterprise Resource Planning}, CRM^{Customer Relationship Management}, SCM^{Supply Chain Management} 등의 다양한 기업 내 인트라넷과 IT 시스템에 데이터가 있다. 문제는 이렇게 모인 데이터가 체계적으로 수집되지 않고 기준정보가 일관되지 않아 정작 분석하기 어렵다는 점이다. 게다가 분석한 결과를 실제 사업의 의사결정에 효율적으로 이용하지 않아 분석 따로 결정 따로 되기 일쑤다. 그래서 전통

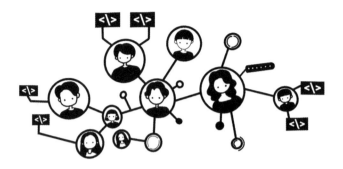

▲ 사람들을 연결하는 집단지성의 애자일 체계

기업들은 데이터의 중요성은 인지하지만, 정작 이 데이터를 어떻게 분석해서 어디에 활용할 것인지 어려움을 겪는다.

데이터 기반 체계를 갖추는 것은 기술만으로는 불가능하다. 기술은 도구일 뿐이며 체계가 갖춰지지 않으면 따로국밥이 된다. 그래서 데이터 기반 의사결정 체계를 추진하는 과정에서 기술을 활용할 수 있는 조직 체계와 프로세스, 의사결정 문화를 갖추는 것이 중요하다. 이 같은 측면에서 민첩한Agile 조직 체계에 대한 관심이 커지고 있다.

아메바처럼만 하면 성공한다

애자일 조직은 직무 중심으로 부서를 구분하지 않고 과제 중심으로 자기완결형의 일 처리를 할 수 있는 단일팀이 모여 있는 구조다. 기획, 개발, 마케팅, 운영 등의 여러 직무 담당자들이 한데 모여 있거나 단일 직무인 개발자들이 모여 있더라도 특정 과제를 해당팀에서 자체적으로 수행할 수 있도록 함으로써 업무 집중도를 높이고 같은 생각으로 빠른 일 처리가 가능하다.

기존의 사업 운영체계는 시장 조사를 해서 전략을 수립하고, 보고서를 상사에게 승인받고 예산과 인력을 할당받아 업무를 추진하는 방식이다. 이러한 의사결정의 구조는 시간도 오래 걸릴 뿐 아니라 잘못된 판단이 사업을 망칠 개연성이 높다. 그간의 기업 문화에 젖어 있던 사람들이 새로운 조직체계에서 자기 주도적으로 책임과 권한을 설정하고 시장의 눈높이에 맞는 고객 중심의 의사결정을 하며 업무 처리를 해내기에는, 과거의 습관이 발목을 잡기 때문이다. 애자일 조직은 이미 팀 내에서 시장과 고객을 완벽하게 이해하고 있어 굳이 시장 조사를 할 이유가 없고 자체적인 의사결정을 할 수 있어 보고를 할 필요가 없다. 예산과 인력 역시 이미 해당 팀 내에서 처리할 수 있는 권한이 있어 승인받는 과정에서 발생하는 커뮤니케이션이 생략된다. 하지만 사업 과정에서 서비스 전략, 상품 기획, 마케팅 전반에 대해 시장, 고객 데이터를 기반으로 수시로 의사결정을 한다.

또한 애자일 조직체계를 갑작스럽게 모든 업무 분야에 적용해서 단기적 성과를 거두려고 해서는 안 된다. 신규 혁신 사업이나 단기적으로 명확한 목표 기반하에 단일한 과제 수행을 할 수 있는 업무에 한해 적용해가며, 어떤 문제가 있는지 파악하고 이를 극복하는 경험 속에서 새로운 변화관리 방안을 찾아야 한다. 그러므로 이 과정에서 실패해도 용납할 수 있을 만큼의 작은 일이어야 한다. 너무 큰 프로젝트를 적용해서 실패의 위험 부담을 떠안게 되면, 차후 유사한 도전을 시도조차 하지 않으려 할 수 있다. 실패를 허용할 수 있는 범위 내의 과제들에 적용하며 성공과 실패를 경험해야 한다.

이러한 조직은 언제든 해체와 합체가 자유로울 수 있도록 유연하게 운영해야 한다. 애자일 조직으로 구성된 단일팀은 업무 성과에 따라 혹은 과업 수행이 완료된 이후에는 쉽게 해체해서 또 다른 과업에 투입될 수 있어야 한다. 즉, 아메바처럼 자유롭게 모였다 흩어질 수 있어야 한다. 이러한 조직 구도가 되면 조직 이기주의에 빠지지 않고 일 자체에 집중해서, 업무 중심의 일 처리가 가능해진다.

또한 프로젝트의 산출물을 수시로 확인하고 고객 중심, 시장 중심에서 검증하고 개선 방안을 도출해나가야 애자일 조직체계의 강점을 제대로 발휘할 수 있다. 오랜 시간 개발을 해서 완성된 최종 버전을 시장에 출시하는 것이 아니다. 과제를 잘게 쪼개어 각각의 산출물들을 테스트하고 검증받을 수 있도록, 프로세스를 나누어 이들 결과물의 반응을 보고 빠르게 개선해가는 방법이 애자일 조직의 성과를 극대화할 수 있는 방법이다. 애자일의 민첩함은 그냥 무작정 빠르게 만드는 것이 아니라 중간중간 시장의 반응을 데이터를 수집해 분석함으로써 개선해가는 것에서 최적의 효율을 만든다.

흉내만 낸다고 성공할 수 없어

애자일 조직은 현장 중심의 의사결정을 통해 기민하고 민첩하게 업무 처리가 가능하도록 해준다. 그러려면 불필요한 단계를 줄이고 보고와 회의 단계도 최소화해야 한다. 한 마디로 현장에 최대한 권한 위임을 해주어 스스로 판단해서 사업 추진이 가능하도록 보장해줘야 하는 것이다.

그런데 대부분 이런 뻔한 사실을 알면서도 그렇게 하기 어려운 이유가 뭘까? 실패가 두렵고 못 믿기 때문이다. 그러니 사장이, 전무가, 상무가, 부장이 모든 사안을 확인하고 체크하려는 것이다. 그러면 현장은 보고와 결재를 받는 데 더 많은 시간을 할애하면서 실제 업무에 집중하기 어려워진다. 결국 상사의 눈치와 의사결정에만 의존하게 되어 실제 현장의 목소리가 제대로 반영되지 못하고 오히려 리스크만 커진다.

그래서 현장 중심의 의사결정 구조를 만들어주기 위해서는 충분한 권한 위임 외에도, 수평적 조직 문화가 뒷받침되어야 한다. 현장의 목소리에 힘이 실릴 수 있도록 누구나 자유롭게 자기 생각과 의견을 개진할 수 있도록 해줘야 한다. 이를 위해 직급도 없애고 상사의 승인과 결재를 받는 보고도 최소화하는 것이다. 그래서 많은 애자일 조직은 서로를 호칭할 때 직급 없이 이름만 부르거나 영어 닉네임을 쓰곤 한다.

또한 이러한 애자일 조직의 평가 방법도 기존과는 다르다. 관리자를 통한 일방적 상대평가가 아닌 다면평가와 절대평가 위주다. 평가 주기도 1년 단위가 아닌 프로젝트에 맞게 짧거나 길게 가져간다. 단일팀의 구성도 프로젝트가 끝나거나 어떤 목적 달성이 실현되면 해체되어 과제 중심으로 이합집산이 이루어진다. 그만큼 조직 구성이 유연하다. 이런 조직을 아메바 조직이라고 칭한다. 애자일 조직은 아메바처럼 환경이 변화하면서 자신의 형태를 바꿔가며 분열과 합체를 거듭하면서 유연해진다.

애자일 방법론은 보텀업bottom-up 방식으로 현장 중심의 의사결정을 반복적으로 하며 점진적 개선을 하는 것이고, 이를 위해 조직 구성을 수평적인 자기완결형으로 만드는 것이다. 그런데 이때 가장 중요한 일은 현장에 있는 사람들이 일방적으로 의사결정을 하는 것이 아니라 고객 가치 중심으로 판단하는 것이다.

사업 전개 과정에서 빠르게 의사결정을 하면서 전략을 유연하게 대처하는 데 있어 중요한 기준점은 바로 고객 반응, 고객 가치 중심의 결정이다. 이를 위해서는 고객의 입장과 의견에 대한 수집과 분석이 필요하다. 고객 반응을 알아야 고객 가치 중심으로 판단하고 결정할 수 있기 때문이다. 고객의 반응을 어떻게 체크하고 점검할 것인가 하는 점이 애자일 조직 운영에 있어 또 다른 고려사항이다. 고객의 생각을 읽고 이를 데이터화하는 방법이 있어야 이를 근거로 의사결정을 할 수 있다.

비효율만 제거하면

비즈니스 모델 혁신을 위해 필요한 가장 중요한 요소는 무엇보다 일하는 방식의 혁신이다. 이를 위한 여러 툴 중 하나로 애자일 방법론은 사업 혁신을 위한 조직 운영 방안으로 각광받고 있다.

애자일의 목적은 조직을 민첩하게 움직이기 위해 비효율을 제거하고, 의사결정을 고객 가치 중심으로 하는 것이 핵심이다. 이를 위해서는 특정 리더의 고집, 기존의 고정관념, 오랜 시간이 걸리는 보고, 비생산적인 회의 등등 민첩함을 방해하는 요소를 찾아내야 한다.

사실 거창하게 애자일 조직체계를 들먹거리며 조직 전체의 구도를 바꾸지 않고, 업무의 비효율을 만들어내는 요소만을 찾아내어 제거하는 것만으로도 이미 조직은 건강해진다. 너무 애자일 조직체계라는 큰 조직 변화 관리에 집중하지 말고 당장 비효율적인 것을 업무 과정에서 발견해내고 없애는 방안을 찾는 것 하나만으로도 BM 혁신을 위해 당장에 조직 내에, 팀 내에 적용해볼 수 있는 방법이다.

● 조직을 깨어 있게 만드는 가장 좋은 방법은 뭘까? 훌륭한 인재? 완벽한 조직체계? 출중한 리더십? 혁신적인 조직을 만드는 최선은 일하는 문화를 건강하게 구축하는 것이다. 그런 문화는 구성원들의 자발적 참여와 도전의식을 고취해 혁신적인 업무 분위기를 만들어준다. 그런 문화를 만드는 데 필요한 요소는 애자일 조직체계와 린 스타트업의 비즈니스 전략, 그리고 디지털 리더십, 세 가지다. 특히 디지털 리더십은 급변하는 디지털 시대에 필요한 디지털 트랜스포메이션 리더십이다. 이 리더십의 핵심은 ICT 기술에 대한 이해. 사업 혁신은 이를테면 사물인터넷, 빅데이터, 인공지능, 블록체인 등의 기술을 기반으로 추구하기에, ICT 기술 이해는 필수적이다.

다음으로는 현장 중심의 리더십이다. 조직을 깨어 있게 하기 위해서는 린 스타트업 씽킹과 애자일 조직체계가 필요하고, 이를 제대로 실행하려면 그만큼 시장과 고객의 반응을 빠르게 잡아내 현장에 있는 팀들과 같은 눈높이에서 함께 사고하며 의사결정하는 유연하고 개방적인 리더십이 요구된다. 그렇게 하기 위해서는 카리스마로 군림하며 명령을 내리는 것이 아니라, 팀 구성원들과 함께 하며 현장의 눈높이에서 이해하고 함께 결정하는 서번트 리더십이 요구된다.

마지막으로 요구되는 것은 디테일한 업무 파악력이다. 급변하는 시장 변화 속에서 빠르게 내린 의사결정이 실제 현장에서 어떻게 해석되어 업무가 추진되고 있는지를 제대로 파악하고 있어야 한다. A라고 의사결정 내린 사항이 막상 현장에서는 'B'나 'C'로 오해돼 추진이 이뤄진다면 변화가 빠른 시장에서 제때 원하던 결과물이 나올 리 만무하다. 그러니 현장에서 어떻게 일이 추진되고 있는지를 보고를 받지 않아도 실시간으로 체크할 수 있을 만큼 디테일한 업무 파악력이 중요하다.

3장

신기술 메타버스와
암호화폐가 이끄는 변화

근래 들어 주목받는 ICT 신기술을 꼽으라고 하면 블록체인 기반의 암호화폐와 VR을 통해 만들어지는 메타버스다. 물론 AI, 클라우드, 사물인터넷, 빅데이터 등의 기술도 화제가 되고 있지만 일반 사용자, 소비자에게 실체로 다가오는 기술은 암호화폐와 메타버스로, 우리 일상에서 향후 많은 변화를 만들어낼 것으로 전망된다. 이미 블록체인은 2016년경 비트코인이라는 블록체인으로 만든 암호화폐로 인해서 기술에 전혀 관심 없는 일반 대중에게도 널리 알려졌다. 이후 욕망의 기술, 투기의 상징으로 치부되면서 관심에서 멀어지다가, 코로나19 이후 2021년부터 다시 암호화폐 투자에 대한 분위기가 무르익으면서 다시 한 번 관심이 집중됐다. 단, 5년 전과 달라진 점은 암호화폐가 단순 투기를 넘어 다양한 비즈니스 문제를 해결하는 솔루션으로 사용되면서, 실체를 가진 기술로서 재평가받고 있다. 또한 메타버스는 웹, 모바일에 이은 세 번째 ICT 패러다임으로 새로운 인터넷 시대를 만들어낼 수 있으리라는 기대로 주목받고 있다. 2010년대가 모바일과 클라우드의 시대였다면 2020년대는 메타버스와 블록체인의 시대로 전망된다.

제3의 디지털 디바이스가 만드는
신세계, 메타버스

새로운 인터넷 시대가 오면 새로운 디바이스가 출현한다. 2000년대 웹 시대가 개막되었을 때 컴퓨터가 있었고, 2010년대 모바일 시대는 스마트폰이 중추적 역할을 했던 것처럼, 2020년대 메타버스는 VR 기기가 핵심 기기로 새로운 인터넷 시대를 만들어내고 있다. 특히 코로나19로 인해 온택트 서비스, 즉 인터넷을 기반으로 하는 온라인 서비스의 사용량이 폭증하면서, 기존의 PC나 스마트폰으로 사용하는 서비스가 오프라인에서 경험하는 서비스보다 현장감이나 몰입감이 떨어진다는 아쉬움이 대두됐다. 그로 인해 오프라인과 같은 현실감을 느낄 수 있는 기술에 대한 기대가 커졌고, 이를 해결해주는 솔루션으로서 메타버스가 주목받고 있다.

메타버스는 새로운 게임인가요?

초월적Meta 우주Universe라는 뜻의 메타버스는 3차원의 가상 세계를 뜻한다. 1992년 닐 스티븐슨의 소설《스노 크래시snow crash》에서 처음 소개된 개념이다. 소설에서는 고글과 이어폰을 통해 가상공간에서 사람들과 만나며 현실보다 더 증강된 새로운 경험을 하며 제2의 사회생활을 하는 모습이 그려진다. 소프트웨어 조각들로 만들어진 소설 속 세계는 '세계 멀티미디어 규약 단체 협의회'에 의해 운영된다. 실존하는 세상이 아니기에 물리 법칙의 한계에 제약받지 않고, 세계인이 모두 참여하는 전 지구적 규모의 경제, 사회 활동을 할 수 있는 세상이다.

소설 속에서만 존재하던 이 세계가 기술 발전으로 인해 이제는 우리가 사는 현재에서 사용할 수 있는 현실이 되고 있다. 사실 메타버스처럼 온라인 가상공간을 진짜 현실처럼 만들려는 노력은 웹 서비스를 시작하면서부터 있었다. 1996년 즈음의 알파월드는 아바타를 활용해 가상공간 속에서 나를 표현하고, 물리적 공간처럼 돌아다니면서 현실의 나를 투영한 아바타들을 만나 대화를 나누며 상대의 얼굴과 제스처, 옷 스타일 등을 확인하는 가상 채팅

▲ 새로운 디바이스로 만나는 가상세계, 메타버스

서비스가 있었다. 이런 아이디어가 초기 사람들의 이목을 끌긴 했지만, 당시 컴퓨터와 인터넷 성능으로는 이러한 서비스를 제대로 구동시키기에 턱없이 부족해 서비스가 계속 유지되지는 못했다.

이후 초고속 인터넷 보급이 늘고 컴퓨터의 속도가 빨라지면서, 2003년에 메타버스 '세컨드 라이프'가 등장해 2009년까지 세계적인 주목을 받았다. 국내에도 2007년 본격적인 서비스가 개막되어 일부 기업에서 세컨드 라이프 내에 건물을 만들고 독도도 개설되면서 상당한 반향을 불러일으켰다. 기존의 알파월드와 달랐던 점은 단지 채팅만 하고 아바타만 꾸미는 것이 아니라, 건물이나 다양한 3D 물체를 창조하고 이들을 제작, 판매하는 것이 가능해 경제활동을 지원했다는 점이다. 게다가 세컨드 라이프를 사용하는데 규정이 있어 소설《스노 크래시》에서 묘사한 메타버스 세상과 비슷한 세계관을 갖추고 있다. 하지만 세컨드라이프는 2009년 이후 트위터, 페이스북 등의 SNS에 밀리면서 흥행에 실패했고 지금은 명목만 유지하고 있는 상태다.

그런데 세컨드 라이프와 같은 서비스가 제대로 빛을 발휘할 수 있는 기기가 선보이면서 새로운 메타버스 시대가 열리고 있다. 바로 VR이라는 기기다. 기존의 세컨드 라이프는 PC에서 소프트웨어를 설치해서 사용하는 방식으로, 제대로 된 가상환경의 경험을 제공하지 못했다. 반면 VR이라는 기기를 이용하면 안구 전체에 가득 찬 디스플레이 화면을 볼 수 있고, 직접 몸을 움직여 공간을 유영할 수 있다. 또한 양손을 이용해서 공간을 휘저으며 가상공간 속의 물체를 움직이고 조작할 수 있다.

요즘IT

싸이월드도 메타버스인가요?

메타버스에 대한 정의는 전문가마다 각양각색이다. 메타버스를 구성하는 요소에 대한 생각도 조금씩 다르다. 적어도 필자가 생각하는 메타버스는 네 가지의 요건을 갖춰야 완성된다고 생각한다.

1. 공간감

2. 아바타

3. 몰입감을 주는 상호작용

4. 경제시스템

이런 기준에서 볼 때 싸이월드는 공간감미니룸, 아바타미니미, 경제시스템도토리의 세 가지 요건을 충족하지만 상호작용은 부족하다. 즉, 메타버스는 디지털로 구현한 가상의 공간과, 그 공간을 다양한 디지털 사물Obejct로 채우고, 그 공간을 유영하는 나를 대신하는 아바타가 있어야 한다. 아바타는 실제 현실처럼 공간을 이동하고 유영하면서, 다른 아바타와 대화하고 공간 속의 다양한 물체를 움직이며 상호작용할 수 있어야 한다. 그리고 아바타 간에, 혹은 각종 디지털 물체를 구입하거나 거래할 수 있는 경제 시스템을 제공해야 한다. 이 관점에서 볼 때 싸이월드는 세 번째 요소, 상호작용이 부족하다. 또한 상호작용이 보다 현실감 있고 높은 몰입도를 위해서는 아무래도 기존의 PC나 스마트폰보다는 VR 기기를 이용해서 사용하는 것이 훨씬 효과적이다. 그래서 필자가 정의하는 메타버스에는 상호작용의 실현과 공간감을 더욱 높이기 위해 VR이나 AR과 같은 전용 기기가 필수다.

메타버스에서 뭘 할 수 있나요?

사실 1990년대 후반, 2000년대 중반 1세대, 2세대 메타버스 서비스들은 사용 환경의 제약과 경쟁 서비스의 등장으로 성장에 실패했다. 그런데 2021년부터는 상황이 달라지고 있다. 컴퓨터나 스마트폰이 아닌 VR을 제대로 체험하게 해주는 전용 기기의 가성비가 좋아지면서 반응이 뜨겁다. 특히 페이스북이 2014년 인수한 오큘러스의 퀘스트 2가 기존 제품에 비해 성능은 더 좋아지고 가격은 더 저렴하게 보급되면서 4개월 만에 세계적으로 100만 대 이상 판매됐다. 국내에서도 SKT를 통해 판매를 시작하자 초도 물량이 매진되면서 뜨거운 반응을 보이고 있다. 물론 오큘러스 스토어에서 양질의 앱들을 선보이면서 쓸 만한 VR 콘텐츠가 많아진 것도 한몫하고 있다. 또한 이들 기기가 보급되기 전부터 가랑비에 옷 젖듯이 메타버스를 체험하게 해주는 서비스들이 많았다. '포트나이트', '동물의숲', '로블록스' 등의 게임과 '제페토', '호라이즌' 등의 SNS가 대표적인데, 덕분에 더욱 친숙하게 접근할 수 있게 됐다.

'포트나이트'는 에픽게임즈라는 회사의 배틀로얄 게임인데, 게임 내 공간에서 전투 없이 게이머 간에 함께 음악이나 콘서트 등을 즐기고 아이템을 팔고 사는 '파티 로얄'이라는 서비스가 제공된다. 이곳에서는 친구들과 익스트림 스포츠 게임을 즐기거나 콘서트를 함께 볼 수 있다. 실제 방탄소년단의 〈다이너마이트〉 안무 버전 뮤비가 이곳에서 최초 공개되기도 했으며, 미국 래퍼 트래비스 스콧은 2020년 4월 24일 포트나이트 내에서 콘서트를 열었고 무려 1230만 명이 참가했다. 포트나이트에서의 콘서트는 모든 참가자가 한껏 멋을 부린 아바타로 참여해 춤을 추고 뛰어다니면서 현실보다 더 큰 몰입감을 제공한다. 또한 무대 공간과 가수의 모습이 현실을 넘어선 초월적 경험을 제공할 만큼 환상적인 모습을 보여줄 수도 있다. 그렇게 만들어진 공간을 유영하며 함께 즐길 수 있다는 점이 유튜브 등에서 보는 온라인 콘서트와 다른 경험을 제공한다.

'포트나이트'나 '제페토' 등의 서비스들은 사실 VR 기기를 이용하지 않고 PC에 소프트웨어를 설치하거나 모바일 앱으로 사용할 수 있다. 앞서 언급한 필자의 메타버스 기준으로는 메타버스 서비스라고 정의하기에 부족하다. 하지만 앞으로 VR, AR 등의 기기를 지원하는 버전이 나올 것이고, 지금보다 훨씬 나은 메타버스 경험을 제공할 수 있을 것이다. 반면 페이스북이 준비하는 '호라이즌'은 VR 전용으로 개발된 새로운 소셜 서비스다. 호라이즌은 페이스북처럼 전 세계 사람들이 만나는 SNS이지만, 전혀 다른 경험을 제공한다. 기존 SNS는 글자와 그림, 영상으로 구성된 평면적이면서 정적인 콘텐츠로 정보를 주고받지만, VR SNS는 서로의 아바타를 보고 가상공간에서 직접 만든 다양한 오브젝트를 이용해 보다 공감각적인 체험을 선사한다. 비행기를 타고 세계를 여행하고, 건물을 짓고 음식을 만들어 함께 즐길 수 있고, 다양한 예술 작품을 만드는 것도 가능하다. 제스처와 표정을 보여줌으로써 마치 현실에서 이야기를 나누듯 서로의 생각과 감정을 읽으면서 대화를 나눌 수 있다. 이모티콘으로 감정을 전달하며 메시지를 보내는 카카오톡보다 더 감각적인 커뮤니케이션이 가능하다.

이렇게 메타버스에서는 기존에 웹이나 모바일에서 하던 게임, SNS, 동영상 감상 등의 인터넷 서비스들을 경험할 수 있다. 그 경험은 보다 입체적이고 생동감 있다. 또한 기존에 못했던 새로운 서비스들도 출시될 것이다. 화면 전체를 꽉 채운 공간 속에서 사람들과 만나 함께 촬영하고, 새로운 공간을 탐험하고, 여행하고, 영화 보고, 음악을 듣는 등 마치 오프라인 현실을 닮으면서도 온라인이 주는 자유로움을 누릴 수 있는 새로운 경험의 서비스들이 만들어질 것이다.

그래서 메타버스에서 돈은 어떻게 벌죠?

기존의 웹이나 모바일에서는 어떤 사업 기회가 있었을까? 인터넷 광고, 전자상거래, 음악과 영화 등의 콘텐츠 판매, 부동산 정보 소개, 그리고 배달음식 중계와 택시 호출, 이모티콘 판매 등 다양한 비즈니스 모델이 기존 인터넷 비즈니스의 주된 수익모델들이다. 메타버스 역시 마찬가지다. 기존의 인터넷 서비스들이 메타버스에서 구현되면서 기존 비즈니스가 그대로 메타버스에서도 펼

처질 것이다. 다만 그 방식이나 구현이 메타버스 특성에 맞게 진화할 것이다. 일례로 광고를 보자. 웹에서 보던 배너, 검색 광고나 모바일의 카카오톡 푸시 광고와 톡채널 방식이 아니라, 메타버스 내 공간에 특정 회사 건물이나 상품 등이 형체를 띠고 광고할 수 있을 것이다. 또한 가구나 옷, 가방 등이 광고 목적으로 제작되어 무료로 제공될 수도 있다. 물론 이런 디지털 상품을 판매하는 비즈니스도 성행할 것이다. 그리고 스마트폰 앱스토어처럼 메타버스 내에서 사용할 수 있는 각종 서비스들을 앱의 형태로 판매하는 앱스토어 비즈니스도 있다. 이미 오큘러스 퀘스트에서 사용 가능한 앱스토어에는 수천 개의 앱들이 있고 스마트폰 앱스토어보다 더 비싼 가격으로 앱들이 판매되고 있다.

기존에는 없었던 메타버스만의 비즈니스가 만들어질 수도 있다. 메타버스에서 사용할 수 있는 디지털 상품을 사용자가 직접 만들어 판매할 수도 있다. 웹소설이나 웹툰 등을 유료로 판매하는 것처럼, 텍스트나 이미지, 음악, 영상 등의 형태가 아닌 디지털 사물을 만들어 판매하는 것도 메타버스에서 구현할 수 있는 새로운 비즈니스 모델이다.

메타버스는 비록 가상공간으로 구현되지만 현실의 내 몸이 컴퓨터의 키보드와 마우스, 스마트폰의 손가락처럼 입력장치로 동작한다. 즉, 내가 몸을 움직이거나 손을 허우적거리면 그대로 메타버스에 반영된다. 그러니 가만히 앉아서 서비스를 사용하는 것이 아니라 온몸을 움직이면서 사용하게 된다. 그러다 보면 책상, 소파, 의자 등의 위치와 벽과 문 등의 실제 위치를 메타버스에 그대로 적용해서 이용해야 좀 더 완성된 경험을 할 수 있다. 현실 속 의자에 앉아 책상 위에 있는 키보드를 두드리는 것이 그대로 메타버스 가상에도 적용된다면 진짜 같은 가상의 경험을 얻을 수 있다. 메타버스 안에 소파가 있는 위치를 찾아서 만지면 진짜 현실의 소파가 만져지고, 그 의자에 털썩 앉으면 가상공간에서도 그대로 앉게 된다면 진짜와 가상의 경계가 사라지게 된다. 실제 내 앞 우측에 있는 스피커가 메타버스 속에서도 그대로 보이고, 메타버스에서 음악을 재생하면 실제 스피커에서 소리가 나오고 메타버스에서 스피커 오른쪽으로 몸을 이동하면 실제 현실 속 스피커가 왼쪽에 위치해 음악이 왼쪽 귀로 들리는 경험을 할 수 있을 것이다. 그렇게 현실과 가상이 혼연일체 되려면 메타버스에서 현실의 가구, 스피커 및 키보드 같은 사물의 위치, 크기, 형태 등을 인식해야 한다. 그런 사물을 인식하는 기술과 이를 메타버스에 등록해주는 것도 하나의 비즈니스로 자리잡을 수 있을 것이다.

● 메타버스는 사실 20년도 훌쩍 넘은 기술이다. 2010년대 스마트폰이 본격 보급되기 훨씬 전인 2000년대 이전에도 스마트폰이 존재했지만,

대중화되지는 못했던 것과 같다. 그런 메타버스가 마치 2010년대의 스마트폰처럼 점차 대중화의 물꼬를 트고 있다. 오큘러스 퀘스트 2를 시작으로 좀 더 저렴하고 다양한 제품들을 선보이면서, 메타버스 관련 서비스와 콘텐츠는 봇물 터지듯 쏟아질 것이다. 2023년 이후 충분한 기기 보급이 이루어지면 본격적으로 메타버스 서비스들이 자리잡아가면서 컴퓨터, 스마트폰에 이어 제3의 디지털 디바이스로서 새로운 비즈니스 생태계를 만들 것이다. 그와 함께 AR과 같은 기기들의 사용성도 좋아지면서 VR과 함께 새로운 경험으로 또 다른 시장을 형성해갈 것이다. 마치 스마트폰 이후 태블릿이 보급된 것처럼 VR 이후 AR도 크지는 않지만 유의미한 시장 형성이 될 것이다.

LTE로 충분한데
5G가 필요할까?

스마트폰을 인터넷에 연결해서 사용하려면 빠른 무선 인터넷이 필요하다. 바로 LTE^{4G}다. 2010년경 아이폰이 국내에 출시될 때만 해도 스마트폰을 3G로 인터넷에 연결해서 속도가 느렸다. 영상을 볼 때 화질도 좋지 않았을뿐더러 지도앱이나 웹툰앱을 이용할 때 속도가 더뎌 불편했다. 하지만 이제 LTE^{4G}로 속도가 빨라지면서 쾌적한 모바일 인터넷 서비스를 즐길 수 있게 되었다. 이 정도도 충분한데 왜 5G, 그것도 LTE보다 무려 열 배나 빠른 모바일 인터넷이 필요한 걸까? 그냥 빠르다면 상관 없지만 가격도 그만큼 오르는데 굳이 필요할까 싶은 의문이 든다.

LTE와 5G, 뭐가 다르지?

    기존에 우리가 사용하던 피처폰에서 스마트폰으로 사용자들이 급격히 옮겨간 것은 카카오톡, 티맵, 모바일 게임 등의 킬러앱이 있었기 때문이다. 또한 스마트폰을 사용하면서 배달의민족, 카카오T, 네이버페이, 쿠팡, 인스타그램 등 킬러앱의 사용량이 자연스럽게 늘어나면서 이로 인해 다양한 산업 분야에 변화를 만들어 내고 있다. 즉, 새로운 기술은 새로운 킬러앱을 만들고, 곧 사업적 측면에서 패러다임의 큰 변화를 가져다준다. 5G의 등장은 곧 통신 시장뿐만 아니라 다양한 산업 분야에 위기가 될 수도, 기회를 가져다줄 수도 있다. 그러므로 이를 우리 사업, 비즈니스에 어떻

▲ 스마트폰을 넘어 로봇, VR 등 다양한 디바이스를 위한 네트워크

게 활용할 것인지를 고민하고 대처 방안과 대응 전략을 만들려면 5G에 대한 기술적 이해가 필요하다.

기존 피처폰에서 킬러앱은 음성 통화와 SMS였다. 즉 커뮤니케이션 서비스가 킬러앱이었다. 그런데 LTE 스마트폰에서는 기존 피처폰에서는 제대로 사용하지도 못했던 티맵, 인스타그램, 유튜브, 카카오페이, 캘린더 등이 킬러앱이 되었다. 무엇보다도 스마트폰 최고의 킬러앱은 기존 피처폰과 마찬가지로 커뮤니케이션 앱이다. 바로 카카오톡, 위챗, 왓츠앱, 라인 등이 여전히 스마트폰의 킬러앱이다. 단, 기존 피처폰의 킬러앱과 다른 점은 공짜로 국제전화를 하고 사진과 이모티콘 등의 다양한 멀티미디어 콘텐츠로 수십 명과 대화를 나눌 수 있다는 점이다. 이렇게 킬러앱이 진화할 수 있었던 것은 단지 LTE 속도가 빨라져서만이 아니라, 스마트폰이 피처폰과 다르게 GPS, 마이크, 카메라 및 지문인증 등의 기능이 공개되어 킬러앱에서 호출해서 사용할 수 있어서다.

그렇다면 4G^{LTE}와 5G의 기술적 특징은 무엇일까? 더 빠른 속도? 초지연성? 이 정도로는 5G가 기존 4G와 비교해 달라서 새로운 킬러앱이 나올 수 있다고 말하기에는 부족하다. 네트워크의 기술적 특성을 놓고 보면, 에지 컴퓨팅^{edge computing}과 네트워크 슬라이싱이 5G와 4G의 독특한 특징이다. 에지 컴퓨팅은 통신사가 특정 지역 내에 특별한 기능을 제공하는 작은 클라우드다. 클라우드는 중앙 서버에서 전 세계를 대상으로 서비스하는 반면, 에지 컴퓨팅은 말단 기기, 즉 스마트폰이나 근거리에 있는 서버에서 데이터를 처리하고 기술을 지원한다. 클라우드까지 가서 서비스를 제공하기에는 시스템 부하, 장애 대응, 보안 등의 이슈가 있을 때 에지 컴퓨팅이 효과적인 대안이 될 수 있다.

또한 네트워크 슬라이싱은 마치 버스 전용차선, 트럭 차선, 추월차선처럼 도로를 구분하는 것처럼 네트워크 망을 특정 서비스에 최적화된 방식으로 구분해서 전용 네트워크를 제공해주는 것이다. 이렇게 하면 어떤 오류나 장애가 발생해도 다른 차선의 통신에는 영향을 주지 않는다. 일례로 자동차만을 위한 전용 네트워크를 제공하거나 넷플릭스만을 위한 전용 망을 제공하면 다른 기기, 다른 서비스보다 더 쾌적한 환경에서 통신 서비스를 사용할 수 있도록 해준다.

이와 같은 5G의 통신적 특징이 향후 기존 LTE와는 다른 형태의 서비스, 즉 차별화된 킬러앱을 만드는 기반이 될 수 있다. 흔히 더 빠른 속도와 지연시간이 짧은 5G는 고화질의 영화, 대용량의 데이터가 필요한 VR 게임 등에서 진가를 발휘할 것이라고 이야기한다. 하지만 그건 Wi-Fi로도 해결할 수 있고, 기존 LTE에서 불가능했던 것을 가능케 하는 것은 아니다. 더 좋아질 뿐, 안 되던 기능이 되는 것은 아니다. 그러니 이런 것을 5G의 킬러앱이라 부르기는 어렵다.

5G와 비즈니스가 만나면?

전 세계 최초로 한국이 5G 상용화에 성공했다. 5G의 성공은 킬러앱에서 판가름이 날 것이다. 5G는 LTE와 비교해 속도가 빠르고 초지연성이라는 특징을 가지고 있다. 초지연성이란 스마트폰에서 기지국까지의 서비스 전송 과정에서 지연이 거의 없어 접속이 끊기지 않는다는 뜻이다. 일례로 5G를 이용해 멀리 떨어진 드론을 조작할 때 끊김이 없으니 장애물을 피하거나 급회전을 할 때 반응 속도가 빠르다. LTE를 이용해 끊김이 발생할 때 조작 버튼을 눌러도 즉각 반영되지 않아 조작에 지연이 발생할 수 있는 것과 비교하면, 5G는 초지연성이라는 특징을 가진다.

그런데 5G가 이렇게 LTE에 비해 장점이 있다 하더라도, 이를 최적으로 이용하는 서비스가 없으면 4G LTE에 경쟁력이 있을 수 없다. 빠른 속도로 달릴 수 있는 10차선의 자동차 전용도로가 있어도 도로를 빠르게 달릴 수 있는 차량이 없으면 무용지물이고, 도로를 경유해서 가고자 하는 신도시가 없으면 아무도 고속도로를 이용하지 않을 것이다. 5G라는 고속도로를 타고 빠르게 달릴 수 있는 킬러앱과 서비스, 콘텐츠가 없으면 소용없다.

그런 면에서 볼 때 5G의 킬러앱은 스마트폰 내에서 찾는 것을 넘어 새로운 하드웨어에서 찾을 수도 있다. 즉, 초고속 유선 인터넷을 이용하던 PC처럼 Wi-Fi를 노트북이나 아이패드가 최적으로 이용할 수 있었던 것처럼, 5G에는 그에 맞는 최적의 하드웨어가 최고의 킬러앱이 될 수도 있다.

그런 면에서 5G의 초지연성과 다양한 기기에 적용 가능하다는 강점은 스마트폰을 넘어 자동차와 드론, 로봇, 의료기기, 공장의 기계에 새로운 가치를 만들어내기 적합하다. 원격의료 수술이나 원격 드론 조정 시에 단 1초, 아니 0.1초의 지연이 있어서는 안 되는데, 5G는 LTE를 넘어 유선망보다 더 지연 없는 환경을 만들어준다. 즉, 지구 반대편의 수술실에 로봇팔과 카메라를 두고 원격으로 환자의 상태를 확인하며 수술을 하는 상황이나, 해저 탐사 로봇을 원격 조정하는 상황에서 단 0.1초, 아니 0.001초의 화면이나 로봇 팔의 움직임이 지연되면 심각한 오류가 발생할 수 있다. 이때 5G를 이용해 네트워크를 구축하면 이런 지연성이 사라지므로, 정밀한 원격 제어에 5G가 훌륭한 기술적 대안이 될 수 있다.

또한 5G와 결합된 에지 컴퓨팅에서 기존 4G 네트워크가 주지 못했던 특별한 기능이 솔루션으로 제공된다면 그것이 바로 새로운 기술이 될 것이다. 클라우드와 물리적으로 멀리 떨어진 곳에 있는 공장, 농장, 사막의 석유 시추시설, 산골 오지의 군사 시설, 심해의 탐사시설 등의 특수한 상황에서 5G가 에지 컴퓨팅과 결합해 기존의 네트워크와 클라우드가 주지 못했던 솔루션을 제공할 수 있을 것이다. 바로 5G의 새로운 비즈니스 기회가 될 것이다.

초고속 5G, 스마트폰에만 머물지 않는다

MS의 애저 키넥트Azure Kinect와 홀로렌즈 2, 그리고 VR, AR 기기 등도 5G와 궁합이 맞는 기기들이다. Wi-Fi를 넘는 무선의 자유로움과 유선 인터넷보다 빠른 초고속을 보장해주는 5G는 새로운 디스플레이 장치에 안성맞춤의 네트워크다. 이들 기기에는 TV, PC, 스마트폰과는 전혀 다른 사용자 경험을 보장하는 수많은 콘텐츠가 기다리고 있다. 게임, 교육, 영화, 음악, 만화 등 기존의 콘텐츠들이 기존 경험과는 전혀 다른 형태로 재구성되어 우리에게 다가올 것이다. 같은 내용의 만화, 영상, 이미지라 할지라도 VR이나 AR을 이용해서 보면 전혀 다른 경험으로 다가온다. 그것이 킬러앱이고, 거기서 새로운 비즈니스의 기회가 생긴다. 즉, 기존 콘텐츠의 사용자 경험이 바뀌는 것만으로도 훌륭한 킬러앱이 된다. 5G는 VR, AR이라는 새로운 디스플레이를 통해 기존의 콘텐츠를 새로운 체험으로 경험할 수 있도록 해주는 데 도움을 줄 것이며, 그러한 고객 경험이 곧 킬러앱이 될 수 있다.

물론, 이들 킬러앱이 사용자들에게 더 쉽게 다가가기 위해서는 5G를 사용하는 요금도 중요하다. 제아무리 편리한 킬러앱이 있더라도 사용자가 이를 이용하는 데 비용의 부담이 크다면 찾는 사람이 없을 것이다. 5G 요금제는 스마트폰만 고려할 게 아니라 스마트워치, 태블릿을 넘어 자동차, VR, IP카메라, 로봇청소기 등 한 개인이나 가정에서 사용하는 여러 기기를 통합해 설계되어야 한다. 즉 기기 중심이 아닌 사람 중심으로 5G 요금제가 통합적으로 설계되어야 다양한 하드웨어를 이용할 때마다 개별적으로 지불해야 하는 번거로움도 해결되고, 개별 요금을 합산한 전체 비용의 부담을 줄일 수 있다. 요금에 대한 부담이 줄어야 5G의 킬러앱이 만들어질 하드웨어의 보급이 늘고 킬러앱의 사용도 늘어날 수 있다.

정리하면, 5G의 킬러앱이 다양해지기 위해서는 새로운 하드웨어의 출현이 성공의 필수 요건이다. 또한 웹의 PC와 앱의 스마트폰과 달리 다양한 하드웨어 특성에 맞는 기술의 지원이 선행되어야 한다. 바로 에지 컴퓨팅, 네트워크 슬라이싱 같은 기술이라고 부른다. 네트워크 슬라이싱은 고속도로가 지정차로로 운영되는 것처럼 네트워크를 나누어서 특정 대역폭은 통신전용망, 일부 대역폭은 동영상 전용망 등으로 구분을 해서 사용하는 것을 뜻한다. 이렇게 되면 특정한 서비스의 경우 아무리 네트워크 사용량이 많아도 안정적으로 빠르게 사용할 수 있게 된다.

이제는 제조사뿐 아니라 통신사의 역할도 중요해질 것이다. 각 하드웨어의 용도에 맞는 네트워크 기술 지원과 에지 컴퓨팅 솔루션의 제공, 그리고 적절한 요금제가 뒷받침되어야 5G에 맞는 킬러앱 생태계가 마련될 수 있다.

● ICT는 역사 이래로 늘 사람들의 시간을 줄여주는 기술 고도화가 있었다. 30년 전의 컴퓨터보다 지금의 컴퓨터는 놀랄 만큼 빠르다. 우리가 사용하는 네트워크 속도도 매년 빨라지고 있으며, 소프트웨어의 성능도 갈수록 좋아지고 있다. 마치 자동차가 갈수록 빨라지는 것처럼 디지털 기술도 갈수록 빨라졌다. 속도, 성능이 빨라지면 사람들의 시간을 줄여줄 수 있다. 1GB 파일을 내려받는 데 10분이 걸리던 때와 비교해, 10초도 안 돼서 파일을 다운로드 한다면 그만큼 우리의 시간은 줄어든다. 시간은 돈으로도 살 수 없는 값진 것이니만큼, 인간의 유한한 시간을 줄여주기 위해 기술은 진화되어 왔다. 그런 면에서 5G는 틀림없이 LTE보다 우리에게 유용한 기술임에는 의심할 여지가 없다. 단, 비싼 가격으로 5G를 제대로 이용하기 위해서 그만큼 생산적으로 활용할 수 있어야 한다. 그렇게 생산적으로 더 즐겁게 편리하게 5G를 이용하는 데 비즈니스의 기회가 있다. 그런 가치를 만들어주는 서비스를 가리켜 킬러앱이라고 부른다. 우리도 그런 킬러앱을 만들거나 투자하는 안목을 키운다면 5G 시대에 큰 기회를 얻을 수 있을 것이다.

컴퓨터 그래픽으로 창조된
메타휴먼

진짜 인간인가 의심조차 느낄 수 없을 만큼 사람 같은 디지털 오브젝트가 TV에 아나운서로, 인스타그램에 셀럽으로, 유튜브에 가수로 등장하고 있다. 사람들은 처음엔 예쁘고 잘생긴 사람이라 생각하고 박수를 보내다가 컴퓨터가 만든 가상의 인간이라는 이야기를 듣고 더 흥미를 느끼며 열광한다. 그렇게 진짜 사람이 아닌 가공된 컴퓨터 그래픽이 버추얼 인플루언서virtual influencer로 인기를 끌고 있다. 그렇게 컴퓨터가 창조한 인간을 인공인간, AI 휴먼, 메타휴먼이라고 부른다.

메타휴먼의 도약, 버추얼 인플루언서로 탄생하다

사실, 컴퓨터 그래픽으로 창조된 인간은 20년도 훌쩍 지난 1998년에 사이버 가수라 불리던 아담, 류시아, 사이다 등이 최초다. 실제 노래는 사람이 부르고 얼굴만 3D 그래픽으로 만들어 TV 등에 출연했다. 지금 돌이켜보면 열악한 기술로 현실감이 전혀 없었지만, 당시에는 화제가 되어 큰 주목을 받았다. 하지만 여러 매체에 출연하며 인터뷰하며 활동 영역을 넓히려면 매번 영상을 편집해야 하는데, 비용이 너무 감당이 안 돼 반짝 인기를 끌고 사그라들었다.

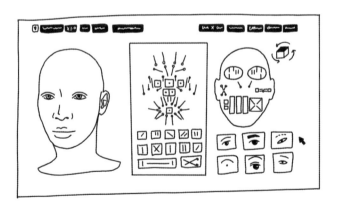

▲ 사람 같은 아바타를 만들어주는 저작 툴

20년이 지난 지금 컴퓨터 그래픽 기술은 그냥 진화한 수준이 아니라 AI를 기반으로 해서 얼굴이나 음성은 물론 표정과 동작이 사람과 거의 흡사할 정도로 발전했다. 심지어 가상공간이 아닌 현실을 배경으로 영상이나 사진이 제작되기 때문에, 마치 현실 속에 있는 사람으로 착각하기 충분하다. 게다가 기술의 발전으로 제작 비용도 적게 들어, 어디든 출연하고 뭐든지 할 수 있다.

AI와 3D 엔진의 기술적 발전은 실존하는 연예인이나 정치인 몰래 얼굴과 목소리를 도용해서 가짜 영상을 만들어 악용하는 딥페이크라 불리는 사회 문제를 만들어내기도 했지만, 일명 AI휴먼, 메타휴먼이라 불리는 기술로 진화해 버추얼 인플루언서를 탄생시켰다. 20년 전의 아담과는 질적으로 비교도 할 수 없을 만큼 진짜 같은 인공 인간이 탄생한 셈이다.

'릴 미켈라'는 인스타그램에서 3백만 명이 넘는 팔로워를 가진 모델 겸 뮤지션으로 광고 게시물 하나당 1천만 원을 받을 정도로 핫한 버추얼 인플루언서다. 2020년 수입만 130억 원으로, 명품 브랜드의 광고 모델로 왕성한 활동을 하고 있다. 일본 기업이 만든 '이마'라는 버추얼 모델은 이케아의 하라주쿠 매장에서 3일간 먹고 자면서 제품 홍보를 하기도 했다. 국내에서도 로커스라는 회사가 만든 '로지'라는 가상 인간이 2020년 8월부터 인스타그램에서 활동했는데, 초기에 메타휴먼으로 밝히지 않아 진짜 사람으로 오해를 하기도 했다. 이후에 신한라이프를 포함해 국내의 주요 기업과 광고 계약을 체결했다.

메타휴먼을 조작하는 사람

SNS와 유튜브, TV 방송 등 다양한 채널에서 활동하는 이들 메타휴먼은 온라인에만 있지 않고 우리가 사는 현실 속에서 우리처럼 먹고, 마시고, 노는 모습을 보여줌으로써 더 진짜 같은 착각을 불러일으킨다. 심지어 목소리도 AI가 창조한 음성으로 유일무이하다. 사람처럼 늙지도 않으며 죽지도 않고 24시간 활동할 수 있는 영원불멸의 존재인 셈이다.

하지만 이렇게 AI가 자유분방하게 말할 수 있는 기술력을 버추얼 인플루언서에 적용하기에는 위험 부담이 크다. 어디로 튈지 모르는 AI를 믿고 인터뷰에 응하고 댓글을 달게 할 수는 없다. 버추얼 인플루언서는 대개 철저한 매니지먼트 하에 운영된다. 댓글이나 인터뷰는 AI에 전적으로 의지하는 것이 아니라 사람이 개입한다. 겉만 컴퓨터 기술이 창조한 포장이고 속은 사람이다. 사진이나 영상을 제작할 때 사람을 촬영한 후 얼굴 부분만 AI 기술을 사용해 메타휴먼으로 변환해 현실감을 높이기도 한다. 인터뷰도 사람이 하고 음성이나 얼굴만 딥페이크 기술을 활용해 메타휴먼으로 변형한다. AI에 의해 메타휴먼이 100% 조작되도록 하지는 않는다. 철저한 사람의 개입으로 메타휴먼이 운영되는 것이다.

기업 광고 시장에서 이들이 주목받는 이유는 두 가지다. 첫째는 MZ세대들의 환호를 받는 셀럽이기 때문이며, 둘째는 인간과 달리 통제와 관리가 쉬워 브랜드 평판에 문제가 생길 만한 문제의 소지를 애초에 만들지 않기 때문이다. 그만큼 메타휴먼은 철저한 기획 하에 움직인다.

메타휴먼, 메타버스에서 사람과 어우러져 살려면

메타휴먼에 우리가 주목해야 하는 진정한 이유는 메타버스에 최적이기 때문이다. 온라인과 오프라인을 넘나들며 활동하는 메타휴먼에게 최적의 공간은 바로 메타버스다. 메타버스는 오프라인과 같은 입체적·현실적인 공간을 가지고 있으면서도 온라인 같은 자유도가 높은 제3의 세계다. 이 메타버스야말로 메타휴먼에게 집처럼 편안하고 완벽하게 어울리는 세계인 셈이다. 메타버스는 이들 메타휴먼에게 더 자유롭게 활동할 수 있는 무대가 된다.

현실 세계에 메타휴먼은 존재할 수가 없다. 사진이나 영상은 합성해서 보여주는 것에 불과하다. 온라인은 메타휴먼이 활동하기에는 답답하다. 사각형의 디스플레이에 갇혀 있어야 하는 데다 실시간, 즉 라이브로 활동하는 것이 아니다. 반면 메타버스는 무한

한 공간 속에서 자유롭게 유영하며 노래도 부르고, 수다도 떨고, 춤도 출 수 있다. 향후 메타버스 세상에서는 사람과 메타휴먼이 어우러져 살게 될 것이다.

이때 우리는 메타휴먼의 아이덴티티identity를 어떻게 바라봐야 할까? 메타휴먼과 형성한 나와의 관계로 만들어진 아이덴티티는 내 마음속에만 있는 것일까? 메타휴먼에 내재화되는 것일까? 그런 메타휴먼의 아이덴티티는 누구와도 무관하게 고유한 하나인 것일까? 메타휴먼은 하나지만 사람마다 다 다른 아이덴티티를 가지게 될까. 메타버스 세상 속의 메타휴먼은 지금의 버추얼 인플루언서보다 더 다양한 관계를 수많은 사람과 개별적으로 형성해가며 우리와 더불어 살아가게 될 것이다.

메타버스 속 게임머니,
암호화폐랑 다른 거야?

로블록스 게임은 10대에게는 단지 게임이 아니라 친구를 사귀고 이야기하며, 콘서트를 보고 음악을 듣는 인터넷 서비스에 가깝다. 심지어 로벅스라 불리는 로블록스 내에서 거래되는 화폐를 구입해 로블록스 내에서 이모티콘이나 게임을 하는 데 사용하면서 자체적인 거래 시스템을 갖추고 있기도 다. 물론 로벅스는 '개발자 환전DevEx' 시스템이라 불리는 거래소를 통해 10만 로벅스 이상 벌었을 때부터 약 35% 비율로 달러로 환전도 가능하다. 이 로벅스와 비트코인은 뭐가 다른 것일까?

게임머니는 진짜 돈일까?

리니지 게임 내에서는 다이아라는 화폐를 통해서 거래가 이루어진다. 각 게임마다 게임 내부에서 아이템 거래나 구매 등을 위한 목적으로 자체 화폐를 운영하고 그 화폐는 게임 내에서의 퀘스트게임 개발사 등이 게임 내 미션을 하달하는 것를 달성하면 그에 대한 대가나 보상으로 받기도 하고 현금으로 환전할 수 있기도 하다. 리니지 게임 아이템은 수백만 원, 아니 수천만 원에 거래되기도 한다. 그 아이템으로 게임 내에서 퀘스트를 빨리 수행할 수 있고 빠르게 게임 속 캐릭터를 성장시킬 수 있어서 비싼 가격에 거래되는 것이다. 게임 속 머니로 게임 밖에서 물건을 사거나 거래를 할 수는 없지만 게임머니를 환전할 수는 있어서 마치 싸이월드의 도토리 같은 디지털 화폐라 볼 수 있다.

그 외에 여러 게임에서 자체적으로 화폐를 운영하고 있는데 이 모든 것을 진짜 돈이라고 볼 수는 없다. 일종의 디지털 화폐로 제한된 범위 내에서만 사용할 수 있을 뿐이다. 게다가 다이아나 도토리처럼 환전하는 것이 원천적으로 막혀 있는 경우도 있다. 게임 내 머니를 현금으로 구매는 할 수 있지만 게임머니를 현금으로 환전해 출금할 수는 없어 영원히 게임 속에서만 사용할 수밖에 없기도 하다. 이런 경우는 말 그대로 게임을 위한 전용 화폐일 뿐, 현금화하여 이용하는 것이 원천적으로 불가능하다.

▲ 온on, 오프off를 아울러 사용할 수 있는 화폐

반면 비트코인 등의 블록체인 기반의 암호화폐는 언제든 거래소를 통해서 현금으로 환전이 가능하다. 현금으로 암호화폐를 구입하고, 거꾸로 암호화폐를 언제든 현금으로 출금하는 것이 자유롭다. 하지만 암호화폐를 온오프라인 시장에서 물건을 거래하는 데 사용하는 것은 지극히 제한적이다. 암호화폐는 전 세계 누구나 암호화폐 지갑을 가진 사람에게 송금을 할 수 있다는 특징을 가진다. 이렇게 게임머니와 암호화폐는 본질적으로 용도나 돈으로서의 교환 가치가 전혀 다른 특징을 가진다.

스타벅스 프리퀀시는 돈인가?

스타벅스에서 특정한 퀘스트음료 등을 구매를 수행하면 지급하는 쿠폰과 같은 것이다. 일정 개수의 쿠폰을 모으면 스타벅스에서 제공하는 다이어리 등의 굿즈로 교환할 수 있다. 또한 프리퀀시는 스타벅스 이용자 간에 선물할 수도 있다. 프리퀀시는 환전을 할 수는 없기 때문에 돈과 같다고 보긴 어렵다. 그렇다면 OK캐시백 포인트는 돈일까? OK캐시백 포인트는 돈으로 구매할 수도 있고, 포인트를 현금으로 환전할 수 있다. 게다가 OK캐시백 포인트는 일부 온라인 쇼핑몰이나 오프라인 매장 등에서 실제 화폐처럼 구매할 때 이용할 수도 있다. 이렇게 각 기업에서 운영하는 포인트는 부분적으로 화폐와 같은 용도로 사용되기도 한다.

암호화폐는 투기일 뿐 어디에 쓰나?

암호화폐는 왜 가격이 오르고 내리길 반복하고, 도대체 어떤 가치가 있는 것일까?

기업의 주식도 등락을 거듭한다. 이유는 기업의 매출이나 향후 사업 전망 등에 따라 가치가 달라지기 때문이다. 암호화폐의 등

락도 비슷하다. 향후 시장에서 어떤 전망을 차지할지에 따라 암호화폐의 가치가 수시로 변화하는 것이다. 기업 주식은 변동폭이 암호화폐만큼 크지 않은데다 상승폭, 하락폭이 일정 수준 이상을 넘게 되면 금융거래소의 개입으로 위험 신호를 보내 투자자들을 보호하는 장치가 마련되어 있다. 반면 암호화폐는 그런 규제와 보호장치가 미흡하기 때문에 하루에도 수십 퍼센트가 올랐다 내렸다 한다.

게다가 암호화폐는 종류가 다양하다. 또한 거래소도 전 세계에 수천 개에 이른다. 국내 투자자가 미국 나스닥이나 영국, 대만의 주식거래소에 상장한 기업 주식을 구매할 수는 있지만 쉽지는 않다. 하지만 암호화폐 거래소는 마치 메일 주소 만들 듯이 쉽게 가입할 수 있다. 그리고 거래소에 상장한 암호화폐는 거래소마다 서로 다르다. 심지어, 국내 코빗과 빗썸, 업비트 등의 거래소마다 상장한 암호화폐는 서로 다르다. 게다가 A 거래소와 B 거래소에 등록된 똑같은 암호화폐인 비트코인의 거래가도 서로 다르기도 하다. 특히 해외 거래소와 국내 거래소의 암호화폐 가격 차이는 최대 20%까지 나기도 한다. 그래서 환차익을 노리고 해외 거래소에서 달러로 비트코인을 구매해서 한국 거래소로 송금을 한 후, 국내 거래소에서 원화로 출금을 해서 차익을 얻기도 한다.

그렇다면 암호화폐는 어떤 가치 때문에 오르고 내리기를 반복할까? 암호화폐는 화폐별로 용도와 앞으로의 활용 가치, 이를 달성하기 위한 전략이 모두 다르다. 마치 기업의 전략과 사업 내역이 다른 것과 같다. 그런데 사람들 대부분은 그런 암호화폐의 투자 가치를 염두에 두고 투자를 하는 것이 아니라, 소문과 눈앞의 차익만을 목표로 투기를 한다. 그래서 위험도 많고 오르고 내리는 폭이 롤러코스터 같은 것이다.

하지만 모든 암호화폐가 쓸모없는 욕망의 대상이라고 치부할 수만은 없다. 비트코인과 이더리움을 포함해 일부 암호화폐들은 명확한 목표를 가지고 다양한 시도를 하면서 활용도가 높아지고 가치를 만들어가고자 노력하고 있다. 일례로 암호화폐의 범용성과 글로벌 송금이 가능한 네트워크의 특징을 활용해 해외 송금에 활용하거나, 기존의 화폐로는 수행하기 어려운 금융 상품을 만들거나, 친환경 전기 에너지나 특별한 물류, 무역, 계약, 인증 등을 증명하는 수단으로서 암호화폐를 이용하기도 한다. 그런 암호화폐를 투기의 대상이라고 매도할 수는 없다.

요즘IT

암호화폐는 어떻게 사고팔죠?

암호화폐를 구입하기 위해서는 거래소를 이용하는 방법과 암호화폐 전용 월렛을 이용하는 방법 두 가지가 있다. 거래소는 암호화폐들의 시세를 확인하고 얼마나 오르고 내렸는지, 얼마나 거래가 이루어지고 있는 지 등의 다양한 정보와 함께, 송금, 출금, 구입, 판매를 쉽게 하도록 해주는 마켓 플레이스다. 국내외에 여러 거래소가 있는데, 아무래도 사용하기도 수월하고 고객 지원 등을 받을 수 있는 국내 거래소를 이용하는 게 좋다. 거래소마다 암호화폐 거래의 수수료가 다르므로 암호화폐를 자주 거래하는 사용자들은 수수료가 더 낮은 거래소를 찾기도 한다. 전용 월렛을 이용하면 거래소보다는 불편하지만 수수료를 훨씬 낮게 이용할 수 있다. 또 기술적으로 월렛은 암호화폐를 만든 블록체인 시스템에 직접, 즉 각 거래 내역이 등록됨으로써 보다 완벽한 거래를 할 수 있다. 특히, 거래소는 모든 거래 내역들이 거래소의 시스템에 등록되기 때문에 자금 등의 추적이 수월한 반면 월렛을 이용한 경우 사용자의 승인없이는 자산을 회수하거나 탈취할 수 없다. 물론 입출금, 송금 내역 등의 정보도 함부로 확인하는 것이 불가능하다.

메타버스에서 디지털 화폐는 어떻게 바뀔까?

메타버스의 구성요소 중 하나가 경제 시스템이다. 즉, 메타버스 내에서 자유롭게 사용자간에 거래할 수 있도록 지원하는 시스템이 중요한 요소의 하나다. 그러니 게임머니나 암호화폐와 같은 디지털 화폐가 메타버스와 찰떡궁합이다.

메타버스에서는 플랫폼 사가 제공하는 앱스토어나, 아바타나 가상환경을 꾸미는 데 필요한 아이템을 구매하기 위해 결제수단을 등록한다. 마치 스마트폰 앱스토어에서 카드를 등록하고 앱을 구매하는 것과 같다. 하지만 앞으로 메타버스 내의 사용자 간 거래를 위해 전용 화폐가 필요할 것이다. 만일 사용자 간에 은행 송금이나 카드로 결제하게 되면, 불필요한 거래 수수료만 늘어날 뿐 아니라 결제 과정이 번거로워 거래하는 데 불편해진다. 그렇게 되면 메타버스 내에서의 자유 거래가 활성화되기 어렵다.

하지만 메타버스 내 디지털 화폐가 도입되면 거래가 손쉽고 빠르기 때문에 거래의 빈도도 높아지고 자연스럽게 경제 시스템이 활성화될 수 있다. 이를 위해 기존의 게임이 해오던 것처럼 자체적인 화폐를 도입하는 것이 좋을까? 아니면 블록체인 기반으로 새로운 암호화폐를 만들어 운영하는 것이 좋을까? 그 외에는 기존의 잘 만들어진 암호화폐와 연계해서 사용하도록 하는 것이 좋을까?

자체 머니를 이용할 경우 통제 관리가 수월하다는 장점이 생긴다. 하지만 메타버스 바깥에서 이 머니를 이용하기 어렵고, 현금으로 환전하는 시스템을 구축하고 보안 등을 위한 시스템을 운영하는 데 번거로울 수 있다. 블록체인 기반으로 새로운 암호화폐를 만드는 것은 배보다 배꼽이 클 수 있다. 만일 기존 블록체인의 암호화폐와 연계를 시킨다면 서로 다른 메타버스 간에도 표준화된 화폐로 이용할 수 있고 송금과 입출금이 쉬워진다. 또한 메타버스 이용자 간에도 다양한 상품 거래를 하는 데 이용할 수 있다. 단, 암호화폐의 특성상 가격 변동폭이 크기 때문에 이를 어떻게 안정적으로 유지할 것인지가 중요하다. 가치 거래 수단인 화폐로 이용되려면 가장 중요한 것이 안정적 가격이다.

●　게임머니, 암호화폐, 포인트 등의 디지털 화폐는 어떤 기업, 기관이 발행하는지에 따라 그 가치와 지속 가능성이 다르기 마련이다. 그래서 암호화폐는 투기고, 게임머니는 사기라고 단정해 말할 수 없다. 중요한 것은 이들 디지털 화폐를 탐욕과 욕망의 수단으로 투기 대상으로 삼을 것이 아니라 게임이나 메타버스 등의 서비스를 제대로 이용하는 도구로서 활용하려는 의지다. 또 그 과정에서 해당 디지털 화폐의 발행 주체에 대한 장기적 비전에 대한 확신이 있다면 투자를 해보는 것도 좋다. 그렇게 미래를 만들어가는 최신 기술에 대해서 직접 경험하고 가치를 판단하고 활용하는 데서 그치지 말자. 투자하거나, 더 나아가 해당 기술을 이용한 새로운 사업을 모색하는 것이 능동적, 적극적으로 미래에 대처하는 자세다.

메타버스,
새로운 비즈니스의 기회

2007년 최초의 아이폰 1세대를 사용하면서 지도 앱을 실행하고서 새로운 세상이 왔음을 실감했다. 나뿐만 아니라 주변의 스마트폰 사용자들은 열광했고, 폰보다 더 큰 화면과 편리한 키보드, 마우스를 이용하는 것보다도 모바일 인터넷이 주는 감동이 훨씬 크다는 것을 몸소 체험했다. 이후 정말로 모바일은 웹보다 인터넷 사용 시간을 더 늘어나게 했고, 관련 비즈니스의 성장도 가져왔다. 우버와 배달의민족, 인스타그램, 카카오톡, 네이버페이 등은 스마트폰이 없었다면 우리가 상상도 못 해봤을 서비스다. 그렇게 10년을 훌쩍 넘어 이제 또 다른 세상이 펼쳐지고 있다. 바로 메타버스 패러다임이다.

제3의 인터넷 플랫폼, 메타버스가 꽃 피다

세상은 안경을 쓴 사람과 쓰지 않는 사람으로 나뉜다. 안경을 쓰는 이유는 시력이 떨어져 사물을 제대로 볼 수 없기 때문이다. 메타버스는 그렇게 새로운 세상을 제대로 보기 위해 헤드셋을 쓰고 만날 수 있다. 일명 VR, AR 기기를 착용하면 기존과 전혀 다른 세상을 만날 수 있다. 이미 오래전부터 구글 글래스와 카드보드, 삼성전자 기어VR, hTC의 VIVE, 소니 플레이스테이션 VR에 이르기까지, 다양한 종류의 제품들이 출시되어 메타버스는 어제오늘의 키워드가 아니었다. 그런데도 2021년 들어 메타버스가 뜨거운 감자가 된 이유는, 페이스북이 2014년 3월에 약 2조 3천억 원에 인수한 오큘러스라는 VR 제조업체가 작년에 출시한 오큘러스 퀘스트 2 덕분이다.

퀘스트 2는 2019년 출시된 이전 버전인 퀘스트 1과 비교해 성능과 편안함은 향상되었는데도 가격은 낮아져 약 30만 원대의 저렴한 비용이라 가성비가 뛰어나다. 게다가 페이스북이 오랜 기간 오큘러스 생태계를 마련하는 데 많이 투자해서 쓸 만한 콘텐츠가 늘어나 메타버스가 주목받고 있다. 국내에서도 SKT가 유통하는 퀘스트 2의 초도물량과 2차 판매 물량이 금세 동이 날 정도로 관심이 뜨겁다. 실제로 기존의 VR 기기들과 비교하면 퀘스트 2는 무선인데다 PC 연결 없이 독립적으로 운용할 수 있고, 고질적 문제였던 어지럼증이나 무거움, 발열이 상당 부분 해결되었다. 또한 퀘스트 2로 인기 게임이나 VR 영상을 시청하면 무아지경에 빠질 정도로 마우스를 처음 잡고, 스마트폰을 처음 쥐었을 때보다 더 큰 감동을 토로하는 경험자들을 많이 만나게 된다. 물론 오랜 시간 사용하면 두통이나 매스꺼움, 피로함을 느끼는 경우도 여전히 남아 있다. 하지만 기존 제품과 상대적으로 비교할 때 그렇다는 것이고, 처음 이 기기를 접해본 사람들 중 일부는 감각의 교란으로 인해 혼란을 느끼는 경우도 있다.

그렇다면 메타버스는 이렇게 새로운 기기를 이용해야만 사용할 수 있는 것일까? 또한 메타버스로 구현된 세상, 서비스는 기존의

▲ 새로운 인터넷 경험과 비즈니스 생태계를 열어줄 메타버스

웹이나 모바일 앱의 서비스와는 무엇이 다를까?

메타버스에 대한 정의는 저마다 조금씩 다르지만, 공통적인 것은 우리가 사는 지구의 현실계와 인터넷으로 구현된 가상계를 넘은 제3의 신세계라는 점이다. 즉, 또 다른 세계관을 가진 생태계라는 사실에는 모두 동의한다. 하지만 구현 과정이나 형태에 대해서는 다르게 해석하고 있다. 혹자는 VR이나 AR 등의 새로운 디지털 디바이스로 접근 가능한 방식을 이야기하기도 하고, 하드웨어와 무관하게 웹이든 모바일이든 내 아이덴티티를 투영한 부캐를 통해 활동하며 아바타를 성장시켜가는 형태를 중시하기도 한다. 하지만 메타버스의 구현 방식이나 접근 방법은 적어도 5년 정도가 지나면 웹이든 모바일이든, VR이든 AR이든 간에 통합될 것임은 자명하다. 경험의 완벽도가 접근 방식에 따라 달라질 수는 있겠지만, 결국 메타버스 세상은 어떤 디바이스나 플랫폼과 무관하게 연결 가능해야 수시로 접근할 수 있고, 세계의 영속성이 이어질 수 있기 때문이다.

2003년에 출시된 린든랩의 온라인 가상현실 '세컨드 라이프'가 사실 메타버스의 초기 버전이라 볼 수 있다. 사실 메타버스는 이미 약 20년 전 인터넷 서비스가 보급되면서부터 존재하던 개념이고 시도해 오던 것이다. 세컨드 라이프는 게임도 아니었고 카페나 블로그 등의 서비스도 아니었으며 웹 기반도 아니었다. 물론 VR 디바이스같은 것은 염두에 두지도 않았다. 지금보다 훨씬 성능이 떨어지는 컴퓨터와 인터넷 속도로 메타버스가 구현됐다. 즉, 메타버스는 최첨단 기술이 받쳐주기도 전에 이미 상상만이 아니라 실현돼 선보였다.

심지어, 세컨드 라이프가 선보였던 2000년대 이전인 1995년경에 '알파월드alpha world', '월드챗world chat', '더팰리스The Palace'라는 채팅 서비스가 있었는데 이들 서비스 역시 아바타를 통해 가상공간을 확보하며 대화를 나눌 수 있는 형태로 주목을 받았다. 물론 세컨드 라이프처럼 오브젝트를 만들어 새로운 장소를 만들고, 쇼핑하며 부동산 거래를 하고 취직하는 등의 경제활동을 하는 수준은 아니었다. 하지만 사람과 만나고 이동하며 대화하는 초보적 수준의 메타버스 세상을 경험할 수 있었다.

백문이 불여일견! 메타버스의 세계로 초대합니다

앞서 언급한 여러 시도가 기술의 진화 덕분에 완성도 높은 구현이 가능해졌다. 그렇다면 지금 우리가 경험할 수 있는 메타버스는 어떤 것들이 있을까?

크게 세 가지로 구분해볼 수 있다.

첫째, 포트나이트나 로블록스, 마인크래프트와 같은 게임이다. 포트나이트는 배틀로얄 게임이지만, 파티로얄이라는 3D 공간을 통해서 사람들과 만나 채팅을 하고 함께 공연을 보거나 음악을 들을 수 있다. 실제로 포트나이트에서는 유명 가수를 초대해 중력을 벗어난 공간 속에서 공간을 유영하며 춤을 추고 함께 소통하는 새로운 개념의 콘서트를 개최하기도 했다.

또한 로블록스나 마인크래프트는 사용자들이 직접 프로그래밍을 해서 게임을 제작하거나 게임 내에서 필요한 도구나 환경을 개발할 수 있는 커뮤니티 서비스다. 기존 게임과 달리 가상공간 속에서 무언가 만들고, 거래하며 게이머들과 소통하면서 제2의 삶을 사는 것이나 진배없다. 게임으로 시작됐지만, 게임 외 활동을 하면서 오랜 시간 머물며 사람과 만나고 창작 활동을 하는 서비스 플랫폼으로 확대되고 있다. 바로 이 점이 이들 게임을 메타버스로 부를 수 있는 이유다. 실제 바스주키 로블록스 CEO는 로블록스를 메타버스라 지칭하며 회사의 비전을 제시하고 있다. 즉, 바스주키 CEO는 "메타버스라는 아이디어를 오래도록 생각해왔다. 우리의 꿈은 메타버스를 현실과 비슷해 보이는 정도를 넘어 현실 그 자체로 느끼도록 발전시키는 것이다"라고 밝히고 있다. 메타버스의 대표 주자가 된 로블록스는 지난 3월 뉴욕증권거래소에 상장하면서 기업가치 42조 원으로 평가받았다. 2020년 2월 시리즈 G 투자를 받으며 평가받은 기업가치가 약 4조 원 정도인 것을 비교할 때 1년 만에 10배나 뛴 것이다.

둘째, 메타버스를 염두에 두고 개발한 새로운 개념의 입체적인 서비스이다. 네이버의 자회사 스노우에서 개발한 제페토Zepeto, SKT의 점프Jump, 페이스북에서 개발 중인 호라이즌Horizon, MS의 알트스페이스VRAltspaceVR, 그리고 스페이셜Spatial 등이 있다. 이들 서비스는 VR이나 AR 등의 기기를 통해 접속 가능한 것도 있고, 웹이나 앱을 통해서 사용할 수 있는 것도 있으며, 모든 플랫폼을 지원하는 것도 있다. 중요한 것은 이들 서비스가 제공하는 사용자 경험이 공간을 유영하면서 공간 속의 오브젝트들과 상호작용하며 다양한 활동을 할 수 있다는 점이다. 물론 VR 등의 기기를 이용하면 그 경험을 훨씬 풍요롭게 만들어줄 수 있다.

이들의 공통적인 특징은 아바타를 통해 여러 공간을 이동하면서 사람들과 만나 이야기하고 함께 사진이나 문서 등을 보면서 대화를 나눌 수 있다. 또한 공간에 오브젝트를 배치하고 이동시킬 수도 있다. 일부 서비스는 직접 오브젝트를 만들 수도 있으며 향후 함께 영화를 보거나 음악을 들으며 현실에서 누리는 경험과 같은 활동을 다채롭게 즐길 수 있을 것이다.

셋째. VR이나 AR 디바이스 기반으로 구현된 서비스 플랫폼이다. 앞서 살펴본 두 가지의 서비스들이 마치 페이스북이나 카카오톡처럼 PC 웹이나 스마트폰에서 설치해 사용하는 방식이라면, 세 번째 방식은 VR이나 AR 기기에서 제공되는 공간이다. 마치 컴퓨터를 켜면 나타나는 바탕화면과 마우스와 키보드로 조작되는 윈도우처럼 MRMixed Reality, 혼합현실. VR과 AR의 결합으로 현실세계와 가상세계 정보를 융합

^{한다} 기기를 켜면 만날 수 있는 플랫폼을 말한다. 오큘러스 퀘스트 2를 쓰고 전원을 켜면 윈도우 바탕화면처럼 3차원 입체적인 공간 속 바탕화면을 만나게 된다. 컴퓨터 바탕화면을 바꾸듯이 가상공간을 바꿀 수 있고, 스마트폰에 앱을 설치하듯이 스토어에서 소프트웨어를 설치해서 게임을 하거나 3D 영상을 시청할 수 있다. 물론 스페이셜이나 호라이즌과 같은 서비스들을 설치해 이용하는 것도 가능하다.

MS의 AR 기기를 쓰고 전원을 켜면 지금 내가 있는 현실 공간에 디지털 오브젝트들을 배치할 수 있다. 마치 윈도우 시작메뉴를 호출하듯이 내 좌측 손목을 오른쪽 손가락으로 누르면 시작메뉴가 나타난다. 웹 브라우저를 열어서 벽면에 위치시킬 수 있고, 사진 앱을 실행해 사진들을 책상 위에 올려둘 수도 있다. 주방에 스카이프Skype 통화 앱을 두고, 거실에는 넷플릭스 영화 앱을 두며, 안방에는 가족사진 앨범을 침대 머리맡에 둘 수 있다. 홀로렌즈를 끄고 나중에 다시 켜더라도 집안 곳곳에 배치해둔 디지털 오브젝트들은 사라지지 않고 그 위치에 그대로 존재하게 된다. VR과 달리 AR은 현실 공간에 디지털을 고정해둠으로써 아날로그와 디지털이 하나가 된 새로운 경험을 가능하게 해준다.

오큘러스에서 빅스크린이라는 앱을 사용하면 거대한 영화관을 재현시킬 수 있고, 영화관보다 더 큰 스크린에서 영화를 볼 수 있다. 넷플릭스나 PC에 저장한 동영상 파일을 재생할 수 있으며 친구들을 초대해서 함께 수다를 떨면서 영화를 보는 것도 가능하다. 화면의 크기가 PC나 TV로는 구현할 수 없을 만큼 크기 때문에 실제 영화관에 온 것 같은 착각에 빠진다.

MS의 홀로렌즈는 외부 사물을 인식하고 다양한 디지털 오브젝트를 실제 공간에 매칭을 해서 배치할 수 있어 색다른 경험을 할 수 있도록 해준다. 앞으로 컴퓨터나 태블릿 등의 컴퓨팅 장치와 사물인터넷 기기와 연동했을 때, 해당 디지털 기기들을 홀로렌즈를 통해서 제어하고 홀로렌즈로 만든 디지털 오브젝트와 상호작용할 수도 있을 것이다. 사용 중인 컴퓨터 모니터 옆에 세컨드 모니터를 둘 수 있고, 실제 PC 모니터를 손가락으로 터치해서 조작하는 것도 가능해질 것이다.

이렇게 MR 기기 기반으로 구현된 플랫폼 자체가 메타버스이며, 앞서 살펴본 게임 앱이나 메타버스 서비스보다 훨씬 더 포괄적이고 강력한 방식으로 운용될 수 있다는 게 특징이다.

요즘 IT
영화 속에 표현된 메타버스

메타버스를 경험하는 또 다른 방법은 메타버스를 소재로 한 영화를 보는 것이다. 대표적인 VR, 즉 가상현실을 다룬 영화가 〈레디 플레이어 원

Ready Player One)이다. 이 영화는 오큘러스 퀘스트 2와 같은 VR 기기로 오아시스라는 가상현실에 빠져 사는 미래 세상을 그리고 있다. 모든 사람이 현실을 도피해 현실에서 경험하기 어려운 매력적인 환상을 경험하게 해주는 오아시스에 빠져 산다. 또한 영화 〈매트릭스〉도 메타버스를 소재로 하고 있다. 현실은 인간이 기계에게 지배당해 거대한 공장에 갇혀 있지만, 뇌를 네트워크에 연결해 인공지능이 만든 가상공간에서 진짜보다 더 리얼한 세상을 살아가는 인류의 모습을 그리고 있다. 제임스 카메론 감독의 영화 〈아바타〉에서는 하반신 마비 장애인이 원격 제어할 수 있는 나를 대신하는 아바타로, 외계 행성의 현실에서 아바타로 경험하는 것을 진짜처럼 느끼며 작전을 수행하는 모습을 그리고 있다. 그 외에도 브루스 윌리스 주연의 〈써로게이트Surrogates〉와 크리스토퍼 놀란이 제작한 〈트랜센던스Transcendence〉가 메타버스를 묘사하고 있다.

특히 아마존 프라임의 오리지널 미드 〈업로드Upload〉는 마인드업로딩이라 불리는 기술로 육체가 늙거나 사고로 사망에 이르기 전에 뇌를 스캔해 네트워크에 업로드함으로써, 육신은 소멸하지만 의식을 인터넷에 존재하게 하는 미래 세상을 그리고 있다. 그렇게 만들어진 네트워크 속 세상은 컴퓨터가 만든 가상환경이지만, 실제 의식만 있는 인간이 그곳에서 살아간다. 심지어 가상의 세상에는 실제 현실에서 육체를 가지고 살아가는 사람들도 연결할 수 있어, 죽어서 의식만 남은 자와 현실에 육체로 살아가는 사람이 가상세계에서 이야기하고 함께 식사도 하고 생활을 할 수도 있다. 영화마다 메타버스를 묘사하는 방법은 차이가 있지만, 근본적으로 지금 메타버스가 만들어가는 모습은 궁극적으로 영화에서 그리는 상상을 실현해가고 있다.

메타버스는 산업을 어떻게 바꿀까?

웹과 모바일이 다양한 산업 분야에 영향을 끼친 것처럼 메타버스 역시 다양한 산업 영역에서 변화를 만들어낼 것이다. 그중에서도 특히 게임이나 공연, 콘서트와 같은 엔터테인먼트와 교육 분야, 그리고 업무 생산성을 높여주는 회의 운영이나 협업은 물론 자료 작성과 상품 개발 등의 분야에서 기존 컴퓨터나 스마트폰으로 접하던 것보다 더 나은 사용자 경험을 제공할 것이다. 예술 작품이나 건물 등의 디지털 오브젝트를 만들고 이를 거래하는 새로운 시장도 생겨날 것이다.

스마트폰의 앱스토어처럼 오큘러스 퀘스트에도 스토어가 있어 다양한 종류의 앱들이 거래되고 있다. 모바일은 초기에 게임 중심으로 시작해 점차 다양한 종류의 서비스들이 제공되면서, 이후 교통, 커머스, 배달, 통화, 부동산 등의 시장에 변화를 만들어낸 바 있다. 메타버스 역시 초기에는 게임과 영상 및 소셜 서비스를 토대로 새로운 경험을 제공하다가, 점차 업무와 창작, 교육, 커머스 등의 다양한 산업으로 혁신이 확대되어갈 것이다.

특히 원격진료나 업무 협업, 업무 처리에 AR과 같은 기술이 적용되면 의료, 제조 영역에서도 생산성 향상에 큰 도움이 될 것이다. 건설이나 부동산, 인테리어 분야에서도 AR 기기의 활용도는 높아질 것이다. 그렇다면 메타버스 시장에서 기업의 브랜딩과 마케팅의 기회는 어떻게 펼쳐질까?

메타버스는 현실보다 더 진짜 같은 현실을 보여주기도 한다. 건물과 도로, 산과 바다를 그대로 옮겨올 수 있다. 그렇게 옮겨온 실사는 디지털로 구현되었기에 수정하거나 새로운 것을 추가할 수도 있다. 빌딩의 디지털 사이니징digital signaging 광고를 실제 현실과 다른 것으로 변경할 수 있고, 강이나 바다에 거대한 광고판을 운영할 수도 있다. 사람들이 자주 실행하는 다음 포털에 배너 광고를 게재하는 것처럼 메타버스 서비스 내에 배너보다 훨씬 실감 나고 입체적인 광고를 구현할 수 있다.

또한 AR로는 현실에 디지털을 투영해서 정보를 입혀서 보여줄 수 있는데, 이런 정보가 광고로 둔갑하는 것도 가능하다. 네이버 검색 결과물에 정보를 빙자한 광고가 붙는 것처럼 AR에서 보이는 메시지들도 정보로 가장된 광고일 수 있다. 맛집 정보를 굳이 찾지 않아도 음식점을 쳐다보면 그 가게의 메뉴와 맛집 평점 정보를 보여줄 수 있다. 광고비를 지불한 가게라면 더 눈에 띄는 메시지와 화려한 캐릭터가 등장해 설명해줄 것이다.

마트에 진열된 상품에 대한 정보 역시 광고비를 지불한 기업의 제품일 경우 할인 쿠폰 정보와 함께 더 눈에 띄게 보여줄 수 있다.

메타버스에서는 광고도 몰입감 넘친다

카카오톡 이모티콘 중 기업 브랜드 광고로 제공되는 것이 있는 것처럼 메타버스의 가상환경 역시 기업을 PR하는 용도로 활용이 가능할 것이다. 삼성전자의 가전기기로 도배된 가상공간을 구현할 수 있고, 가상환경 속 공간에 기업의 브랜드를 알리는 장식품이나 건물을 배치할 수도 있을 것이다.

VR로 보이는 공간에서 실제 현실에 존재하는 소파 등의 가구를 인식할 수 있는 기능이 제공되는데, 소파의 크기와 형태를 인식해 가상공간 속으로 옮겨올 수 있다. 그렇게 옮겨진 가구는 디지털로 재현된 만큼 색깔이나 디자인을 변경할 수도 있을 것이다. 그런 디자인을 실제 가구업체의 실존 상품으로 변경함으로써 가구 회사의 마케팅에 응용하는 것도 가능할 것이다.

또한 메타버스 서비스 내에 다양한 오브젝트를 기업 상품이 제공한다면 자연스러운 PPL 광고도 가능할 것이다. 스타벅스 머그컵이나 코카콜라 캔, 피자헛의 피자 등으로 오브젝트를 만들어 가상공간에 자주 노출시켜 자연스럽게 대중에게 상품과 브랜드에 대해 각인시킬 수 있을 것이다.

웹의 배너 광고와 검색 광고, 유튜브를 이용한 PPL과 범퍼 광고, 오버레이 광고, 그리고 모바일의 카카오톡 푸시 광고처럼 사람이 몰리는 곳에는 마케팅의 기회가 있다. 달라지는 것은 마케팅의 방식과 형태다. 메타버스는 웹, 모바일에 이어 새로운 ICT 플랫폼으로 기존의 2D 화면이 아닌 입체적 공간 속에서 서비스가 운영된다. 그만큼 몰입도가 높고 더 오랜 시간 체류하게 만드는 중독성이 있다. 이제 마케팅의 구현도 기존과는 전혀 다른 형태가 될 것이다. 이를 이해하는 가장 좋은 방법은 메타버스 세상에 뛰어드는 것이다. 먼저 체험하고 경험해보면 어떻게 활용할 수 있을지를, 보다 현실적으로 이해하고 감을 잡을 수 있을 것이다.

요즘IT
메타버스가 바꿀 이커머스

인터넷 쇼핑몰은 웹이 시작된 이래 콘텐츠, 미디어 산업과 더불어 가장 큰 변화와 혁신이 이루어진 분야다. 즉, 기존 유통업에 이커머스라는 인터넷 기반의 디지털 트랜스포메이션이 더해지면서 쇼핑 경험을 크게 바꿨다. 메타버스 역시 유통업과 쇼핑 경험을 다시 한번 크게 변화시킬 것이다. 오프라인 쇼핑과 온라인 쇼핑을 비교하면 확연히 다른 경험이다. 오프라인 쇼핑은 직접 두 발로 이곳저곳 돌아다니며 우연히 상품을 발견하는 기쁨과, 직접 만지고 가족과 친구와 함께 쇼핑하는 즐거움이 있다. 사람들이 붐비는 매장을 기웃거리는 즐거움도 있다. 반면 온라인 쇼핑은 원하는 상품에 대한 정보를 다양하게 비교 분석하고, 여러 사람의 평가와 리뷰를 볼 수 있으며, 더 저렴하게 판매하는 쇼핑몰의 가격 비교까지 할 수 있다. 거실에서, 안방에서, 출근하는 버스 안에서도 상품을 찾아 보고 사람들이 가장 많이 구매한 인기 상품도 한 번의 손가락 터치만으로 찾아보기 쉽다. 이 둘의 장점을 결합한 색다른 쇼핑 경험을 메타버스의 이커머스에서 경험하게 될 것이다. 매장별로 독특하게 꾸민 인테리어와 실제 백화점이나 마트의 매대에 배치된 상품들처럼 가지런히 배열된 상품들을 볼 수 있고, 상품을 들어서 보면 그 상품에 대한 사용자들의 평점과 후기도 확인할 수 있을 것이다. 옷은 직접 내 아바타에 입혀보고, 안경도 써볼 수 있다. 가족이나 지인, 연인과 함께 메타버스 쇼핑몰을 돌아다니면서 함께 쇼핑하는 즐거움도 만끽할 수 있을 것이다.

● 메타버스는 가랑비에 옷 젖듯이 우리 일상에 조금씩 스며들고 있다. 그런데 기존의 컴퓨터, 스마트폰과 다른 점이 있다. 기존 컴퓨터는 학교와 회사에 교육과 업무 목적으로 시작되어 우리 가정에 보급되면서 확산했다. 반면 스마트폰은 주로 20~30대의 직장인을 중심으로 점차 모든 세대에 보급되었다. 메타버스는 그보다 어린 10대들이 즐겨하는 게임 속 소셜파티와 모바일의 메타버스 서비스를 통해 경험하면서, VR 기기를 통해 10~20대를 중심으로 전파되고 있다. 즉, 컴퓨터가 장소를 중심으로, 스마트폰이 직장인을 중심으로 확대되었다면, 메타버스는 10대, MZ세대를 중심으로 보편화되고 있다. 그런 메타버스를 그저 아이들이 놀러가는 놀이

터, PC방처럼 게임이 전부라고 오해해서는 안 된다. 이들 메타버스에서는 사회활동을 하고 공부도 하며 심지어 경제활동까지 할 수 있는 제2의 사회 공간으로 이해해야 한다. 그렇지 않으면 세대간 단절이 생겨날 수 있다. MZ세대들에게 폭발적으로 흡수되고 있는 메타버스를 제대로 이해해야 그들이 만들어가는 새로운 세상을 이해하고, 그 세상을 더 건강하고 건전하게 발전시킬 수 있도록 도움을 줄 수 있다. 무작정 또 다른 게임이라고 매도하면서 메타버스를 평가 절하한다면, MZ세대와 소통이 어려워질 수도 있으며 메타버스가 생산적으로 진화하고 활용하는 데도 전혀 도움이 되지 않는다.

메타버스 시대,
어디에 투자할까?

2021년 6월 기준으로 미국 나스닥에서 시가 총액 순위는 1위가 애플, 이어서 MS, 아마존, 구글, 페이스북 순이다. 6위는 대만의 반도체 제조업체이며 이어 테슬라, 알리바바가 뒤를 잇는다. 이들의 공통점은 모두 ICT 기반으로 산업 혁신을 시도하는 디지털 기업이라는 점이다. 모두 컴퓨터, 스마트폰, 그리고 전기차 등의 새로운 디지털 패러다임의 수혜주라고 할 수 있다. 그렇다면 메타버스는 또 어떤 기업의 가치를 높여주게 될까?

페이스북이나 MS는 왜 독자적인 칩셋을 만드나

모바일 시대에 가장 고도 성장한 기업을 꼽으라면 단연코 스마트폰 제조사인 애플과 삼성전자, 그리고 이들 스마트폰에 필요한 반도체와 메모리, 디스플레이를 공급하는 SK하이닉스, LG디스플레이 등일 것이다. 그리고 통신 서비스를 제공하는 통신사와 모바일 서비스를 통해 비즈니스 모델에 성공한 소프트웨어 기업들이다. 메타버스는 어떤 기업들을 수혜주로 만들까?

당연히 VR, AR 기기를 만드는 제조업체가 꾸준히 안정적인 수익모델을 가져갈 수 있다. 그런데 이들 기업이 과거의 전통적인 제조업체인 삼성전자, LG전자와 같은 기업이 아니라 페이스북, MS처럼 인터넷 기반으로 성장한 소프트웨어 기업이라는 점이 주목해야 할 지점이다. 물론 소니, hTC, 애플 같은 전통 제조사들도 향후 메타버스 시장이 본격적으로 성장기에 접어들 즈음에는 관련 기기를 생산하며 혜택을 받을 것이다. 그리고 이 기기에 필요한 부품 업체들도 주목받을 것이다.

VR, AR 기기는 지금보다 더 고해상도에 선명하고 진짜 같은 실사 장면을 구현하기 위해 필요한 고성능 칩셋과 메모리, 그리고 이들 기기를 보다 몰입감 있게 사용하게 해주는 입력장치들이 필요하다. 이들 부품을 만들어 공급하는 기업들도 수혜주다. 그런데 이미 페이스북이나 MS 등은 메타버스 전용 칩셋을 자체적으로 개발해 기기에 탑재하고 있다. 외부의 칩셋 제조업체에 의존하지 않고 독자적인 칩셋까지 개발하고 있는 것이다.

이렇게 독자적으로 칩셋 개발에 나서는 이유는 뭘까. 바로 메타버스 플랫폼에서 특화된 서비스를 개발하고 경쟁사와 차별화된 경험을 지원하기 위해서다. 그러려면 자사에 특화된 기능을 지원하는 고용량, 고사양의 주문형 칩이 꼭 필요하다. 이는 비단 메타버스에만 국한된 것이 아니라 구글이 거대한 서버를 운영하기 위해 TPU^{Tensor Processing Units}, 구글이 자체 개발한 인공지능 전용 칩를 만들고, 자체 스마트폰 개발을 위한 모바일 AP^{Application Processor}에 투자하며, 테슬라가 FSD^{Full Self-driving}, 완전자율주행을 위한 자체적인 AI 칩셋을 만들고 있다. 특히 애플은 맥, 아이패드 등에 사용할 수 있는 A시리즈, M시리즈 칩셋을 만들고 있기도 하다.

메타버스 역시 각 빅테크 기업별로 차별화된 생태계를 구축하기 위해 자체적으로 칩셋에 투자하고 있다. 이를 통해 기존 반도체보다 성능과 효율을 더 높이고, 더 저렴한 비용으로 더 특별한 서비스 경험을 구축할 수 있다.

요즘IT

애플의 M1 칩셋

애플은 매킨토시 컴퓨터에서 사용할 수 있도록 설계한 통합형 칩셋을 M1이라는 이름으로 개발했다. 이 칩셋은 아이맥, 맥북, 아이패드 등에 탑재되어 기존의 인텔 칩셋을 탑재한 동일 제품과 비교해 최대 3.5배 빠르고, 그래픽 처리는 여섯 배, 머신러닝 성능은 무려 열다섯 배나 빠르다. 게다가 배터리 수명은 두 배가 더 길면서도 가격은 저렴하니 가성비의 끝판왕이라 불릴 만하다. 이렇게 애플이 컴퓨터와 태블릿에 독자적인 칩셋을 적용하면서 인텔은 위기감을 느낄 수밖에 없다. 독자적인 칩셋을 개발해 얻은 이득은 가성비뿐만이 아니다. 이 칩셋으로 컴퓨터–태블릿, 향후 스마트폰까지 통합된다면 같은 하드웨어 아키텍처를 이용하는 것이니 서로 다른 기기들의 사용자 경험도 일관되게 구성할 수 있다. 즉, 스마트폰에서 사용하던 앱을 아이맥이나 맥북에서도 이용할 수 있게 된다. 자연스럽게 컴퓨터와 태블릿, 스마트폰, 이렇게 다른 기기 사이의 장벽이 사라짐으로써 일관된 사용자 경험을 할 수 있다. 또한 개발사 입장에서도 이 컴퓨터, 태블릿, 스마트폰 기기 간에 따로 개발 대응을 하지 않아도 되니, 여러모로 개발 비용도 줄어든다. 메타버스도 바로 이러한 강점을 가져갈 수 있어, 메타버스 기기를 만드는 빅테크 기업들은 칩셋마저도 독자적으로 개발하는 것이다.

메타버스를 확장할 숨은 기업을 찾아라

메타버스 시장이 무르익으면 페이스북, MS처럼 관련 기기를 만드는 기업이나 메타버스의 각종 킬러앱을 개발하는 소프트웨어 기업들만 주목할 것이 아니다. 바로 이들 기업에 필요한 각종 기술과 솔루션을 제공하는 기업들도 주목해야 한다. 사실 이런 기업들은 후방에 숨어서 B2B로 메타버스 사업을 하는 여러 기업에 인프라를 제공하기 때문에 일반 소비자들이나 사용자들에게는 눈에 띄지 않는다.

1995년 즈음, 한창 개인용 컴퓨터 시장이 빠르게 성장하면서 조립 컴퓨터가 인기를 끌었는데, 이때 용산에 컴퓨터를 조립하고 부품을 판매하는 기업이 큰 호황이었다. 그런데 모든 매장이 돈을 번 것은 아니다. 돈 버는 매장은 일부였을 뿐이며, 그나마 계속 이어지지도 못했다. 반면 용산에서 돈을 꾸준하게 번 곳은 따로 있다. 다름 아닌 음식점들이다. 매장을 찾는 사람들과 매장들을 고객으로 삼은 음식점들은 대체로 망하지 않고 기대 이상의 수익을 얻었다.

이처럼 메타버스에서도 음식점 같은 기업들이 존재한다. 메타버스의 경험은 공간의 디자인에서 완성된다. 오프라인에서 특정 장소에 갔을 때 우리가 감동하는 이유 중 하나는 그 공간이 주는 분위기 덕분이다. 눈앞이 탁 트여서 끝도 없이 펼쳐진 바다가 보이는 제주도의 절경이나 천장고가 높고 벽면에 멋진 미술 작품들과 독특한 창문이 즐비해 웅장한 느낌을 주는 성당, 붉은 조명과 멋진 대리석 바닥, 고풍스러운 식탁과 의자로 고풍스러운 분위기를 자아내는 레스토랑 등은 모두 공간이 주는 경험이다. 메타버스는 그렇게 공간에서 다양한 감동과 분위기를 느끼게 해준다. 그런 공간을 제대로 꾸미기 위해서는 3차원 콘텐츠를 만들 수 있는 3D 모델링, 렌더링 솔루션과 고화질로 콘텐츠를 만들어주는 리얼 엔진 등이 필요하다. 또한 이런 3D 콘텐츠를 쉽게 디자인해서 개발할 수 있도록 해주는 저작 툴도 중요하다.

유니티 소프트웨어, 에픽게임즈, 엔비디아nVidia, MS의 메시mesh, 언리얼 등이 이런 솔루션을 개발하는 기업들이다. 메타버스 시장이 성숙하기 시작하면 이들 기업 외에도 3D 콘텐츠를 개발해주는 디자인 업체들도 성장할 것이다. 물론 메타버스에서 쇼핑몰을 구축하거나, 마케팅을 대행하는 기업들도 주목받을 수 있다. 오프라인의 기업들이 메타버스에 자사의 상품이나 브랜드를 PR하고 고객과 커뮤니케이션하기 위해 공간을 설계해 상품을 진열하고 색다른 경험을 제공하기 위해서는 이와 관련된 비즈니스를 대행해주고 디자인해주는 전문 업체들이 필요하기 마련이다. 또한 명품 옷이나 액세서리를 만드는 제조업체들도 메타버스에서 디지털 굿즈를 만들어 소비자들에게 판매 혹은 PR 목적으로 제공하려면 이를 대행해줄 대행사가 필요하다. 이런 지점에서 기업의 비즈니스

▲ 새로운 비즈니스 기회가 싹틀 메타버스 시장

문제를 해결해주는 솔루션 기업들이 새로운 사업 기회를 얻을 수 있다.

메타버스를 개척하는 히든 챔피언

인터넷 사업은 늘 사람들이 많이, 자주, 오래 사용하는 서비스를 지배한 기업이 최대의 수혜주였다. 웹에서는 네이버와 다음, 지마켓, 세이클럽이었고, 모바일에서는 카카오톡, 인스타그램, 페이스북, 쿠팡, 당근마켓, 배달의민족, 토스였던 것처럼 메타버스에서도 그런 킬러앱이 최고의 수혜주일 것이다.

그런 킬러앱은 단 하나가 아니라 분야별로 구분되어 여러 개의 킬러앱들이 주목받을 것이다. 게임, 이커머스, 엔터테인먼트, 콘텐츠, 커뮤니티SNS 등의 전통적인 인터넷 서비스 구분 방법을 기준으로 메타버스 앱들도 새로운 경험을 제공하는 신규 앱들이 영역별로 주목받을 것이다. 그 외에 기존의 웹, 앱에서는 경험하기 어려운 신규 분야에서 새로운 경험을 제시하는 킬러앱들도 탄생할 것이다. 메타버스에서 사용할 수 있는 아바타와 모션, 복장, 표정 등만을 전문적으로 만들어서 여러 메타버스와 인터넷에서 사용할 수 있도록 해주는 킬러앱이 있을 수 있다. 마치 카카오톡의 이모티콘이나 스노우의 사진 효과처럼 아바타를 한껏 치장해주는 전문 킬러앱이 있을 수 있다. 또한 메타버스에서 다양한 분야별 전문가, 셀럽들의 순위를 매기고 이들과 함께 이야기 나누고 상담을 하는 등, 새로운 소셜 서비스가 등장할 수도 있다. 함께 라이브로 공연이나 영화를 보는 투어 서비스가 등장할 수도 있고, 입시나 취업에 관련된 전문 학습 프로그램을 제공하는 교육 서비스, 가상 오피스를 통해 업무를 볼 수 있도록 도와주는 업무 협업 서비스가 등장할 수도 있다. 그렇게 새로운 서비스 영역에서 메타버스에 맞는 신규 서비스를 제공하려는 스타트업을 눈여겨보고, 미래가 유망해 보이는 곳을 찾아 나서면 숨은 히든 챔피언을 만날 수 있다.

페이스북의 VR 스튜디오 인수

페이스북은 2014년 VR 제조사인 오큘러스를 2조 4천억 원에 인수하며 메타버스 시장에 공격적 행보를 보여왔다. 이후에도 관련 기업들을 꾸준히 인수했는데, 2020년 들어서면서 VR 스튜디오 인수에 적극 나서고 있다. 비트게임즈Beat Games, 산자루게임즈Sanzaru Games, 레디앳돈Ready At Dawn 그리고 온워드Onward 개발사 다운푸어 인터랙티브Downpour Interactive를 인수했다. 이렇게 VR에서 새로운 게임 경험을 제공하는 스튜디오 회사를 인수하며 이들간 시너지가 커질 것으로 전망된다. 특히 페이스북의 호라이즌Horizon과 오큘러스의 가상환경을 꾸미는 데 이들 스튜디오의 기술이 활용되면, 페이스북은 메타버스에서 하드웨어, 소프트웨어 기반의 플랫폼을 넘어 킬러앱, 즉 서비스, 콘텐츠들을 만들어낼 수 있는 영역까지 확보할 수 있어 수직계열화를 구축할 수 있을 것으로 기대된다.

● 메타버스는 2000년대 웹, 2010년대 모바일이 그랬던 것처럼 향후 10년을 이끌 메인 스트림이 될 것으로 전망한다. 이 기회의 땅에 새로운 비즈니스의 기회를 만드는 것은 기존의 ICT 빅테크 기업과 전통산업 영역의

기업, 그리고 메타버스에 최적화된 서비스를 만드는 스타트업일 것이다. 메타버스와 전혀 무관한 사업을 하는 기업이나 개인이라 할지라도 메타버스 시장이 본격적으로 형성될 경우 우리 기업은 무엇을 해야 할지, 개인은 어디에 투자하고 역량을 키워야 할지 고민해봐야 한다. 현재 모든 기업이 웹이나 앱과 무관한 사업을 하더라도, 기업 홈페이지와 고객과 만나서 서비스를 제공하는 앱이 있거나 웹이나 앱에 광고 마케팅을 해서 회사의 상품이나 브랜드를 PR하고 있을 것이다. 그도 아니면 회사의 업무를 보는데 카카오톡이나 잔디, 줌, 드롭박스 등의 인터넷 서비스를 사용하기라도 할 것이다. 또한 사업을 전개하는 과정에서 인터넷 기업과의 협력이나 제휴가 필요하기도 하다. 그래서 메타버스 역시 새로운 사업 기회나 회사 내에서의 업무 생산성을 높이는 서비스로서 고려해야 한다. 또 개인은 새롭게 열리는 메타버스 세상에서 어떤 기업에 투자하고 관심을 가져야 할지, 내가 하는 일은 앞으로 어떻게 진화하고 변화할 수 있을지, 내 일을 더 생산적으로 하는 데 메타버스를 어떻게 활용할지를 고민할 수 있어야 한다.

은행보다 믿음직한
블록체인으로 만든 암호화폐,
디파이 코인

블록체인 애호가들은 암호화폐에 대한 신뢰가 은행보다 더 크다. 국가조차 파산 신청, 즉 모라토리움을 하면 법정화폐도 가치가 사라지는 마당이라 암호화폐야말로 국가나 은행보다 더 믿을 만한 화폐라는 것이다. 과연 블록체인으로 만든 암호화폐는 허상이 아닌 신미래일까?

암호화폐는 블록체인으로 할 수 있는 서비스 중 하나일 뿐

한국에서 전 세계 IT계의 뜨거운 감자로 주목받았던 것이 두 가지가 있다. 하나는 한국의 바둑 고수를 이긴 인공지능 알파고, 두 번째가 암호화폐다. 특히 암호화폐는 2017년부터 2018년 2년간 한국의 사회 전체에 경종을 울렸을 뿐만 아니라 이 때문에 법적 규제까지 등장했을 정도였다. 또한 코로나19 이후 2021년에는 20대의 재테크 수단으로 각광을 받으며 제2의 암호화폐 투자 열풍이 불기도 했다. 이렇게 암호화폐가 주목받은 이유는 욕망의 기술이었기 때문이다. 인공지능 알파고야 우리 일상에 당장 어떤 영향을 주는 것도 아니고 돈을 벌어주는 것도 아니었지만, 암호화폐는 개인에게 주식보다 더 큰 이윤을 줄 만큼 욕망을 자극했기에 이성을 잃고 과열된 분위기에 사회 전체가 들썩였다. 우리는 이 암호화폐를 어떻게 이해하고 이것이 우리 기업의 비즈니스에 주는 영향을 어떻게 해석해야 할까.

국가에서 보증해서 만든 화폐는 법정화폐라고 한다. 암호화폐는 블록체인을 이용해 만들어진 화폐를 말한다. 그 많은 기술 중에 왜 하필 블록체인으로 화폐를 만들었을까. 블록체인은 데이터를 저장하는 방식에 대한 기술인데, 기존 데이터베이스와 다르게 자발적으로 참여한 전 세계의 컴퓨터를 이용해 파일을 분산해서 저장한다. 이렇게 여러 대의 컴퓨터에 파일을 복제해서 저장하기 때문에 누군가 임의로 파일을 수정하기가 어렵다. 중앙에 저장해 둔 파일은 중앙의 컴퓨터를 소유한 소유자가 임의로 변경할 수 있지만, 블록체인은 그 자체가 원천적으로 불가능하다.

페이스북, 네이버, 구글 등에 우리가 기록한 정보는 이들 기업의 정책이나 국가 권력에 의해 법적 판단에 따라 공개되거나 삭제, 변조가 가능하다. 반면 블록체인을 이용해 기록한 데이터는 심지어 소유자조차 삭제, 변경할 수 없다. 그래서 어떤 정보를 블록체인에 기록하면 그 내용은 누구도 변경할 수 없다. 이런 기술적 특성으로 인해 블록체인을 탈중앙화 시스템, 위·변조가 불가능한 데이터베이스라고 부른다.

이런 특성을 금융에 활용한 것이 바로 암호화폐다. 즉, 블록체인을 활용해 만들어진 하나의 서비스가 암호화폐인 것이다. 모바일을 이용해 만든 서비스의 하나로 카카오톡이 있는 것과 같다. 블록체인으로 만들 수 있는 서비스는 무궁무진하고, 암호화폐는 그중 하나일 뿐이다. 다시 말해, A가 B에게 일정 금액을 송금했다는 정보를 블록체인에 기록하고, 전 세계 사람들이 서로 주고받는 금액을 각자의 계정에 기록해 글로벌 송금이 가능한 서비스로서, 암호화폐가 대표적인 블록체인 서비스인 것이다.

왜 은행보다 낫다고 할까?

우리가 한국의 은행 계좌에서 미국의 은행 계좌로 돈을 송금하는 것은 두 은행을 믿고서 보내는 것이다. 그 믿음에 대한 보상으로 송금 수수료를 낸다. 그런데 만일 그 신뢰를 은행이 아닌 기술에 맡긴다면 어떨까. 사실 은행이라고 100% 안전하지는 않다. 은행이, 아니 국가가 도산하는 경우도 있으니 은행을 100% 신뢰할수는 없다. 게다가 은행을 이용한 송금은 시간과 수수료라는 비용이 들어간다. 반면 기술은, 그것도 블록체인은 거의 100%에 가까운 신뢰로 검증이 가능하고, 속도와 비용 면에서도 더 낫다고 평가받는다. 물론 아직 블록체인 기술이 미완의 상태라서 속도나 비용에 있어 개선할 여지가 남긴 했지만, 향후 진화한다면 기존 은행을 이용한 송금과 비교해 상당한 경쟁 우위에 있을 수 있다.

기존의 인터넷이 전 세계인이 정보를 주고받으며 공유할 수 있도록 해주었다면, 블록체인은 인터넷을 통해 가치를 거래할 수 있

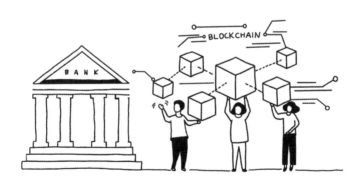

▲ 은행을 위협할 암호화폐 시장

도록 해준다. 그 가치에 담을 수 있는 것은 화폐뿐만 아니라 계약, 신용, 보증도 포함될 수 있다. A 컴퓨터에서 B 스마트폰으로 음악 파일이 전송되는 것이 기존의 인터넷이라면, 블록체인은 A라는 저작권자가 B라는 사용자에게 정당한 값으로 매겨진 음악을 A와 B가 약속한 규칙에 맞게 특정 기기에서 1년간 무제한으로 들을 수 있도록 하는 계약이 성사되어 그에 상응하는 가격으로 거래가 이루어질 수 있도록 해준다.

이런 이유로 카카오는 클레이튼, 페이스북은 디엠이라는 암호화폐를 만들고 있다. 카카오톡과 페이스북을 이용하는 사용자 간에 금융 거래가 가능하게 하기 위해서다. 특히 페이스북의 경우에는 그 대상이 전 세계인이기 때문에 기존 각 국가의 금융기관 입장에서는 반가울 리 없다. 이들 암호화폐가 단지 송금뿐 아니라 결제부터 저축에 이르기까지 다양한 금융 서비스를 통합하기 시작하면, 기존 금융 기업들은 큰 위기에 봉착할 수밖에 없을 것이다.

이렇게 블록체인을 기반으로 만들어진 대표적인 암호화폐가 비트코인, 이더리움 등이다. 이들 화폐 서비스는 기본적으로 월렛이라는 지갑에 코인을 예금해두고 이것을 타인의 지갑에 송금할 수 있는 기능이 제공된다. 그리고 이것을 좀 더 편리하게 사용할 수 있도록 도와주는 것이 암호화폐 거래소다. 국내에는 빗썸, 코빗 등의 거래소가 있으며 이 거래소를 이용하면 좀 더 쉽게 암호화폐를 사고팔며, 특정인에게 송금할 수 있다. 또한 현금, 즉 원화로 암호화폐를 직접 살 수도 있다.

새로운 경제 생태계, 토큰 이코노미

그렇다면 이 암호화폐를 운영하는 주체는 누구일까? 비트코인이나 이더리움은 어느 한 개인이나 기업이 운영하는 것이 아니다. 전 세계의 자발적으로 참여한 단체, 기업, 개인들이 운영의 주체다. 그런데 이들의 각자 생각이 다르고 이해관계가 복잡해서 체계가 필요하다. 서로 이해관계를 조정하며 이 거대한 암호화폐를 글로벌로 운영할 수 있는 플랫폼이 안정적으로 운영할 수 있도록 해야 한다. 이를 DAO라고 부른다. Decentralized Autonomous Organization의 준말로, 탈중앙화 자율조직이라고 부른다.

이런 조직의 운영 규약도 블록체인에 기록해둠으로써 공정하게 운영될 수 있도록 한다. 기존의 일반적인 기업 운영 방식과는 완전히 다르다. 이렇게 기술 기반으로 모든 것을 기록하고 합의를 해서 진행하므로, 오히려 사람이 운영하는 것과 달리 100% 검증 가능하고 임의로 조작이 불가능하다.

이 시스템이 운영되기 위해서는 블록체인이 돌아갈 수 있도록 참여한 이해관계자들에게 적절한 보상이 주어져야 한다. 암호화

화폐인 비트코인, 이더리움, 리플 등은 이러한 블록체인이 동작할 수 있도록 해주는 참여자들의 자원 투자에 대한 보상이다. 블록체인이 동작하기 위해서는 엄청난 컴퓨터 파워가 필요한데, 이 컴퓨터 파워를 제공하는 참여자들에게 기존 화폐가 아니라 해당 블록체인에서 이용될 수 있는 화폐를 줌으로써 블록체인 생태계가 지속해서 유지될 수 있도록 한 것이다.

블록체인은 기존의 시스템을 와해하는 새로운 혁신 기술임은 자명하다. 이 기술이 작동되기 위해서는 자발적 참여자들이 지속적으로 인입되어야 하고, 이를 위해 필요한 거름이 암호화 화폐인 것이다. 그런데 비트코인 발※ 암호화 화폐의 투기성 이슈는 새로운 시스템에 대한 기회와 가능성보다는 당장 욕심을 채우고자 하는 얄팍한 집단 이기주의가 작용해 발생했다. 블록체인과 이를 지속 가능하게 해주는 암호화 화폐는 향후 10년 내 다양한 산업 분야에서 활용될 것이다. 물론 지금의 현실 속 화폐를 대체하는 법정화폐나 세계 공용으로 사용되는 화폐로서 지위를 가져가기엔 어려울 것이다. 기존의 신용카드 마일리지나 특정 기업 내에서만 사용 가능한 포인트나 도토리 같은 가상화폐보다는 역할이 더 중요하고 범용적이겠지만, 실물 화폐로서의 사용은 제한적일 것이다. 하지만 새로운 개념의 화폐로서 기존 화폐와 함께 새로운 시스템, 비즈니스를 만들어내는 촉매제 역할을 하며 점진적 성장을 할 것으로 보인다.

이렇게 암호화 화폐는 해당 블록체인이 이용되는 생태계를 성장시키는 데 중요한 보상 수단이고 거래 촉매제다. 이 화폐를 어떤 경우에 보상으로 주고, 어떻게 발행하고, 사용할 수 있도록 할 것인지를 잘 정의해야, 암호화폐를 발행한 블록체인이 지속해서 성장하면서 운영될 수 있다. 이러한 것을 가리켜 '토큰 이코노미'라고 한다. 모든 블록체인이 암호화폐를 발행하는 것은 아니지만, 거대한 글로벌 IT 플랫폼으로 자리매김하려는 기업들은 암호화폐를 발행하고 토큰 이코노미를 설계하는 경우가 일반적이다.

블록체인은 산업과 기업에 어떤 영향을 줄까

블록체인 시장은 블록체인의 명확한 한계를 이해하고 강점을 활용해 사업에 적용하려는 노력이 곳곳에 보인다. 기존 금융기관에서 블록체인을 활용해 송금과 환전 시스템을 개선하려는 움직임이나 물류 시스템 개선, 개인간 에너지 거래, 의료시장에서의 데이터 거래 플랫폼 등 다양한 분야에서 블록체인을 이용하려는 노력이 전개되고 있다.

또한 이러한 기술을 이용한 사용자가 체험할 수 있는 서비스dApp가 선보이기 시작하면서 실체가 더 선명히 드러나고 있다. 블록체인을 이용한 시스템과 서비스의 특징을 요약하면 다음과 같은 시사점을 갖는다.

- 블록체인의 한계보다 강점을 적극 이용해 기존 시스템과 다르게 문제를 해결해가고 있다.
- 블록체인이 갖는 단점을 개선하는 노력이 한쪽에서 이루어지고 있지만, 이미 블록체인이 갖는 강점이 명확하기에 이 장점을 이용하여 기존 사업의 비효율성을 제거하는 데 집중하고 있다.
- 블록체인을 이용하되 기존의 다른 시스템과 연계하며 호환성을 확대하고 있다.
- 모든 것을 블록체인만으로 해결하려 고집하지 않고 기존의 시스템, 프로토콜, 미들웨어 등의 기술과 조화를 이루어 연동될 수 있도록 시스템 확장성을 최우선으로 고려하고 있다.
- 모든 참여자에게 보상이 주어지도록 코인과 토큰의 설계를 고도화하고 있다.
- 기존 서비스와 다르게 초기부터 모든 서비스 참여자들, 이해관계자들에게 코인과 토큰의 형태로 보상이 주어지기 때문에 보상 메커니즘에 대한 설계를 중요시한다.
- 글로벌 대상으로 사업을 펼치고 있다. 투자자의 대상이 전 세계인이고, 블록체인 생태계에서 함께 일하는 개발자와 파트너사들 역시 전 세계인이며, 이렇게 탄생한 서비스와 사업의 사용 대상자 역시 특정

국가로 국한하지 않고 전 세계를 대상으로 한다.

♀ 기존과 일하는 방식이 다르다.

♀ 실체가 나오기도 전에 페이퍼paper만으로 자금을 모으고, 투자자와 사용자, 파트너 대상으로 실시간 정보 소통을 하며 사업 전개 과정을 투명하게 공개한다.

블록체인이 암호화폐를 넘어 하나의 플랫폼으로서 도전한 지 약 5년이 넘어서고 있다. 이미 블록체인은 기존 클라우드 시스템이나 스마트폰 앱과 같은 거대한 생태계를 구축할 만한 반열에 들고 있다. 특히 이더리움을 기반으로 스마트 컨트랙트라는 계약 조항을 기반으로 한 암호화폐들 덕분에 탈중앙화된 금융 서비스를 제공하는 디파이DeFi, Decentralized finance 코인도 만들어지고, 각종 디지털 콘텐츠를 거래하는 NFT 등이 만들어지며 블록체인에 대한 재평가가 이루어지고 있다. 다양한 도전을 하는 블록체인 스타트업과 기업들에 의해서 블록체인이 욕망의 기술로 치부되지 않고, 새로운 비즈니스 솔루션으로서 다시 주목을 받게 된 것이다.

● 블록체인을 암호화폐와 같은 것으로 오해하는 사람들이 많다. 블록체인으로 만들 수 있는 다양한 것 중 하나가 암호화폐일 뿐이다. 블록체인

의 기술적 특성으로 투명하고 공정하게 운영해야 하는 시스템에서 블록체인이 적극 도입되고 있다. 인증, 계약, 물류, 유통, 그리고 금융 거래 등에 블록체인이 활용되는 사례가 늘어가고 있다. 꼭 암호화폐를 연계하지 않더라도, 블록체인의 분산원장에 비즈니스 문제를 해결할 수 있는 특별한 데이터를 저장함으로써 기존 클라우드나 서버에 데이터를 저장하던 것과는 달리 공정성과 투명성을 얻을 수 있다. 또한 그 과정에서 불필요한 미들맨, 즉 공증을 해주는 제3자가 필요 없으니 수수료 등의 비용 부담도 줄일수 있다. 특히 암호화폐를 블록체인과 연계해서 금융 서비스를 만들면 국경을 넘은 글로벌 대상의 금융 서비스를 제공할 수 있다. 최근 들어 핀테크의 진화된 형태로 혁신적인 시도가 활발하게 이루어지고 있다. 그런 블록체인과 암호화폐의 특징을 제대로 이해하려면 직접 암호화폐 거래소나 블록체인 월렛을 만들어 소액으로 암호화폐에 투자해보는 것도 좋다. 직접 경험해보면 블록체인 기술과 구현된 암호화폐의 특징을 제대로 이해할 수 있어, 이를 실제 비즈니스에 활용할 때 더욱 성숙한 시사점을 얻을 수 있다.

비트코인과 이더리움은
뭐가 달라?

세상의 암호화폐는 크게 세 가지로 구분할 수 있다. 비트코인과 이더리움, 그리고 그 외의 것들, 이렇게 분류한다. 원래 비트코인과 알트코인 이렇게 두 가지로 구분했는데, 이더리움이 블록체인을 기반으로 암호화폐 플랫폼을 만들어내며 크게 도약하고 있어서 세 가지로 구분할 수 있다. 그래서 비트코인과 이더리움의 서로 다른 특징을 이해하면 암호화폐를 보다 심도 있게 이해할 수 있다.

비트코인은 어떻게 만들고 어디에 쓰나

비트코인을 발행한 주체는 누굴까? 2008년 익명의 프로그래머가 비트코인 발행과 사용에 대한 규약을 9쪽짜리 논문으로 공개했는데, 이후 특정한 발행 주체 없이 비트코인이 만들어지고 운영되고 있다. 즉, 비트코인은 누구나 발행이 가능하다. 비트코인을 만드는 것을 채굴한다Mining고 하며, 컴퓨터에 채굴 소프트웨어를 설치해서 누구나 발행에 참여할 수 있다. 그런데 비트코인은 최초 공개될 당시 향후 100년간 발행될 화폐량을 정해두었기 때문에 2100만 개까지만 발행된다. 그러니 희소성으로 인해 비트코인의 가격은 오르고 채굴에 참여해 비트코인을 획득하려는 사람은 늘어나고 있다. 단, 2100만 개까지 비트코인 발행이 모두 완료되면 더 이상 채굴되지 않으므로, 이미 발행된 비트코인들의 거래가 유지될 수 있는 컴퓨팅 자원을 누가 제공할 것인가, 하는 점이 현재의 딜레마다.

이렇게 비트코인은 시스템이 운영되는 데 필요한 컴퓨팅 자원을 제공한 채굴자들에게 적절한 보상을 비트코인으로 준다. 블록체인이 동작하기 위해서는 엄청난 컴퓨터 파워가 필요한데, 이 컴퓨터 파워를 제공하는 참여자들에게 기존 화폐가 아닌 해당 블록체인에서 이용될 수 있는 화폐를 줌으로써 블록체인 생태계가 지속해서 유지될 수 있도록 한 것이다. 기존 시스템에서는 그런 컴퓨팅 파워를 발행 주체인 금융기관이나 국가, 기업 등이 제공하기에, 시스템의 정책이나 운영 규정이 이들에 의해 좌지우지될 수 있는 것이다. 또한 암호화폐는 단순히 보상을 지급하기 위한 수단으로만 있는 것은 아니다. 비트코인은 실제 화폐로 환전을 할 수 있어, 비트코인을 이용한 금융 거래, 즉 송금 용도로 활용할 수도 있다.

비트코인은 거래소에서 현금으로 구매할 수 있고, 지갑을 만들어 전 세계의 모든 사람에게 메일을 보내듯이 비트코인을 송금할 수 있다. 거래소를 이용하지 않고도 비트코인 지갑을 만들 수도 있다. 그 지갑 주소를 알면 전 세계 누구에게나 송금할 수 있다. 은행을 통해 송금하려면 은행 계좌를 만들어야 하는데, 누구나 쉽게 계좌를 개설할 수 있는 것이 아니다. 계좌 개설을 위해 준비해야 하는 서류와 인증해야 할 것들이 많다. 특히 국내에 거주하는 외국인이나 유학생들은 국내 은행 계좌를 만드는 게 상당히 어렵다. 반면 비트코인 지갑은 메일 주소처럼 누구나 즉각 개설할 수 있다. 또한 은행 계좌에서 타국으로 송금을 할 때는 송금 과정에서 요구하는 개인정보, 신분증 인증 등의 절차가 까다롭다. 반면 비트코인 송금은 메일 발송처럼, 상대의 비트코인 지갑 주소만 알면 그 어떤 개인정보의 요구 없이도 바로 이루어진다. 그래서 비트코인을 활용해 금융 거래, 국제 송금은 물론 상속 등의 수단으로 이용되는 경우가 많다.

단순한 화폐를 넘어 새로운 거래 가치를 담은 이더리움

비트코인이 오직 송금 등의 목적으로만 활용되는 딱 하나의 기능만 제공한다면, 이더리움은 더욱 폭넓은 용도로 활용된다. 즉, 이더리움은 다양한 블록체인 플랫폼 내에 개발된 서비스를 거래할 때 사용되기도 한다. 각 서비스에서 다양한 용도로 설계된 보상과 혜택을 지급하거나 안전한 거래를 운영하는 데 이용되기도 한다. 플랫폼 내 서비스를 이용하는 사용자와 공급자는 물론, 광고주와 다양한 중간 거래를 이어주는 도매상, 콘텐츠의 생산자와 소비자, 그리고 중계자와 투자자에 이르기까지 다양한 이해관계자들을 포괄해서 가치 거래를 가능하게 해준다.

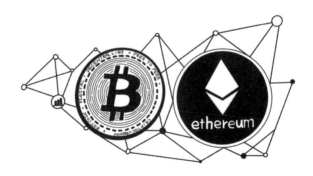

▲ 스마트 컨트랙트로 차별화한 이더리움

암호화폐가 플랫폼과 결합해 운영되면, 더 빠르고 편리하게 플랫폼 이해관계자 간의 가치 거래를 위한 수단으로 사용될 수 있다. 카카오톡에서 친구들과 메시지를 주고받으며 화상통화도 하고, 송금도 하고, 선물도 보내고, 검색도 하는 것처럼, 플랫폼 내에서 이더리움을 활용해 서비스 사용을 별도의 금융 앱이나 사용자 인증 없이도 즉시 사용할 수 있다.

이더리움을 포함해 다양한 암호화폐는 블록체인 기술과 더불어 다양한 산업 분야에서 활용될 수 있을 것으로 기대된다. 아울러 거대한 글로벌 IT 플랫폼으로 자리매김하려는 기업들은 암호화폐를 발행하고 토큰 이코노미를 설계해 금융 거래 등을 서비스와 연동함으로써 플랫폼의 지배력을 더 공고히 해갈 것으로 예상한다. 그렇게 활용되는 대표적인 대장주가 바로 이더리움이다. 이미 이더리움은 블록체인의 플랫폼으로서 다양한 서비스에서 독자적인 암호화폐를 만들지 않고 이더리움을 내부 거래에 활용하거나 이더리움에서 제공하는 기능을 활용해서 새로운 서비스를 만들어가고 있다. 디파이 코인과 NFT 등의 새로운 금융, 디지털 자산 거래 서비스 중 상당수가 이더리움을 기반으로 만들고 있다. 이더리움은 이렇게 디지털 시대의 화폐가 단순한 거래 수단을 넘어 다양한 기능을 품은 플랫폼으로 발전할 수 있음을 보여주고 있다.

이더리움의 스마트 컨트랙트

이더리움이 비트코인과 대비되는 가장 큰 차이점은 스마트 컨트랙트다. 비트코인이 상대방 지갑으로 송금을 하는 것이 전부라면, 이더리움은 송금 시 특정한 계약 조건을 걸어 조건이 이행되어야만 송금되도록 했다. 그것이 스마트 컨트랙트다. 이 간단한 기능을 다양하게 활용함으로써 이더리움은 단순 송금이 아닌 금융 상품, 파생 상품, 그리고 부동산 등의 자산 거래와 디지털 콘텐츠를 거래하는 데 활용되기도 한다. 일례로, A와 B의 투자 정보를 믿고 한 기업에 1천만 원을 투자한 이후 그 기업의 가치가 1년 이내에 급등해서 두 배 이상이 되면, 이득을 본 금액의 30%를 B가 A에게 이더리움으로 지급한다는 A와 B 간 계약을 스마트 컨트랙트로 기입해두면 이 조건이 성사될 때 A와 B가 약속한 계약이 자동으로 이행되는 것이다. 중간에 누군가가 개입해 보증할 필요도 없으며, A와 B가 나중에 딴소리를 하거나 지급을 미루는 문제가 발생하지 않는 것이다.

빅테크 기업의 암호화폐 진출

2019년 6월 페이스북은 '리브라'라고 불리는 암호화폐 출시 계획을 밝혔다. 특히 페이스북은 세계적인 영향력이 큰 인터넷 서비스 플랫폼이라, 리브라의 발표만으로 각 국가 정부는 위험 가능성을 거론하며 규제를 예고했다. 이후 미국 상원 청문회에서 규제 관련 이슈가 빗발쳤고 페이스북은 한발 물러나 리브라를 각 국가의 법정화폐와 연동하는 지급결제 수단으로 전환했다. 이후 가상화폐의 명칭을 디엠으로 바꾸어 2021년 출시할 계획이다. 디엠을 이용해 페이스북에서 사용자 간에 상품을 판매하고 구매할 수 있도록 할 것이며, 향후 페이스북의 메타버스에서 이 암호화폐로 사용자간 가치 거래가 가능해질 것으로 예상된다.

국내에서는 카카오가 '클레이튼'이라는 블록체인 플랫폼을 만들고 클레이라는 암호화폐를 인도네시아에 상장했다. 클레이튼 기반의 플랫폼에서 클레이라는 화폐를 이용해 상품을 거래하고 서비스를 이용할 수 있도록 한 것이다. 또한 암호화폐 지갑인 '클립'을 개발해 카카오톡에 탑재했다. 지난해 9월 말 카카오는 퍼블릭 블록체인 플랫폼인 클레이튼의 사이드체인으로 '카카오콘'을 발행했다. 카카오의 다양한 서비스를 이용한 고객에게 보상으로 카카오콘을 지급하고 카카오의 다른 서비스를 이용하는 데 활용되는 것으로, 일반적인 포인트 서비스와 다르지 않다. 다만, 이를 구현함에 있어 블록체인을 활용했다. 지급과 사용 과정에 있어 투명성을 기하고 차후 사용자간 송금과 포인트의 환전까지 고려한 것으로 추정된다.

주요 인터넷 서비스 업체들이 너도나도 암호화폐 발행에 나서는 이유는 무엇일까?

두 가지 이유다. 첫째, 암호화폐는 서비스 바깥에서도 거래가 가능하며 암호화폐를 중심으로 이더리움처럼 타 서비스와 연계해 새로운 금융 서비스 플랫폼을 만들기 용이하다. 그렇게 암호화폐로 차세대 금융 기반의 서비스 플랫폼을 준비하기 위함이다. 둘째, 이들 빅테크 기업의 다양한 서비스 내에서 공용해서 사용할 수 있는 자체적인 화폐가 있으면 이 화폐를 기반으로 모든 서비스 내의 거래를 할 수 있어 실제 법정화폐나 다른 디지털 화폐 등을 이용하는 것 대비 수수료 등의 비용 절감과 보다 일관되고 빠른 거래가 이루어질 수 있는 사용자 경험의 제공이 가능하기 때문이다. 일례로, 페이스북의 디엠이 활성화되면 은행 계좌나 신용카드를 연동해서 페이스북 내에서 물건을 사거나 사용자간에 가치 거래를 하는 것이 아니라 디엠을 현금으로 환전을 해서 페이스북에 예치해두고 거래를 하는 것이 훨씬 빠르고 편리하다. 또한 가치 거래에 대한 대가로 입금을 받는 사람도 디엠으로 자금을 예치해두고 이 디엠을 또 페이스북 내의 거래에 바로 사용할 수 있어 굳이 다른 외부의 화폐로 환전하지 않고 즉각 사용하도록 할 수 있어 모든 금융 거래를 페이스북 내에 가둘 수 있게 된다. 그렇게 되면 페이스북이라는 새로운 가상 국가에서만 사용하는 표준 화폐를 만들 수 있게 되는 것이다.

● 세상에는 너무도 많은 암호화폐가 있다. 하지만 거품이 가시고 시장이 안정화되면 암호화폐는 지금보다 훨씬 줄어들어 10%도 살아남지 못할 것이다. 그중에서도 대표적인 기준 화폐로서 비트코인과 이더리움은 새로운 시대의 화폐로서 역할을 해갈 것으로 기대한다. 특히 메타버스라는 새로운 가상의 세상에서는 신개념의 화폐가 필요한데 그런 역할로서 암호화폐가 훌륭한 대안이 될 수 있을 것으로 예상된다. 단, 야후가 구글에 밀리고 다음이 카카오에 인수합병되고 마이스페이스닷컴이 페이스북에 뒤쳐지고 쿠팡이 지마켓이나 11번가를 넘어섰던 것처럼 미래에 실제 비트코인과 이더리움과 같은 암호화폐가 안정적인 성장을 하고 메타버스와 함께 화려한 도약을 할지는 미지수다. 더 강력한 경쟁자의 출현이나 기존 제도권하에 있는 금융기관들의 도전에 의해 암호화폐들의 역할이 축소될 수 있다. 또한 메타버스 플랫폼 기업들이 독자적인 화폐를 만들거나 기존 금융사와 제휴한 결제와 거래 서비스를 제공할 수도 있다. 누가 승자가 될 수는 지금 확신할 수는 없지만 적어도 승자가 될 수 있는 기업이나 대표가 어떤 요건을 갖춰야 할지는 확신할 수 있다. 그것은 공정하고 투명하며 글로벌에서 통용될 수 있으며 새로운 디지털 시대에 필요한 새로운 화폐를 만들어내는 데 적극적으로 대응하는 곳이라는 점이다. 그것을 기준으로 지금의 암호화폐의 움직임과 금융기관의 대응, 빅테크 기업의 준비를 살펴보자.

돈 버는 사람들의
암호화폐 구분법

블록체인으로 돈 버는 사람에 혹해 나도 그렇게 돈 벌 수 있으리라는 착각으로 무분별하게 암호화폐에 투자를 했다가는 패가망신할 수 있다. 암호화폐는 기업의 주식처럼 그 암호화폐의 용도와 비전 그리고 실행해가는 행보에 따라 결정되어야 한다. 하지만 현실은 그렇지 않다. 왜 블록체인은 투기와 욕망의 장이 되는 것일까? 그럼에도 블록체인으로 돈 버는 방법은 없는 것일까?

암호화폐로 돈 벌기 어려운 이유

주변에서 암호화폐로 돈 벌었다는 사람은 주로 소문을 통해 듣게 된다. 3년 전 1천만 원을 투자해서 2억 원이 되었다느니 5억 원이 되었다느니 하는 소문 말이다. 혹은 1개월 전에 도지 코인에 몰빵했다가 두 배 수익으로 돈을 벌었다는 소문을 듣고, 나도 할 수 있다는 믿음으로 암호화폐 거래소를 기웃거린다. 하지만 암호화폐로 손해 봤다는 사람은 그렇게 눈에 띄지 않는다.

▲ '뜬 구름' 암호화폐로 돈 벌기

암호화폐로 돈 벌기 어려운 이유는 몇 가지가 있다.

첫째, 모든 투자는 살 때보다는 팔 때가 중요하다. 암호화폐 역시 매도하지 않은 채 지갑에 기록된 자산 현황과 평가 손익은 그저 숫자에 불과하다. 더 중요한 것은 팔고 난 다음이다. 팔고서 수익을 봤다 하더라도 다시 암호화폐 투자에 뛰어든다면 그 전의 수익은 실제 수익이 아니다. 지금 투자한 암호화폐를 매도할 시점의 손익과 합해야 전체 수익 여부를 알 수 있는 것이다. 암호화폐의 등락 폭이 워낙 크다 보니 당장 수익을 봤다고 다시 투자에 들어갔다고 해서 또 수익이 보장될 리 만무하다.

둘째, 암호화폐의 가치는 발행한 기관이 제시한 비전이나 전략에 의해 형성되지 않는다. 당연히 상식적으로 암호화폐의 가치는 주가처럼 기업 성과와 미래 전망 등에 의해 평가받는다. 하지만 실제 그렇게 움직이질 않는다. 트럼프의 말 한마디, 일론 머스크의 트위터 한 줄, 정부나 금융기관 등의 규제와 투자 소식에 암호화폐의 시세는 출렁인다. 심지어 어떤 이유로 특정 암호화폐의 가격이 오르고 내렸는지를 알 수가 없다. 왜 그럴까? 암호화폐는 24시간 거래되며 정부에서 단속과 규제를 통해 관리하는 주식 시장과 달리 탈중앙화된 무정부 상태에서 운영된다. 그래서 특정 세력이 투기 목적으로 시세를 조작하는데 무방비로 노출되어 있다. 이런 작전 세력들에 의해서 암호화폐 시세는 널뛰기한다.

셋째, 워낙 무섭고 빠르게 반등을 거듭하고 24시간 거래할 수 있다 보니, 암호화폐 투자자들은 매시간 가격 추이를 확인하는 데 노이로제가 걸려 있다. 또한 암호화폐 관련한 소식에 민감해 관련 뉴스들을 보면서 암호화폐 가격에 어떤 영향을 줄지 늘 신경 써서 관찰하고 분석한다. 하지만 이런 뉴스와 별개로 암호화폐는 알 수 없는 요인으로, 때로는 작전 세력에 의해, 우리가 분석한 결과와는 전혀 다르게 가격이 변동한다. 이렇게 짧은 주기로 암호화폐 시세를 들여다보면 20~30% 이상 가격이 내리고 오르는 와중에 강심장으로 버티기란 쉽지 않다. 어떤 이유에서든 금세 팔아치우고, 다시 오르는가 싶으면 또 사고, 내리는가 싶으면 다시 파는 일을 반복한다. 그렇게 반복해 사고파는 과정에서 거래소는 수수료를 챙기지만, 사용자 대부분은 전체 손익이 마이너스가 되는 것이다.

요즘IT
구매할 수 없는 암호화폐, 방법이 있다

거래소마다 상장된 암호화폐가 다르다 보니 원하는 암호화폐를 구매할 수 없는 경우가 많다. 일례로 일론 머스크가 좌지우지한다는 도지코인만 해도 국내 모든 거래소에 상장된 것이 아니라 일부 거래소에서는 구매할 수 없다. 하지만 해외 대형 거래소에서는 구매할 수 있다. 단, 해외 거래소를 이용하려면 먼저 비트코인이나 이더리움 등의 대표적인 암호화폐를 거래소에서 현금으로 구매한 이후, 해외 거래소의 계좌에 이 암호화폐를 송금한 후에 그 암호화폐로 특정 암호화폐를 구매할 수 있다. 그렇게 구매한 암호화폐를 매도한 후에는 다시 거꾸로 해외 거래소에서 비트코인 등의 특정 암호화폐를 구매한 후 다시 국내 거래소의 지갑으로 송금하면 된다. 송금된 암호화폐는 국내 거래소에서 원화로 출금할 수 있다. 단 해외 거래소에서 국내 거래소로 송금을 할 때 양 거래소 간에 호환이 안 되는 프로토콜 등을 선택해 잘못 송금하면 해당 암호화폐는 영영 찾을 수 없는 디지털 미아가 된다. 그러므로 거래소, 지갑 간에 송금할 때는 1~2만 원가량의 암호화폐_{비트코인, 이더리움} 등을 송금해본 후에 정상 거래가 되는지 안전하게 확인한 후에 송금하는 것이 좋다.

투자 가치가 있는 암호화폐 구분법

투자 가치가 있는 암호화폐인지는 사실 누구도 모른다. 기업에 대한 평가도 투자사마다, 투자자마다 다르듯이 암호화폐 또한 마찬가지다. 다만 해당 암호화폐가 어떤 용도로 사용되고 누가 발행했으며 앞으로 어떤 비전을 가지고 발전해갈지 등을 살펴보면, 적어도 그 암호화폐의 가치 여부에 대해 대략 가늠할 수 있다. 대부분은 구체적인 암호화폐의 성장 전략을 쳐다보지도 않고, 소문과 최근 시세가 오르는 것 같다는 감으로 투기를 하는 경우가 많아서 문제다.

그러므로 암호화폐를 투자할 때는 암호화폐를 발행하는 주체의 홈페이지에서 어떤 목적으로 발행하고 어떻게 이용되며 향후 어떻게 발전시킬 것인지를 살펴보는 것이 필요하다. 또한 발행 주체가 기존에 다른 암호화폐를 발행한 적이 있는지, 성과는 어땠는지 등도 살펴봐야 한다. 특히 발행 주체가 기업일 경우 해당 기업의 회사 연혁과 어떤 사업을 하는 곳인지에 대한 내역도 꼼꼼히 분석해야 한다.

암호화폐 시장도 주식 펀드처럼 암호화폐만 전문적으로 투자하는 투자사들이 있다. 이들 투자사는 암호화폐 투자를 위해 꼼꼼히 분석하고 투자하는 만큼, 이들이 투자하는 암호화폐를 눈여겨보는 것도 좋다. 특히 암호화폐는 장기적 안목을 가지고 투자해야 한다. 1~2개월이 아닌 짧게는 1년 길게는 3년 이상의 장기 투자를 해야 수익에 대한 기대를 할 수 있다.

어째서 블록체인의 분산원장에 데이터를 기록해야 할까

블록체인에 대한 가치 투자를 할 때 가장 중요하게 따져볼 점은 "어떤 데이터를, 왜 분산원장에 기록하는가?"에 대한 답이다. 분산원장이란 말 그대로 거래내역이 정리된 장부가 분산되어 있다는 뜻이다. 거래내역이 기록된 장부는 분산되어 모든 사람에게 완전히 개방돼 있다. 그런데 블록체인의 분산원장에 데이터를 기록하는 것은 상당히 비효율적이다. 탈중앙화된 컴퓨터에 분산되어 저장되는 데이터는 데이터를 기록해서 실제 반영되는 데까지 시간이 걸린다. 또한 그 과정에서 수수료를 내야 해서 느리고 비싸다. 반면 그냥 서버나 클라우드에의 데이터베이스에 데이터를 기록하는 것은 빠르고 싸다. 그래서 블록체인의 분산원장에는 대용량의 데이터를 저장할 수 없다. 기껏 해야 거래 정보에 대한 텍스트 정보가 기록할 수 있는 일반적인 데이터다.

그래서 분산원장에 군이 데이터를 기록해야만 하는 이유가 무엇인지를 규명하는 것이 중요하다. 어떤 데이터기에 블록체인을 이용해야 했는지, 그렇게까지 느리고 비싼데도 이용해야만 하는 이유가 무엇인지를 정의하는 것이 블록체인 기술 업체를 평가하는 데 중요한 요소가 된다. 블록체인의 분산원장에 데이터를 기록하면 한 번 기록된 데이터를 위변조할 수 없게 된다. 이렇게 투명하고 공개되어 저장된 내역이니 누구나 접근해서 확인하는 것도 자유롭다. 이러한 블록체인만의 투명성이 주는 신뢰와 탈중앙화된 시스템으로 위변조가 절대 불가하다는 보안이 군이 분산원장에 데이터를 기록해야 하는 이유다. 블록체인을 이용하는 업체가 이런 이유에 부합되어 솔루션을 개발하고 사업을 전개하는지를 따져보면 해당 블록체인의 미래 전망을 가늠해볼 수 있을 것이다.

● 5년 전 비트코인을 구입해 아내에게 5백여만 원을 선물하고 나도 장기 투자를 위해 5천만 원가량을 구매했다. 아내에게 선물한 비트코인은 1억이 되었고, 내가 투자한 5천만 원은 5천만 원 그대로다. 왜 이렇게 다를까? 아내에게 선물한 비트코인은 5년의 세월 동안 한 번도 출금하지 않았다. 반면 내가 투자한 5천만 원은 수시로 매도했다가 다시 매수했기를 반복했다. 비트코인에 투자했다가 이더리움을 투자하고, 다시 도지코인을 투자하면서 이런저런 암호화폐를 사고팔기를 반복한 것이다. 심지어 2년 전에는 그간 소유했던 5천만 원의 암호화폐를 2억 원으로 매도해 1.5억 원의 시세차익을 얻었지만, 그 이후 다시 2억 원을 암호화폐에 투자했다가 1.5억 원을 손해 보고 원래 원금이던 5천만 원만을 건졌을 뿐이다. 이렇게 암호화폐 투자는 더 많이 안다고, 관심을 가진다고 해서 돈을 벌 수 있는 것이 아니다. 내가 투자하는 암호화폐는 적어도 기업 투자처럼 해당 암호화폐의 미래 성장성에 대해 관련 정보와 자료를 찾아보고 장기적 관점에서 투자해야 한다. 당장 시세가 오르고 내린다고 해서 팔까 말까를 고민해서는 손해는 손해대로 보고, 마음고생과 스트레스는 덤으로 얻는다.

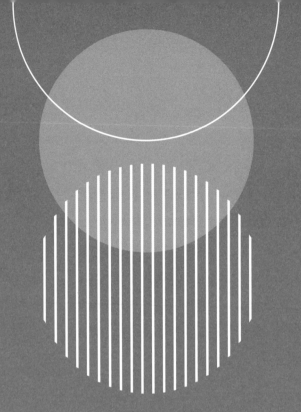

4장

IT 산업의 변화

윈텔윈도우와 인텔의 컴퓨터와 애플의 아이폰은 세상을 크게 변화시켰다. 컴퓨터로 인해 회사의 업무 처리 방식과 학교의 보고서 작성 및 연구 방법은 크게 발전했다. 또한 컴퓨터가 인터넷에 연결되면서 등장한 웹은 뉴스 보는 방법과 편지를 주고받는 방법에 이르기까지 많은 변화를 만들어냈다. 컴퓨터와 웹의 등장이 우리 가정과 회사에, 그리고 미디어와 방송, 유통, 마케팅 등의 산업에 이렇게 큰 변화를 만들어낼지 누가 알았겠는가. 또한 버스, 지하철, 거리에서 스마트폰으로 인터넷을 사용한다는 것이 이렇게 일상화되고, 다양한 산업에 큰 변화의 패러다임을 몰고 올지는 직접 경험을 해보고야 알았다. 스마트폰이 음식 배달 시장과 교통 택시 산업, 그리고 금융 산업 등에 영향을 미칠지 누가 알았겠는가. 그렇게 기술은 우리 일상과 사회, 그리고 세상을 변화시킨다. 테슬라의 전기차, 그리고 자율주행 기능은 그렇게 교통산업뿐만 아니라 에너지, 주차와 차량 렌트, 캠핑 시장에 이르기까지 다양한 산업 분야에 큰 변화를 가져다줄 것이다. 클라우드와 사물인터넷 등의 기술 또한 ICT 산업을 넘어 다양한 산업에 패러다임의 변화를 가져올 것이다. 그리고 전 세계적으로 전기에 이어 차세대 에너지원으로 주목하는 수소도 수소경제라는 새로운 패러다임의 전환을 예고하고 있다. 클라우드, 전기차, 수소경제, 사물인터넷은 우리 삶과 사회에 어떤 변화를 가져다줄까.

글로벌 IT 산업의 거대한 축,
클라우드 산업

글로벌 IT 산업 분야에서 20년 전부터 꾸준히 성장하며 아직도 발전 중인 기술 분야를 꼽으라고 하면 단연코 클라우드 산업이다. 이미 이 시장은 전 세계 빅테크 기업 아마존, MS, 구글 등이 치열한 경쟁을 하는 영역이다. 클라우드는 B2B^{Business to Business} 사업인 데 반해, 클라우드를 이용해서 서비스되는 스트리밍 서비스는 B2C^{Business to Consumer} 서비스다. IT의 근간이 되는 클라우드와 스트리밍을 이해해야 ICT 비즈니스를 제대로 이해할 수 있다.

클라우드만 있으면 무엇이든, 어디서든 할 수 있다

20년 전, 동네마다 있던 음반 가게와 비디오 대여점은 사라진지 오래다. 멜론, 아이튠즈, 그리고 넷플릭스와 웨이브wawe, 유튜브로 음악과 영상 서비스가 기존 시장을 대체했다. 이렇게 인터넷에 연결된 서버에 데이터와 콘텐츠는 물론 다양한 자원을 저장, 설치해두고 어떤 기기에서든 연결해서 사용할 수 있도록 해주는 시스템을 가리켜 클라우드라고 부른다. MS는 엑스클라우드라는 게임 플랫폼을 발표해서 별도의 게임기나 고사양의 컴퓨터 없이도 TV나 노트북 등에서 게임을 할 수 있는 클라우드 기술을 발표했다. TV에 별도의 게임을 설치할 필요 없이 MS는 엑스클라우드

▲ 클라우드를 통해 스트리밍으로 제공되는 콘텐츠 서비스

에서 제공하는 게임을 즐길 수 있다. 게임 외에 음악, TV 방송, 동영상, 국내외 드라마와 영화, 그리고 문서에 이르기까지, 수많은 콘텐츠가 클라우드를 기반으로 온디맨드 형태로 제공된다.

전 세계 IT 산업의 성장을 주도하는 분야는 클라우드 컴퓨팅으로, 비중이 60%에 달한다. 대부분의 IT 기업들은 자체 데이터 센터 대신 클라우드를 이용해 서비스를 구축하고 있다. 대표적인 예가 MS 오피스다. MS워드, 파워포인트, 엑셀 등의 오피스 프로그램은 그간 PC에 소프트웨어이하 SW로 표기 형태로 설치하는 방식으로 이용돼왔다. 실제 2014년 MS의 전체 매출 중에 MS 오피스 소프트웨어의 라이선스 매출 비중은 35%, 클라우드를 통해 구독료로 판매되는 오피스365는 11%였는데 2018년에는 오피스 SW의 비중은 20%로 줄고, 클라우드 기반의 오피스365는 30%로 확대되었다. 또한 MS는 2014년만 해도 시가총액이 구글, 아마존 등의 기업과 비교해 초라했지만, 2019년 6월경에는 아마존, 구글을 앞서면서 5년간 약 세 배 넘게 성장했으며 이는 오피스365와 애저라는 클라우드 플랫폼 사업 덕분이다. 2020년 코로나19로 인해 이들 기업은 더 큰 도약을 했고, 클라우드 비즈니스 역시 더 큰 성장을 하고 있다.

클라우드 사업은 IaaS, PaaS, SaaS 세 가지로 분류할 수 있다. IaaSInfrastructure as a Service는 컴퓨터와 네트워크 자원을 필요한 만큼 빌려서 사용할 수 있는 것을 말하고, SaaSSoftware as a Service는 MS 오피스처럼 SW를 구독료를 내고 필요한 수량, 필요한 기간만큼 사용하는 것이다. PaaS^{Platform as a Service}는 전산 관련 업무를 수행하는 데 필요한 각종 솔루션을 제공받아 사용하는 것을 의미한다. 세 가지 사업의 시장 규모 중 SaaS의 비중이 가장 크며, IaaS, PaaS 순이다. 예를 들어 넷플릭스의 경우 전 세계를 대상으로 스트리밍 동영상 서비스를 SaaS의 형태로 제공하고 있는데, 인프라를 독자적인 시스템을 구축해 사용하지 않고 아마존의 AWS를 이용하고 있다. 또한 국내의 배달의민족과 토스 등의 인터넷 서비스들도 클라우드를 이용해 사업을 하고 있다. 앞으로도 갈수록 더 많은 모바일 앱과 사물인터넷 기반의 디지털 서비스들이 성장하면서 클라우드가 필요하기 때문에 클라우드 사업의 비전은 커질 것으로 기대되고 있다.

요즘IT
클라우드는 왜 주목받을까

클라우드 사업의 가치를 높게 평가하는 이유는 인터넷 속도가 빨라지면서 온디맨드 기반의 고객 중심 트렌드로 인해 클라우드에 데이터와 서비스, 어플리케이션을 설치해 제공하는 방식이 보편화되고 있기 때문이다. 또한 인터넷 서비스 기업뿐 아니라 디지털 트랜스포메이션을 추진하는 기존 굴뚝 기업들이 전산 시스템을 구축하고 IT 자원을 운용하는 데 클라우드를 이용하면 초기 투자 비용의 부담이 완화되어 수요가 꾸준히 증가하고 있다. 물론 디지털 비즈니스를 하는 스타트업들도 더 빠르고 저비용으로 사업을 운영할 수 있어서 클라우드의 이용 빈도는 높아지고 있다. 전기차와 메타버스 등의 새로운 인터넷 기반의 사업들도 클라우드를 더욱 장밋빛으로 만들어주고 있다. 특히 이미 자리잡은 클라우드 기업들의 네트워크 효과는 날로 커지고, 기술의 진입장벽은 높아 신규 업체의 진입은 어려워지는 실정이다. 이에 해당 업체들은 더욱 공격적인 투자를 하며 시장을 성장시키고 있어 클라우드 사업의 가치는 해마다 커지고 있다.

이토록 편리한 클라우드라니

전 세계 기업 시가총액 1위부터 4위는 애플, MS, 아마존, 구글이다. 이 4개 기업의 공통점은 모두 클라우드 사업을 하고 있다는 점이다. 특히 아마존은 본업인 쇼핑몰보다 AWS라는 클라우드 사업이 전체 매출 2329억 달러의 11%인 257억 달러에 불과하지만, 영업이익에 기여하는 비중은 무려 73%나 된다. 또한 MS와 구글의 성장에서도 클라우드 사업이 실질적인 효자 노릇을 하고 있다. 이렇듯 클라우드 사업은 이들 기업의 매출 포트폴리오를 탄탄하게 해주고 미래 성장의 견인 역할에 충실하다.

5G 등의 초고속 무선 인터넷 기술이 발전하고 컴퓨터, 태블릿, 스마트폰을 넘어 자동차와 각종 가전기기가 인터넷에 연결되는 사물인터넷 시대가 도래하면서 클라우드의 역할은 더욱 강화되고 있다. 맥에서 클라우드에 연결해 윈도우 컴퓨터를 실행하고 사용할 수 있는 것은 물론, TV에서도 컴퓨터를 이용할 수 있게 된다. 냉장고에 탑재된 작은 디스플레이에서 클라우드를 연결해 내 스마트폰 화면을 볼 수도 있고, 세탁기에 탑재된 스피커를 통해 클라우드의 인공지능에 연결해서 인터넷 서비스를 사용할 수 있다. 이미 삼성전자, LG전자, 그리고 코웨이의 공기청정기와 정수기, 샤오미의 가전기기들은 인터넷에 연결되어 새로운 서비스를 제공하고 있다. 앞으로는 사무실에 컴퓨터를 두고 윈도우와 각종 소프트웨어를 설치하고 관리할 필요 없이, 모니터에서 바로 클라우드에 연결해서 가상의 컴퓨터를 이용할 수 있게 될 것이다. 이미 일부 기업들은 이렇게 가상의 컴퓨터를 운영 중인데, 이렇게 하면 컴퓨터 투자, 운영 비용도 줄어들 뿐 아니라 보안 등에 있어서도 훨씬 이득이다. 이 모습이 바로 클라우드가 보여줄 수 있는 미래의 청사진이다.

이렇게 스트리밍으로 서비스가 제공될 때 얻게 되는 장점은 명확하다. 로컬 디바이스의 자원을 덜 사용하고 기기의 제약 없이 원소스 멀티유스one source multi-use가 가능하다는 무한 접근성을 얻게 된다. 또한 온라인의 강점인 타인과의 소통, 공유가 자유롭고 편리하다는 것도 부수적으로 얻을 수 있는 가치다. 기업 입장에서는 더 많은 사용자를 확보할 수 있고, 개별 기기의 호환성과 이상 증상에 대한 고객지원을 최소화할 수 있는 효율성을 얻게 된다. 또한 매월 구독료 방식으로 고객에게 지속적인 요금을 부과할 수 있어 지속적인 수익모델을 가져갈 수 있다는 장점도 가져간다. 꼭 인터넷 기반 서비스가 아니더라도 필요할 때 필요한 만큼 그때그때 사용하는 소비 방식을 스트리밍이라고 정의할 수도 있다.

그렇다면 앞으로 또 어떤 영역이 스트리밍으로 서비스될까? 굳이 소유하지 않고 필요할 때 연결해서 사용할 수 있는 서비스는 무엇이 있을까.

상상만 해보면 무엇이든 대상이 될 수 있다. 보관해두며 사용하지 않고, 필요할 때 꺼내 사용할 수 있는 대상이 될 수 있는 것이라면 무엇이든 가능하다. 쌀, 면도기, 기저귀 등의 생필품부터 상추, 고추 등의 채소에 이르기까지, 과하게 소유하지 않고 필요한 만큼만 꺼내 사용할 수 있는 것이라면 앞으로 비즈니스의 기회와 가능성이 높은 영역이다.

내비게이션이 스트리밍으로 제공된다면 어떨까. 굳이 단말기를 구매할 필요도 없고, 티맵처럼 모든 지도 데이터를 스마트폰에 내려받지 않아도, 디스플레이만 있으면 클라우드의 내비게이션에 연결해 내가 있는 위치와 목적지까지의 경로만 그때그때 스트리밍으로 내려받아 경로 정보를 보여주면 된다. 소프트웨어의 업데이트도 필요 없다. 새로 바뀐 교통신호와 도로 정보는 클라우드에서 업데이트하면 되니 개별 디바이스에서 할 일은 없다. 그렇게 하드웨어의 기능이 스트리밍으로 서비스 되면 하드웨어 시장은 사라진다. MP3P, PMP, 그리고 팩스도 그렇게 클라우드로 들어가면서 스트리밍 서비스가 되었다. 클라우드로 팩스를 송·수신할 수 있으며, 수신한 문서도 브라우저에서 필요한 것을 선별, 탐색해 인쇄해서 사용할 수 있다.

틀면 나오는 구독 서비스

소유의 시대에서 공유 경제의 세상을 연 '우버'나 '위워크'는 비싼 돈 들여서 자동차를 안 사도 되고, 임대료를 내가며 사무실을 써야 하는 부담에서 자유롭게 해주었다. 한 마디로 필요할 때 사용한 만큼의 비용만 지불하는 합리적 소비를 가능하게 해주었다. 그런데 이미 기존 택시도, 초단기 월세 사무실도 그렇게 필요한 때 잠깐 빌려 사용할 수 있도록 했는데, 무엇이 다른 것일까? 이들과 다른 점은 두 가지다. 하나는 기존의 사업과 달리 잠깐 필요할 때 소비할 수 있도록 해준 경제성을 넘어, 더 나은 고객 경험을 제시했다는 점이다. 택시나 월세 사무실은 직접 차나 사무실을 소유하는 것과 비교해 저렴하긴 하지만, 깨끗하고 편안한 경험을 제공하지는 못한다. 반면 우버나 위워크 등의 공유 경제 서비스들은 진짜 내 차처럼, 내 사무실처럼 편안하다. 아니 오히려 내가 소유한 수준으로는 경험할 수 없는, 더 나은 경험을 제공한다는 점이 다르다. 다른 하나는 이런 색다른 경험을 큰 비용 없이 유지할 수 있는 방법으로 사물을 공유했다는 점이다. 우버는 택시 사업자처럼 차량을 직접 구매해 운영하지 않고 차량을 소유한 일반 사람들이 직접 운전사가 되어 우버 택시로 운행하도록 했다. 그러니 고급 세단부터 여러 명이 탈 수 있는 SUV에 이르기까지, 다양한 차종으로 용도에 맞는 차량을 호출할 수 있는 안락한 서비스를 큰 비용 투자 없이도 추진할 수 있었다. 위워크 역시 각 회사가 필요한 공용 공간인 휴게실, 회의실, 외부인 접견실 및 피트니스 센터 등을 사무실 임차인들이 함께 사용할 수 있도록 함으로써, 운영 비용은 낮추면서도 쾌적한 사무공간을 함께 사용할 수 있도록 했다. 이제 공유경제는 한 단계 도약해서 구독경제로 진화 중이다. 이런 구독경제를 구현하는 데 있어 스트리밍 서비스의 개념과 클라우드 기술이 중요한 역할을 책임진다.

월마다 일정 금액을 지불하고 사용하는 것은 모두 구독이라 칭할 수 있을까? 통신요금, 정수기와 비데 렌탈, 자동차 리스 비용, 도시가스와 전기요금, 인터넷 사용료, IPTV 요금. 이런 것들도 모두 구독이라고 볼 수 있을까? 신문이나 잡지를 월 비용을 지불하고 매일, 매주, 매월 받아보는 것은 구독 서비스가 맞다. 하지만 ICT 기반으로 소비자에게 새로운 경험을 제공하는 구독경제의 최근 트렌드에 비춰볼 때 이들은 구독경제라고 정의하기에는 부족하다.

적어도 구독경제는 각 개인의 상황과 맥락을 파악해 서비스를 맞춰 제공해야 한다. 예를 들어 KBS 방송을 보며 시청료를 내는 것은 구독이라 하지 않지만, 넷플릭스는 구독이라 부를 수 있다. 이유는 KBS는 시청료만 내면 누구나 같은 방송을 보지만, 넷플릭스는 내 취향에 맞는 영화나 드라마에 따라 각자 서로 다른 콘텐츠를 추천해주기 때문이다. 렌탈 비즈니스를 구독경제라 부를 수 없는 것은 왜 그럴까. 처음 정수기를 설치할 때나 분기별로 필터 교환을 위해 방문하는 것을 제외하면, 렌탈 사업자와 고객은 만날 일도 없고 내가 사용하는 정수기를 계속 케어 받는다는 배려도 느낄 수 없기 때문이다. 반면 테슬라 전기차는 월 7900원으로 프리미엄 커넥티비티를 서비스하고 있는데, 실시간 교통정보와 위성지도 및 LTE 망을 통한 비디오, 음악 스트리밍 등을 제공한다. 또한 완전자율주행 기능FSD도 월 199달러의 사용료를 내고 서비스한다. 이런 서비스는 시간이 흐르면서 성능이 더 좋아지고 기능이 보강된다. 구독 서비스는 특히 MZ세대에게 스트리밍 라이프라는 트렌드로 각광받고 있다. 구독 서비스는 필요한 때에만 신청해서 합리적 소비가 가능하고 기존의 렌탈과는 달리 개인화된 맞춤 서비스가 제공되며 스마트폰 앱 등을 통해 쉽게 운영 관리가 가능하다. 그래서 음악을 듣고 영화를 보며 전자책이나 웹툰 등의 콘텐츠를 볼 때도 구독 방식을 즐겨 사용한다. 식탁 위를 예쁘게 꾸며줄 꽃과, 맥주나 전통주와 같은 술도 구독 서비스를 통해 소비하기도 한다. 또한 화장품과 피트니스 센터, 헤어샵 등도 월 일정액을 지불하고 내게 맞는 취향의 서비스를 다양한 상품, 장소에서 사용할 수도 있다. 이런 서비스들이 모두 구독경제의 한 형태로 제공된다.

구독 방식으로 소비자에게 상품을 제공할 때 사업자 입장에서 가장 큰 이득은 로열티 높은 고정 고객을 확보할 수 있다는 점이다. 한 번 판매하고 끝나는 것이 아니라 해당 고객과 지속적인 관계를 맺으며 상품도 지속해서 판매할 수 있다. 특히 판매자 입장에서는 수요 예측이 명확하고 경쟁사로 이탈하는 것을 방지할 수 있을 뿐 아니라, 다른 상품의 크로스 세일까지 이어질 수 있어 구독 소비자 한 명을 확보하는 것이 일반 소비자보다 훨씬 더 값질 수밖에 없다.

구독경제의 핵심은 고객 경험

구독경제는 고객과 관계를 이어나가면서 제품이 아닌 경험을 판매한다는 점에서 기존 판매 방식과 차이가 있다. 그렇게 구독경제로 비즈니스를 혁신하기 위해서는 고객에게 상품을 어떻게 추천해서 개인화할 수 있을지, 우리가 판매하는 상품에서 어떤 서비스 경험을 만들어낼지 고민해야 한다. 현대자동차의 구독 서비스 '제네시스 스펙트럼'은 다양한 차종과 컬러의 제네시스를 스마트폰 앱을 통해서 신청하고, 원할 때 차량을 월 1회 바꿔탈 수 있다. 회사 주차장이나 내 집 앞으로 차량을 가져다줄 뿐 아니라 방문 세차 등의 서비스까지 제공한다. 기존의 차량 렌트나 리스와는 다른 경험을 제공해준다. 이번 달은 SUV GV80 파란색, 다음 달은 G80 빨간색 등으로 필요에 따라 차량을 바꿔가며 탈 수 있다. 비즈니스에서 고객에게 기존과는 다른 제품 사용 경험을 제공하려면, 고객들에게 어떤 서비스를 제공해야 할지 고민해보자. 얼마에 어디서 팔지를 고민하는 것이 아니라 어떻게 고객 서비스 경험을 제공할지를 고민해보는 데서 구독경제를 위한 사업 디자인은 시작된다.

● 2014년 구글은 스마트 온도 조절기를 제조하던 사물인터넷 스마트

홈 제조사 네스트^{NEST}를 3조 5천억 원에 인수해 보안장치, IP 카메라 등의 다양한 기기를 출시해왔다. 이후 네스트 어웨어^{Nest Aware}라는 구독 서비스를 론칭했다. 매월 6달러, 12달러를 지불하는 두 가지 버전의 구독 서비스는 네스트 카메라에 촬영된 영상을 최근 30일간^{6달러 버전}, 2개월간^{12달러 버전} 저장해준다. 네스트 카메라를 2대를 사용하든 10대를 사용하든 가격에는 차이가 없다. 그런데 기존의 IP카메라에도 제공되는 녹화 영상을 보관하는 스토리지 기능만 지원되는 것이 아니라, 네스트 카메라에 촬영된 영상 속에 등록되지 않은 사람일 경우 이를 알람으로 알려준다. 즉, AI로 얼굴 인식 기능을 통해서 보안에 문제가 될 만한 이벤트를 감지해 알려주는 것이다. 또한 촬영된 영상 안에 특정 영역을 별도로 지정해서 해당 영역에서 변화가 감지되면 이를 알려주는 기능도 지원한다. 심지어 구독 서비스를 이용하면, 네스트 앱을 통해 녹화된 영상에서 사람들이 말하는 소리가 있는 장면이나 택배가 현관 앞에 배달되는 장면 등을 구분해서 알려주는 기능까지 지원된다. 이렇게 특별한 상황을 인지해 이를 구분해서 탐색할 수 있도록 해주는 기능은 계속 업그레이드되고 있다. 아마도 나중에는 개 짖는 소리, 앰뷸런스 소리, 고양이 우는 소리 등을 구분해서 들려주지 않을까 싶다. 이처럼 그저 카메라에 촬영된 영상을 녹화해 저장해주는 기능에만 그치지 않고, 보다 다양한 서비스 경험을 할 수 있도록 AI가 제품의 사용성을 개선해주는 것이다. 그러니 구독 서비스에 가입하지 않으면 해당 카메라를 더 강력하게 활용할 수 없게 된다. 또한 네스트의 보안장치 및 구글 어시스턴트와 연계된 가전기기와 연동해두면 집에 허락하지 않은 사람이 문을 열고 침입했을 때 얼굴을 촬영해서 스마트폰으로 알려주고,

즉시 집안의 조명을 모두 밝게 켜고 네스트 시큐리티 보안 장치에서 사이렌 소리를 낼 수도 있다.

이렇게 향후 제조업체의 비즈니스는 상품을 잘 만들어 싸게 파는 것에서 그쳐서는 안 된다. 그 상품을 사용자가 어떻게 하면 잘 사용할 수 있게 지원할지 고민해야 한다. 테슬라의 자동차와 스마트폰 등을 보면, 이미 판매된 제품일지라도 계속 소프트웨어가 업데이트되면서 사용자가 더 편리하게 사용할 수 있도록 지원해준다. 또한 자율주행이나 클라우드 등의 서비스를 제공해 월 구독료를 받는 새로운 수익모델로 비즈니스 모델을 다변화하고 있다. 제조업은 AI나 클라우드 등의 기술을 이용해 고객에게 우리가 만든 제품을 어떻게 지속해서 더 편리하게 사용할 수 있도록 서비스 경험을 제공할 것인지를 고려해야 한다. 이를 위해 필요한 것이 클라우드 기술이고, 고객에게 물 흐르듯이 서비스를 스트리밍으로 제공할 수 있어야 한다.

전기차와 자율주행,
그리고 모빌리티 서비스

애플의 아이폰이 휴대폰 시장에 준 영향처럼 테슬라의 전기차는 자동차 산업에 큰 변화를 만들어내고 있다. 이 변화는 어디까지 이어질까? 전기차는 시작일 뿐 자율주행이 되면 자동차에서의 경험이 달라질 것이다. 마치 스마트폰이 기존 휴대폰과 다른 모바일 경험을 만들어준 것과 같다. 스마트폰이 4G LTE에 연결되고 앱스토어가 나오면서 변화가 시작된 것처럼 전기차도 LTE, 그리고 5G로 인터넷에 연결되어 스마트폰처럼 앱스토어가 나올 수도 있다. 그러면 모빌리티 경험이 만들어지며 새로운 비즈니스 생태계가 열릴 것이다.

전기차도 스마트폰처럼

자동차 회사가 신차 발표를 하면 이후 기대심리로 기업 주가가 오르곤 한다. 스마트폰을 만드는 제조사의 경우에는 다르다. 새로운 소프트웨어 업그레이드나 비즈니스 모델을 발표하면 주가가 움직인다. 애플에 대한 기업 가치는 단지 새로 출시되는 아이폰에만 있는 것이 아니라, 아이폰에 새롭게 론칭한 애플리케이션과 신규 서비스 및 기술, 그리고 비즈니스 모델에서 찾아야 한다. 즉, 아이튠즈와 애플 뮤직, 앱스토어에 새롭게 론칭한 아케이드, 맥과 아이패드, 아이폰 OS의 새로운 업그레이드를 통해 개선된 기능이 애플의 기업 가치에 영향을 준다.

2019년 상반기 앱스토어 매출은 전년 대비 13%가 증가했고, 2015년 론칭한 애플 뮤직은 4년 만에 6천만 명의 유료 가입자를 확보했다. 덕분에 2019년 2분기 기준으로 애플 뮤직과 앱스토어, 아이클라우드 등의 서비스 사업 매출이 14조 달러에 육박하며 전체 매출 비중에서 21%나 차지했다. 구글 역시 2018년 하드웨어 매출은 88억 달러로 총매출의 6%에 불과했지만, 다양한 기기를 지속해서 출시하고 있다. 이들 기기의 공통점은 구글 클라우드와 연계되어 동작하며, 제조업체에서 생산한 기기들과 달리 소프트웨어의 업데이트를 통해 성능이 향상되고 기능이 추가된다는 점이다. 또한 이들 기기를 다양한 서비스로 연계함으로써 기기의 사용 경험이 확장된다는 것도 큰 특징이다.

　그러니 구글은 생산하는 하드웨어의 판매량은 적지만, 로열티 높은 사용자층을 확보하고 있다. 실제로 구글 어시스턴트와 연동되는 구글 하드웨어들을 사용하다 보면, 하나씩 구매하는 제품들이 늘어가게 된다. 서비스의 중독으로 사용하는 구글 기기도 늘어나게 되는 것이다. 일례로 구글 제조사 네스트에서 판매하는 보안 카메라는 '네스트 어웨어'라는 구글의 클라우드 기반 구독 서비스와 연계되어 제공되는데, 한 번 사용하기 시작하면 사용성이 높아 보안 카메라는 물론 보안 초인종, 온도조절기 등을 추가로 구매하게 된다. 이렇게 서비스 경쟁이 곧 하드웨어 경쟁력으로 확대되고 있다. 그러니 삼성전자의 경쟁자는 이제 애플을 넘어 구글이 되고 있다. 그런 경쟁이 전방위로 확대되면서 자동차라는 하드웨어에도 서비스 전쟁이 예고된다.

　전기차는 스마트폰처럼 늘 인터넷에 연결되어 있고, 전원이 완전히 꺼지지 않은 대기 모드로 주차되어 있다. 전기 에너지가 늘 공급된 상태에 있다 보니, 주차된 상태에서도 차량에 데이터가 송수신된다. 그런 전기차에 스마트폰으로 연결하면 자동차의 위치는 물론이거니와 차량 블랙박스 카메라에 촬영되는 영상까지 볼 수 있다. 차량의 문을 원격으로 여닫고, 창문을 여는 것은 물론, 자율주행 기능이 탑재된 차량은 주차된 곳에서 내가 있는 위치까지 무인으로 오게 할 수도 있다. 테슬라에서는 서먼SUMMON이라는

▲ 도로 위의 스마트폰, 전기차

기능으로 제공되고 있다. 이렇게 자동차에 새로운 기능과 성능이 개선되기 위해서는 스마트폰처럼 소프트웨어 업그레이드가 필요하다. 그렇게 기존 자동차와 다른 전기차는 스마트카로 불려도 될 만큼 스마트폰과 비슷한 자동차 사용 경험과 비즈니스 생태계를 만들 것이다.

전기차, 새로운 모빌리티 경험을 향한 주도권 싸움

자동차는 목적지까지 안전하고 빠르게 가는 교통수단이다. 하지만 전기차는 다르다. 전기차는 그저 교통수단이 아니라 차 안에서 음악, 영화, 게임부터 다양한 모빌리티 서비스를 제공하는 인터넷 단말기다. 실제 전기차는 기존 차량과 달리 차량 운전대 주변의 대시보드에 커다란 디스플레이가 장착되어 있다. 전기차 내에 커다란 디스플레이에는 기존과 다른 다양한 정보와 즐거움이 가득한 콘텐츠로 채워지고 있다.

기존의 차량 내에 탑재한 디스플레이는 애물단지였다. 탑재된 내비게이션의 성능도 부족한데다가 조작 방식도 불편해서, 스마트폰의 내비게이션 앱을 이용하지 차량 인포테인먼트infotainment에는 눈길조차 주지 않는다. 노트북, 태블릿, 스마트폰과 비교하면 차량에서 음악을 재생하는 것도, 동영상을 보는 것도 20년 전 컴퓨터를 사용하는 것처럼 불편하기만 한 것이 사실이다. 그래서 구글은 안드로이드 '오토', 애플은 '카플레이'를 통해 스마트폰을 차량의 디스플레이에 연결해주고 있다. 이렇게 스마트폰을 차량 디스플레이에 연동하면 스마트폰의 내비게이션을 보다 큰 화면으로 사용할 수 있고 음악 등의 재생과 전화 사용이 편리해진다. 비록 디스플레이는 자동차 제조사가 제공하지만, 실제 이 화면을 활용하는 것은 구글과 애플의 플랫폼인 것이다. 이마저도 자동차 제조사가 지원을 해줘야 사용할 수 있다. 하지만 차량 구매 고객들의 요구와 사용자 경험 측면에서 차량 내 디스플레이를 자동차 제조사가 독자적으로 운영하기보다 스마트폰 제조사에 주는 것이 더 낮기 때문에, 기존 차량 제조사들은 애플과 구글의 스마트폰과 연동해 사용하도록 해주었다.

하지만 테슬라는 다르다. 2019년 9월 테슬라는 소프트웨어 10.0을 발표하면서 엔터테인먼트 기능을 한층 강화했다. 테슬라 시어터, 가라오케, 컵헤드 등이 그것이다. 차량이 주차된 상태에서 넷플릭스, 유튜브, 훌루 등을 테슬라 콘솔에 직접 연결해 시청할 수 있다. 중국 시장을 겨냥해 아이치이iQiyi, 텐센트 비디오를 추가하는 등 지역 최적화까지 고려하고 있다. 가라오케는 노래방 기능이며 팟캐스트와 슬래커 라디오 등으로 음악 기능이 더욱 강화되었다. 2020년 11월에는 펌웨어가 업데이트되면서 스포티파이디지털 음악 서비스가 지원된다.

특히 기존부터 제공되던 테슬라 아케이드에 새로운 게임 '컵헤드'가 추가되어 운전대와 페달을 컨트롤러로 활용해서 카레이싱 게임을 할 수 있다. 특히 내비게이션 기능도 강화해 레스토랑의 위치와 차량 주변의 관심 장소에 대한 탐색이 더욱 편리해졌고, 대시보드 카메라와 차량 내 블랙박스의 기능이 더욱 강화되었다.

이렇게 전기차로 다양한 인터넷 서비스를 이용할 수 있게 되면서 자동차는 더 이상 교통수단으로만 사용되는 것이 아니다. 특히 자율주행 기능이 더욱 고도화되면, 운전자와 승객이 더 이상 운전에만 집중하는 것이 아니라 목적지까지 가는 동안 쉬거나 놀거나 일하거나 공부하는 등, 다양한 용도로 차량 내 경험을 요구하게 된다. 이때 스마트폰이나 태블릿을 보는 게 아니라 전기차에서 제공하는 기능을 이용한다면 전기차는 새로운 모빌리티 경험을 고객에게 준다. 즉, TV와 스마트폰에 이어 제3의 인터넷 단말기로서 새로운 인터넷 서비스 경험을 제공하는 수단이 되는 것이다. 거기에서 새로운 비즈니스의 기회도 만들어진다.

스마트카의 새로운 플랫폼 비즈니스

테슬라는 기존 자동차 회사들처럼 스마트폰과 연결해 차량 내 디스플레이를 미러링해서 사용하도록 하지 않는다. 한마디로 테슬라는 구글 오토, 애플 카플레이를 지원하지 않아 스마트폰 화면을 미러링 해 차량 디스플레이를 이용할 수 없다. 즉, 스마트폰과 무관하게 폐쇄적인 차량 플랫폼을 구축하고 있다. 독자적인 자체 테슬라 플랫폼에 속속 서비스들을 탑재하면서 마치 앱스토어, 구글플레이처럼 차량 스토어를 꿈꾸고 있다. 스마트폰이 없어도 테슬라 차량만으로 인터넷에 연결해서 인터넷 서비스 경험을 할 수 있도록 하는 것이다. 그렇게 테슬라는 차량 내부에서의 새로운 사용 경험을 만들고 있다. 그 경험을 현재까지는 테슬라가 주도적으로 만들고 있지만, 스마트폰이 그랬던 것처럼 점차 다양한 외부 사업자들이 참여하면서 전기차를 중심으로 한 모빌리티 플랫폼이 완성될 것으로 보인다. 그러면 전기차는 제3의 인터넷 단말기로서 새로운 비즈니스 기회의 장이 될 것이다.

우리는 이미 지난 10년간 휴대폰이 인터넷에 연결되면 어떤 플랫폼 비즈니스의 기회가 있는지 목격했다. 자동차가 인터넷에 연결되면 플랫폼 비즈니스의 기회가 있을지는 더 분명하다. 2019년 4월 테슬라의 일론 머스크는 투자자들에게 2020년을 목표로 로보택시라는 새로운 비즈니스를 론칭하겠다고 발표했다. 자율주행 기능이 나를 목적지까지 데려다주는 데 사용되는 것이 아니라 사람을 실어 나르는 로봇 기사로서 활용되어, 테슬라 전기차가 돈을 벌어주는 기기가 될 것이라는 발표였다. 우버나 타다, 카카오택시에 운전자가 없는 모델이다. 차량 소유자는 테슬라 네트워크에 차량을 로보택시로 등록해두면, 차량을 이용하지 않을 때 무인 택시로 활용한다는 계획이다. 이렇게 차량의 자율주행 기능을 활용해 기존에는 전혀 꿈꿀 수 없었던 플랫폼 비즈니스를 추진할 수 있다.

또한 차량 충전과 주차, 세차, 그리고 드라이브스루와 자동차 영화관 및 차량과 관련한 인접 산업 영역에서 보다 편리한 서비스 경험이 만들어질 것이고 거기서 새로운 비즈니스의 기회가 생겨날 것이다. 스마트폰으로 영화를 보고, 예매하고, 택시를 부르고, 물건을 쇼핑하고 결제하면서 다양한 산업 영역에 혁신이 만들어진 것처럼, 자동차에서도 모바일에서의 경험과 다른 서비스를 선보이면서 혁신이 일어날 전망이다. 이제 차량 운전자를 넘어 탑승객 대상으로 이동, 정차, 주차 중에 차량에서 즐길 수 있는 다양한 서비스에서 비즈니스의 기회가 생겨날 것이다.

요즘IT

모바일 결제를 넘어선다, ICPS

모빌리티의 제2의 진화는 자동차 자체의 혁신으로 이루어질 전망이다. 차량 자체가 전기차로 발전하면서 인터넷에 연결되고, 컴퓨터와 스마트폰처럼 인터넷 사용의 도구가 되어 다양한 인포테인먼트 서비스를 차량 내에서 즐길 수 있게 될 것이다. 이때 필요한 것이 차량 결제, 즉 ICPS In Car Payment System다. ICPS는 자동차를 이용한 결제 서비스로서, 모바일 결제에 이어 자동차 중심의 새로운 결제 솔루션으로 모빌리티 서비스를 혁신하는 데 마중물 역할을 할 것이다. 차량 내에서 다양한 인포테인먼트 서비스를 즉시 즐기기 위해서는 빠른 결제가 필요한데 이때 ICPS가 이용될 것이다. 또한 스타벅스의 드라이브스루나 하이패스처럼 자동차를 이용해서 빠른 결제를 할 때도 ICPS가 향후 널리 이용될 것이다. 주차장, 세차장, 그리고 전기차 충전과 자동차 극장 등의 다양한 목적으로 차량 결제가 보편화되어 이용될 것으로 보인다.

단, 미래 차량의 커다란 디스플레이와 스피커의 제어권을 독차지하기 위한 경쟁이 앞으로 테슬라 외에도 구글, 애플 간에 본격화할 것이다. 반면 기존 자동차 회사들은 독자적인 플랫폼 구축을 위한 기술이나 생태계 구축 전략이 미흡해 구글과 애플에 종속될 가능성이 높다. 하지만 차량 플랫폼은 자동차 내부뿐 아니라 외부에서도 찾을 수 있다. 즉 자동차를 제어, 통제, 관리하는 모바일 앱이나 웹 등 외부 서비스와 오픈 생태계를 구축하는 것도 차량 외 플랫폼의 또 다른 형태다. 이를 위해서는 차량 내에 수집된 데이터를 공개하고, 자동차를 제어할 수 있는 응용 프로그램 인터페이스API들을 오픈해서 자동차 플랫폼을 간접적인 형태로 추진하는 전략을 도모할 수 있다. 이러한 것이 기존 자동차 회사들의 플랫폼 전략이 될 수 있을 것이다.

테슬라의 비즈니스 모델은 과연?

테슬라는 차량 판매와 차량의 특정한 기능을 구독, 혹은 소프트웨어 유료화로 수익모델을 가져간다. 기존 자동차 제조사가 차량과 자동차 소모품 등을 판매해서 수익모델을 가져가는 것과 달리 소프트웨어를 통한 수익모델까지 있는 셈이다. 더 나아가 테슬라는 태양광 발전을 통해 재생

에너지를 생산하고 그 전기를 자체 충전소를 통해서 테슬라 차량에 충전하는 에너지 사업에도 진출해 있다. 한마디로 현대차가 SK주유소를 운영하는 것과 다를 바 없다. 또한 테슬라는 차량에서 수집된 데이터를 기반으로 자동차 보험을 포함, 다양한 데이터 관련 비즈니스를 수익모델로 삼고 있다. 향후 로보택시를 기반으로 한 교통 중계 서비스와 차량 앱스토어를 통한 소프트웨어 중계 판매에 이르기까지, 다양한 비즈니스 모델을 가져갈 것이다.

● 전기차는 주행 및 충전, 그리고 차량 블랙박스에 촬영된 영상과 관련된 수많은 데이터가 수집된다. 여기서 모인 데이터는 차량 관련 서비스는 물론, 배터리와 방범, 보안과 관련된 다양한 산업에 활용할 수 있다. 이 데이터들이 인공지능을 더욱 고도화해서 자율주행을 진화하는 데 도움을 줄 것이다. 주행 관련 데이터 덕분에 도시 내 차량들의 관제, 교통 시스템과 연계되어 스마트시티의 한 축을 메꿔줄 것이고, 차량에서 촬영되는 다양한 영상을 통해 사회의 치안과 방범에 큰 도움이 될 것이다. 차량이 실시간으로 인터넷에 연결되어 데이터가 수집되면 전국의 자동차들이 CCTV가 되어 도난 차량을 검거하거나 사고를 신고하고, 도로가 파손되었을 경우 주변 차량에 주의를 줌으로써 도시를 더욱 안전하게 만드는 데 기여할 수 있다. 자율주행이 실현되면 자동차 안에서 다양한 서비스 경험에 대한

니즈가 높아져 용도에 맞게 공간과 디자인이 바뀌는 새로운 차량 플랫폼 비즈니스를 선보일 수도 있을 것이다. 스마트폰에 이어 자동차가 인터넷에 연결되고 SW 플랫폼으로서 작동되면서 우리의 미래 모빌리티 경험과 비즈니스의 기회도 혁신할 것이다.

탄소는 안녕,
수소차 시대가 온다

우리가 사는 지구의 지속가능성을 위해 국가는 물론 기업도 사회적 역할과 책임이 요구되는 세상에 살고 있다. 즉, ESGEnvironmental, Social and Governance 경영이 기업 경영의 중요한 지침이 되고 있다. 그저 재무적 성과만을 요구하던 기업의 경영지표에서 환경과 사회, 그리고 지배구조에 대한 책임을 요구받고 있다. 그런 차원에서 지구 환경을 보호하는 방법으로 대두되고 있는 탄소 중립의 실천 방안으로서 수소경제에 대한 필요성이 커지고 있다. 그렇다면 전기차보다 수소차가 더 탄소 제로Net-zero를 달성하는 데 도움이 된다는 뜻일까?

전기차가 대세 아냐? 웬 수소차?

　2000년대 자동차 산업의 터닝 포인트이자 지구 온난화 대응을 위해 수소경제가 대두되었지만, 경제성 확보의 어려움과 전기차의 빠른 발전으로 인해 전 세계적으로 관심이 저하되었다. 하지만 2015년 파리 기후변화 협정 이후 수소의 역할은 재조명되고 있다. 특히 전기 대체가 어려운 수송 분야 등에서는 화석연료의 대체재로서 수소연료, 수소경제가 다시금 주목받고 있다. 특히 국내에서는 국가 차원의 수소경제 부활을 주도하면서 SK, 현대차, 포스코 등의 기업은 일찍이 수소발전 사업에 투자했고, 수소 발전소와 수소차 설비, 수소 기술 개발 등에 주력 중이다. 그 결과 한국은 특히 수소전기차와 연료전지발전 분야에서 경쟁력이 높아졌지만, 수소차는 전기차만큼 우리 일상에 스며들지 못했고 일반인의 인식 수준도 높지 않다.

　전기차와 수소차는 서로 다른 동작 메커니즘을 가지고 있다. 전기차는 배터리가 필요하지만, 수소차는 수소원료가 필요하다. 수소원료를 이용해 전기를 발전해 공급해서 차량이 운영된다. 그러므로 정확히 말하면 수소전기차다. 일반 전기차는 배터리로 가지만 수소전기차는 수소로 만들어진 전기로 간다고 생각하면 된다. 그런데 왜 굳이 배터리가 아닌 수소를 이용하는 것일까? 수소를 이용하면 충전을 빠르게 할 수 있기 때문이다. 전기차는 스마트폰

▲ 수소원료를 충전해서 사용하는 수소차

처럼 배터리를 이용해서 충전 시간이 오래 걸리고, 배터리 무게 때문에 차체가 무거워지는 단점이 있다. 반면 수소차는 탱크로 수소를 충전해서 기존의 차량 주유와 비슷한 속도로 충전할 수 있다.

하지만 일반 전기차와 달리 수소를 보관할 탱크 공간이 따로 필요하다. 특히 아직 전기차만큼 충전소가 보급되지 않았고 수소차 생산가격이 비싸다는 것도 문제다. 결국 수소차의 보급이 확산되기 위해 대량생산 체계가 갖춰져야 한다. 하지만 전 세계 자동차 회사들은 수소차에 집중하기보다는 당장 인프라가 갖춰진 전기차에 투자하고 있어, 수소차는 트럭이나 버스 등의 특수 목적의 차량에 적용될 가능성이 높다.

전기차, 수소차보다 중요한 것은 환경

전기차나 수소차가 주목받는 이유는 기후변화, 온난화 등 지구환경을 보호하기 위한 변화다. 정유로 운행하는 차량은 정유를 생산, 가공하고 차량을 운행하는 도중에 탄소 발생과 미세먼지가 많이 발생한다. 반면 전기차나 수소차는 차량 운행 중 미세먼지 등의 배출가스가 거의 없다. 하지만 전기나 수소를 생산하는 과정에서 기존의 화석 에너지를 이용하면 탄소 배출은 계속된다. 그래서 수소차나 전기차를 보급하는 것보다 더 중요한 것은 생산 과정에서 탄소 배출을 최소화하는 것이다. 그러므로 친환경 에너지 생산, 재생에너지 사용에 대한 관심은 물론, 우리가 사용하는 전기와 수소가 어떻게 만들어졌는지에 대해서도 주목해야 한다.

수소차보다는 수소경제!

수소경제는 수소를 에너지원으로 활용하기 위해 필요한 산업과 시장을 의미하며, 크게 생산-저장과 운송, 그리고 활용으로 구분해서 해석해야 한다. 특히 활용 과정에서 유해물질인 온실가스나 미세먼지를 발생시키지 않는다는 점이 기존의 화석 에너지에 대비해 신재생 에너지로 평가받는 이유다. 전기를 생산하는 데 화석 연료보다는 자연의 재생에너지를 이용하는 것이 지구를 푸르게 유지하기 위한 일이듯이, 전기를 저장하고 사용하는 것보다는 수소를 에너지원으로 사용하는 것이 더 깨끗한 공기를 담보해준다.

세계적으로 탄소중립 정책이 화두가 되면서 태양광, 풍력과 같은 자연 에너지와 함께 수소를 이용한 에너지 생산이 넷제로Net-Zero, 탄소 배출량 제로 소사이어티Society, 즉 온실가스 해결을 위한 대안으로 주목받고 있다. 태양광 발전만으로는 안정적인 전력망 유지가 어렵다. 특히 재생에너지는 계절과 밤낮을 구분해서 볼때 공급과 수요의 불일치가 발생하기 때문에 균형 있는 에너지 공급을 위해 수소 에너지가 필요하다. 특히 재생에너지를 통해 확보된 전력을 ESSEnergy Storage System 배터리에 저장하면 저장용량이나 기간이 적어서 대규모로 필요한 전력 소모에는 적합지 않다. 그에 대한 대안으로 수소에 대한 필요성이 대두되는 것이다.

특히 수소 발전은 재생에너지와 연계해 활용될 수 있다. 기존의 에너지 시스템이 이용되는 분야는 크게 발전, 난방, 수송 등으로 구분되고, 각 영역별로 서로 다른 에너지가 이용된다. 발전은 전기, 난방은 열, 수송은 석유로 구분되는데, 서로 다른 에너지를 수소 발전을 통해 수소로 저장하면 사용 영역별로 자유로운 이동이 가능해 에너지 운송에 훨씬 효율성이 배가된다.

수소 생산과 이를 저장하는 연료전지는 꾸준한 기술 발전으로 생산성이 향상되었고, 대량 양산이 시작되면 규모의 경제로 다른 에너지 기술과 비교해 더 싼 가격으로 생산할 수 있을 것으로 기대된다. 그래서 각 국가에서는 수소경제를 국가 주요 핵심 전략으로 육성하려는 움직임을 보이고 있다. 한국은 수소 생산과 저장 관련 기술 부분에서는 상대적으로 선도국에 뒤떨어지지만, 수소용 연료전지나 이를 이동하고 사용하는 영역에서는 선두에 서 있는 상황이다.

수소의 생산과 저장 관련 영역에서는 미국과 독일, 영국, 중국 등이 공격적 투자를 하고 있다. 그런데 수소의 생산 방식은 화석연료를 이용해 수소를 추출하는 블루 수소Blue Hydrogen 방법과 태양광, 풍력, 수력 등의 재생에너지를 이용해 수소를 생산하는 그린 수소Green Hydrogen 방식으로 구분된다. 당연히 그린 수소가 친환경적이지만 비용 효율성 측면에서는 블루 수소가 더 낫다. 수소경제가 탄생한 배경도 친환경이 목적인 만큼, 장기적으로는 수소 생산이 그린 수소로 이루어질 것이기에 경제성을 높이기 위한 기술 발전이 활발해지고 있다.

에너지 저장과 수송 측면에서 강점이 많은 수소경제 분야는 에너지 밀도를 높여 장거리 운송과 장시간 보관이 가능한 연구가 집중되고 있다. 또한 수소를 이용하는 장치가 자동차나 트럭, 선박 같은 운송 장치 외에도 건물과 공장 등의 다양한 장소로 확대되면서 수소 에너지를 운송하고 저장해둘 수 있는 인프라에 대한 수요도 급증할 것이다. 이를 위해 수소 생산과 발전 외에도 운송과 저장 등과 관련된 비즈니스의 기회도 늘어날 전망이라, 이와 관련된 연구와 투자도 커지고 있다.

요즘IT
수소경제의 최대 장점은

수소 에너지는 그간 우주 산업의 로켓 연료로 이용됐다. 이제는 자동차, 그리고 가정용 연료전지, 잠수함이나 비행기 등 특수용도와 수송 목적으로도 확대될 수 있는 기회가 생겨나고 있다. 수소가 이렇게 각광받는 배경은 전기를 생산하는 방법으로 태양광, 풍력 등의 자연의 힘을 이용하는 것만으로는 부족해서다. 수소에 화학반응을 일으켜 전기를 생산하는 것은 자연 에너지보다 대량화가 가능하고, 전기 에너지로 전환하기 전에 수소의 상태로 보관함으로써 수송과 저장이 편리하기 때문이다. 특히 수소는 우주 질량의 75%나 차지할 만큼 흔하기 때문에 거의 무한하다. 단, 그렇게 수소경제에서 필요한 수소를 생산하는 과정에서 발생하는 온실가스 배출이나 경제성 문제를 극복할 수 있는 대안이 함께 고려되어야 한다. 이를 위해 수소를 생산할 때 필요한 에너지원으로 자연 에너지나

바이오가스 등도 고려되고 있다.

● 전기든 수소든 만드는 에너지원이 화석이냐 자연이냐가 중요한 시기다. 화석으로 만든 에너지는 지구를 지속 가능하게 만들지 않는다. 그러니 첫째는 무엇으로 에너지를 만드느냐, 그것이 청정 에너지이냐가 중요하다. 둘째는 전기로 저장해서 활용하는 것만으로는 산업 발전에 따른 전기 수요를 충당할 수 없다 보니 수소를 고려하게 된 것이다. 전기는 오래 저장하기 어렵고 먼 곳으로 운송하기 어려운 반면, 수소 연료의 형태로 저장하면 수송과 축적이 쉽기 때문이다. 그래서 수소차는 기존 경유처럼 수소 탱크에 쉽고 빠르게 주유할 수 있어 배터리를 이용하는 전기차보다 에너지의 충전이 쉽다. 사용자 입장에서는 수소든 전기든 안정적이고 깨끗한 에너지를 사용하기만 하면 된다. 그래서 최근 수소에 대한 기대가 커지고 있다. 커피 한 잔을 마셔도 머그잔에, 종이 빨대를 이용하며 지구 환경을 생각해야 하는 시대에 살고 있다. 이제 우리가 사용하는 에너지원이 어떻게 만들어졌는지, 청정 에너지인지를 따져봐야 할 시기가 오고 있다. 식재료의 원산지를 추적하듯 에너지가 어떻게 생산되었는지 정확하게 따질 수 있고, 청정 에너지만을 선택적으로 사용하고, 그에 따른 차등 요금을 낼 수 있으려면 어떤 기술이 필요한지를 생각해보라. 비즈니스의 기회를 그 누구보다 앞서 포착할 수 있을 것이다.

AI와 IoT로 움직이는
스마트 팩토리

인공지능과 사물인터넷은 우리 개인의 일상도 변화시키지만, 기업도 바꾸고 있다. 공장과 일터를 혁신시키는 데 이들 기술이 이용되고 있다. 심지어 농장이나 과수원, 어장에서도 AI와 사물인터넷을 담은 드론이 생산량을 늘리고 안전과 보안을 위해 이용되고 있다. 근미래에는 사람이 없는 농장, 일꾼이 없는 과수원, 로봇만으로 운영되는 공장이 있을 수 있다. 제조업은 근본적으로 디지털 기술로 인해 기존과 생산 방식만 달라지는 것이 아니라 비즈니스 모델까지도 변화될 것이다. 그것을 제품의 서비스화라고 말할 수 있다.

스마트 팩토리와 디지털 트윈

제조업에 일반적으로 적용되는 디지털 기술은 주로 생산, 공장에 적용되는 스마트 팩토리로 완성된다. 공장의 생산성을 높이고 제조 상품의 수율을 높이기 위해 로봇을 도입하고, 각종 센서를 설치해 데이터를 수집하고 공정을 개선하는 것이 대표적인 공장의 디지털 트랜스포메이션이다. 사물인터넷 기술이 공장, 즉 물건을 생산하는 영역에 적용된 것이 스마트 팩토리다. 제조업체의 공장에서 생산 과정에 센서 인터넷 기술과 빅데이터, AI를 활용하면 원가를 절감하고 사고를 예방하며 수율을 높일 수 있다. 이를 스마트 팩토리, 제조혁신, 인더스트리 4.0이라고 부른다. 물론 농업 등에서도 드론과 자율주행 트랙터 등을 활용해 생산성을 향상할 수 있고, 의료업에서는 5G를 이용한 로봇 기술로 원격진료를 할 수도 있고, 환자의 치료 데이터를 머신러닝, 딥러닝 기술과 접목해 AI를 고도화시켜 의사가 정확한 진단을 하는 데 도움받을 수도 있다.

스마트 팩토리는 여러 경로를 통해 양적·질적으로 향상된 고객 데이터를 수집해 신상품 기획에 활용할 수 있으며, 상품 개발에 있어서 프로토타이핑prototyping, 생산 전 미리 시험 삼아 모형을 제작해보는 방법을 설계하고 테스트하는 데 3D 프린팅 등의 기술이 이용되기도 한다. 제품 생산 업무에서도 디지털 트윈 등의 기술을 이용해 에러율을 최소화하고 생산 수율을 높일 수 있다.

▲ 로봇과 소프트웨어로 제어, 관리되는 스마트 팩토리

스마트 팩토리에서 센서와 데이터, 디지털 트윈이 이용되는 단계는 크게 세 가지다.

첫째, 공장 내에서 다양한 데이터를 수집해 클라우드에서 분석함으로써 공장의 상태를 모니터링하고 생산성을 향상하거나 효율화하는 방법들을 모색하는 데 활용하는 것이다.

둘째, 원격으로 공장의 기기를 클라우드에 연결해 공장을 제어하고 관리할 수 있는 단계다. 바꿔 말해 공장이 고스란히 인터넷에 연결되어 원격 제어가 가능한 상태다.

셋째, 공장과 똑같은 가상의 공장을 인터넷에 만들어 현실이 아닌 가상에서 공장을 가동하면서 예측하는 단계다. 공장에서 실험하지 않고 가상에서 다양한 실험을 하면서 공장을 최적으로 동작시키는 방법을 찾아, 결괏값을 기반으로 실제 공장을 개선하는 데 활용하는 것이다. 이것이 디지털 트윈digital twin이다.

아디다스의 스피드 팩토리, 테슬라의 기가 팩토리 등이 대표적인 스마트 팩토리다. 기존 공장보다 더 적은 인원으로 다양한 상품을 생산할 수 있고 다양한 데이터 수집을 통해 공장의 제조 공정이 지속해서 개선된다는 특징을 가진다.

그런데 이렇게 공장의 생산 영역 자체가 디지털화되는 것을 넘어, 우리가 만드는 각종 제품에 대한 마케팅, 생산관리, 상품기획, 상품개발 등의 업무를 효율화하고 개선하는 데 디지털 기술이 활용될 수도 있다. 이러한 과정도 기업이 디지털 기술을 기반으로 혁신하는 방법이다. 제품 자체가 디지털라이제이션digitalization되는 것만이 아니라 기존 제품을 그대로 유지하더라도 제품을 기획, 개발, 생산, 마케팅하는 과정에서 디지털 기술을 활용함으로써 가치를 창출하는 것도 중요하다.

제조업 궁극의 DT는?

공장의 디지털화는 제조업의 궁극적인 디지털 트랜스포메이션DT이라고 보기에는 부족하다. 제조 생산 공정에서 디지털 기술을 적용하는 것은 기업 입장에서는 생산성의 향상과 효율화, 비용 절감 등의 가치를 얻게 되지만, 실제 고객에게 새로운 가치가 제공되거나 기업의 비즈니스 모델이 변화하는 것은 아니기 때문이다. 기업의 디지털 트랜스포메이션으로 얻게 되는 최고의 가치는 비즈니스 모델의 혁신을 통한 새로운 고객의 확보와 사용자 경험이다. 이를 위해서는 상품 자체가 바뀌어야 한다. 사물인터넷은 실제 고객에게 제공되는 상품이 바뀌면서 새로운 고객 경험을 제공한다. 따라서 사물인터넷은 제조업이 추구해야 할 궁극적인 디지털 트랜스포메이션이라 할 수 있다.

AI로 일구는 제조 혁신

DT는 이제 특정 산업 영역이 아닌 모든 산업에서 불고 있는 생존을 위한 필수 전략이 되었다. 특히 최근 AI와 빅데이터 등의 기술 혁신과 함께 사물인터넷IoT 트렌드가 대두되면서 제조업의 DT도 생존 전략이 되고 있다. 제조업을 DT로 혁신하는 데 있어 다양한 기술들을 고려할 수 있지만, 이중 AI를 통한 제조의 DT에 대해서 살펴보겠다.

AI는 크게 두 가지로 구분할 수 있다. 하나는 기업 내 특정 목적에 최적화된 문제 해결을 위한 솔루션으로서의 인더스트리얼Industrial AI고 다른 하나는 일반 사용자들이 사용할 수 있는 서비스로서의 AI 어시스턴트Assistant로 프런트Front AI다. 제조업 분야에서는 이 두 가지의 AI를 이용해 사업 혁신을 추진할 수 있다. 이중 인더스트리얼 AI는 제품의 생산, 제조, 기획, 마케팅, 영업, 그리고 회사 내에서의 업무 영역에서 필요에 따라 취사선택해 사용할 수 있다. 일례로 반도체 제조 공정에서 제품의 불량을 판독하거나, 자동차의 자율주행, IP 카메라의 사람 얼굴 인식 등이 해당된다.

프런트 AI는 상품 자체에 적용해서 사용자가 해당 기기를 사용할 때 한층 편리한 경험을 제공하는 데 이용된다. 필립스의 조명은 인터넷에 연결되어 구글홈이나 시리, 알렉사 등의 AI 어시스턴트를 연동해 음성으로 껐다 켰다 하고, 밝기와 색상을 제어할 수 있다. 또 집에 사람이 없으면 자동으로 꺼지고, 퇴근하고 집에 들어오면 자동으로 켜지고, 아침에 일어나는 시간에 맞춰 자동으로 환하게 켜지는 등의 설정이 가능하다. 이렇게 제품을 인터넷에 연결해서 AI 어시스턴트를 연동해 더욱 편리하게 사용하기 위해서는, 제품을 인터넷에 연결해 클라우드를 통해 관리할 수 있어야 하며, 다양한 데이터를 수집해 사용자의 상황을 파악해 자동으로 조작될 수 있어야 한다.

스마트 팩토리나 디지털 트윈은 제조 공장에 가장 완성된 형태의 DT다. 하지만 이런 DT는 비용 투자도 많이 들뿐더러 실제 성과로 이어지기까지 오랜 시간이 걸린다. 반면에 공정 과정에서 바로 AI를 적용해 특정한 문제를 해결하거나 비효율을 제거함으로써 수율을 개선하고 생산성을 높일 수 있는 것이 인더스트리얼 AI

다. DT를 추진하는 과정에서 AI를 기업의 특정 비즈니스 문제를 해결하는 데 이용하면 빠르고 쉽게 성과를 얻을 수 있다.

기업의 DT를 추진하는 데 새로운 고객 가치를 만들고 시장을 확장하는 등의 신규 비즈니스 모델이나 사업 측면에서 접근하는 일은 궁극적 비전이긴 하지만 시간과 비용의 투자가 상당하다. 반면 기존의 상품, 사업을 유지한 채 생산이나 마케팅 등의 영역에서 비용을 절감하고 생산성을 향상하는 목적으로 DT를 추진하는 일은 적절한 솔루션만 찾으면 바로 적용해 단기간 내에 성과를 확인할 수 있다.

그런 면에서 제조 공정 과정에서 제품 불량을 AI를 통해 한층 빠르고 정확하게 검출하고 예측하거나, 시설물과 설비 결함을 감지해 안전한 사업장 환경을 유지하는 데 도움을 주는 솔루션은 생산성을 증대하는 데 실질적으로 도움을 준다.

제조 DT의 완성, 제품의 서비스화

킨사KINSA라는 회사의 체온계는 인터넷에 연결됨으로써 새로운 고객 경험을 제공하는 사물인터넷의 대표 사례라 말할 수 있다.

이렇게 인터넷에 연결된 상품은 기존과 달리 데이터가 측정된 이후 수집되고 관리됨으로써 다양한 부가 서비스를 제공한다. 이

것이 제조의 서비스화고, 이를 토대로 체온계를 팔아 돈을 버는 것을 넘어 다양한 부가 가치를 제공하고, 이에 기반한 서비스 비즈니스를 추진할 수 있게 된다. 고객에게 준 새로운 경험과 가치를 토대로 다양한 비즈니스 모델을 적용할 수 있어, 궁극적으로 기업 가치를 높이게 된다.

이처럼 기존 제품의 사용자 인터페이스를 완전히 새로 바꾸어 사용자에게 제품을 사용하는 서비스 경험을 제공하는 것을 제품의 서비스화, 제조의 서비스화라고 부를 수 있다. 이는 기존의 제조와 완전히 달라진 개념이다. 기존에는 물건을 만들어 사용자에게 판매할 때, 공장에서 해당 하드웨어는 매뉴얼로만 작동할 수 있도록 구성해서 생산한다. 해당 하드웨어를 조작할 수 있는 방식을 펌웨어라고 하는 곳에 기록해 쉽게 수정할 수 없도록 화석화해서 제공한다.

반면 제조의 서비스화는 제품을 제어할 수 있는 소프트웨어를 고정하지 않고 유동적으로 바꿀 수 있을 뿐 아니라, 외부의 소프트웨어와 연계해 작동시킬 수 있도록 서비스화한다. 그러기 위해서는 제품을 인터넷에 연결하고 제품에 입력된 신호와 데이터, 그리고 제품을 작동시키기 위한 명령 등의 정보가 클라우드를 통해 여러 소프트웨어에서 접근하고 연동해서 동작할 수 있도록 해야 한다. 한마디로 기존 제품이 닫힌 생태계에서만 동작한다면, 서비스화된 제품은 열린 생태계에서 다른 서비스들과 상호작용하면서 운영되는 것이다.

만일 그렇게 제조가 서비스화되기 위해서는 얼마나 많은 영역에서 DT가 필요하겠는가. 단순히 기술적으로 클라우드, 빅데이터, AI, 그리고 사물인터넷과 모바일 앱 등의 소프트웨어에 대한 지원만 있어서 되는 것은 아니다. 서비스화 과정에서 고객에게 주는 가치, 우리가 가져가야 할 비즈니스 밸류와 수익모델, ROI Return On Investment, 투자자본수익률 등에 대한 검토는 물론 외부의 어떤 서비스와 연계할지, 해당 제품의 마케팅과 영업 전략, 그리고 보안에 대한 고려가 필요할 것이다. 물론 제조의 서비스화 이전에, 기존 제조 공정이나 판매, 마케팅, 영업 과정에서 비효율을 제거하기 위해 디지털 기술 기반으로 다양한 적용 솔루션을 고려해야 한다. 그래서 제조업의 DT 전략은 심사숙고와 체계적인 검토하에 이루어져야 한다.

제조업에서 필요한 서비스 디자인

미국의 퀘이크 테크놀로지 Qwake Technologies 스타트업에서 개발한 '시스루 C-thru'라는 헬멧은 소방관들이 화재 현장에서 인명을 구조하고 불을 쉽게 끌 수 있도록 고안된 특수 헬멧이다. 이 헬멧을 쓰면 우측 눈 부위에 장착된 소형 HUD헤드업디스플레이 장비를 통해 연기 자욱한 현장에서 사물의 윤곽을 쉽게 확인할 수 있다. 쓰러져 있는 사람들도 빠르게 파악할 수 있다. 이를 위해 사용된 기술은 인공지능 기반의 증강 현실이다. 또한 헬멧에는 통신 장비가 내장되어 소방관들 간에 대화는 물론 중앙 센터와 교신이 가능하다. 또 실내 측위 기술을 통해 소방관들의 위치를 센터에서 확인하고 안전하게 관제를 할 수 있도록 도와준다. 킨사KINSA, 시스루C-thru와 같은 상품을 제조할 때는 기존과는 다른 기술이 적용되어야 하고, 특히 소프트웨어 기반으로 새로운 서비스 경험을 제공하는 것이 중요하다.

● 이렇게 디지털 트윈 등을 이용한 공장의 디지털화가 본격화되면 우리에게 필요한 역량은 무엇일까? 과거 공장을 운영하는 기술이나 역량과는 다른 재능이 필요할 것이다. 즉, 공장에 어떤 센서를 어디에 장착해서 무슨 데이터를 수집하는 것이 좋을까를 고민해야 한다. 수집된 데이터를 클라우드에 어떻게 저장해서 어떤 목적으로 사용할 것인지를 생각해야 한다. 공장에서 쌓은 데이터를 기반으로 인공지능이 분석한 결과를 어떻게 해석해서 실제 공장에 적용할 것인지를 판단해야 하고, 디지털 트윈을 이용해서 무엇을 예측하고 수집된 결과를 어떻게 공장에 활용할 것인지를 결정할 수 있어야 한다. 기존에 공장을 운영하던 기술이나 역량과는 다르다. 이를 위해 디지털 기술에 대한 이해가 필수다. 그러기 위해서는 이

런 기술들을 사용하고 경험하는 것을 두려워해서는 안 된다. 적극적으로 배우고 업무에 적용해가면서 체험해야만 온전하게 이들 기술을 이해할 수 있을 것이다. 또한 제조의 서비스화 과정에서 디지털 기술을 기반으로 새로운 고객 경험을 디자인하고 이를 구현하는 역량이 중요하다. 이것이 제조업의 디지털 트랜스포메이션에 필요한 새로운 역량이다.

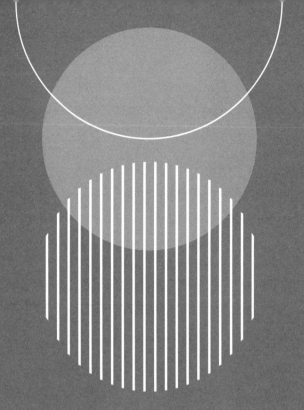

5장

세상을 바꾼
IT 스펙트럼

1998년 KBS 연수원에서 강의를 진행하던 강사의 연락을 받았다. 방송국의 컴퓨터 관리직 업무를 담당하는 직원들 대상으로 컴퓨터 조립, 수리 방법에 대한 강연을 맡아달라는 내용이었다. 당시 영진출판사와 《컴퓨터 조립 + 수리 쉽게 배우기》라는 책을 출간했는데 이 책의 내용이 마침 강연하는 주제와 맞아 필자인 나를 강사로 초대하는 것이었다. 이후 컴퓨터 전문 강사로 활동하면서 컴퓨터 활용에 대한 다양한 주제의 강연을 했다. 당시 기업은 물론 학교, 공공기관, 노인복지관에 이르기까지, 사회의 다양한 분야에서 컴퓨터, 인터넷 강연이 필요했다. 하지만 현재 그런 컴퓨터 강연의 수요는 그때만 못하다. 오히려 지금은 기업체에서 클라우드, 빅데이터, AI, 그리고 디지털 트랜스포메이션과 메타버스 등에 대한 강연을 요구하고 있다. 또한 창업이나 취업을 앞둔 직장인과 학생들도 이런 ICT 분야를 주제로 열공 중이다. 이렇게 IT는 우리 일상 깊숙히 들어와 있다. 이제 컴퓨터는 배우는 게 아니라 당연히 알아야 하는 것이다. 영어를 배우는 것보다 ICT 동향과 주요 디지털 기술에 대해 학습을 해야 할 판이다. 특히 대기업이 아닌 중소기업에 근무하는 사람들은 회사의 지원이 충분치 않아 스스로 학습해서 ICT 역량을 쌓아야 한다. 그게 이 세상에 경쟁력을 가지고 살아갈 방법이 되었다. 물론 20~50대의 사회활동을 하는 직장인이나 자영업자를 넘어, 10대와 유아, 그리고 60대 이상에게도 일어나는 일이다.

세상을 바꾼
IT적 대화

20년 전 대학 다닐 때, 한 시간이나 걸리는 통학 버스 맨 뒷자리에 앉으면 버스를 타고 내리는 사람들, 길거리 풍경과 거리를 걷는 사람들을 구경하는 일이 그렇게 즐거울 수 없었다. 연신 고개를 두리번거리며 사람들의 움직임을 관찰했다. 매일 반복되는 일상이 지루해지면, 흔들리는 버스 안에서 신문이나 잡지, 책을 들고 읽곤 했다. 학교에서 만나는 동기가 제한적이고 접하게 되는 정보가 학년마다 정해져 있다 보니, 또래들의 고민도 비슷했다. 복잡한 생각 없이 1학년 때는 열심히 소개팅하고 술 마시면서 청춘을 즐겼고, 2학년 때는 군대 갈 고민, 3학년 때는 학점 신경 쓰고, 4학년 때는 취업 고민에 빠졌다. 그런데 지금 대학생들은 치열한 경쟁에 이런 여유와 낭만을 즐기지 못하고 있다. 그렇게 세상을 다르게 변화시킨 것이 바로 IT다.

10년 주기로 변화하는 IT 생태계

IT 기술이 워낙 빨리 진화하다 보니, 우리 삶과 몸담고 살아가는 사회, 그리고 직장은 해가 갈수록 더욱 빨리 변하고 있다. IT 업계에 몸담고 있는 필자도 너무 빨리 변하는 현실에 하루도 여유를 가질 수 없을 만큼 혼란스러운데, IT 업종이 아닌 곳에 종사하는 사람은 오죽할까 싶다. IT가 바꾼 우리네 삶과 사회, 그리고 산업에 대해 성찰해보면 10년마다 IT가 이 세상을 어떻게 바꾸어왔는지 살펴볼 수 있다.

1990년대 ICT 환경은 PC통신이 지배했고, 2000년대는 WWW world wide web가 지배했다. 그리고 지금 2010년대는 모바일이 지배하고 있다. 공교롭게도 대략 10년 주기로 ICT 플랫폼이 변하고 있다. 키보드 중심의 PC통신에서 마우스 중심의 웹으로, 이제 손가락 터치를 이용하는 스마트폰으로 조작 방식이 바뀌었다. 키보드를 이용해 하이텔, 천리안, 나우누리를 이용하던 시절에는 MS DOS 환경에서 '이야기'라는 소프트웨어를 이용했다. 당시 컴퓨터는 486, 펜티엄 등이 주력 기종이었다. 그리고 PC통신에 연결하기 위해 모뎀이라는 장치를 이용했다.

486 컴퓨터HW, 하드웨어와 MS DOSOS, 모뎀NETWORK으로 구성된 PC 통신이라는 플랫폼에서 키보드를 조작해서UI, user interface '이야기SW, 소프트웨어'라는 프로그램을 이용했다. 이 시절을 지배하던 기업은 통신사였다. 하이텔은 KT, 천리안은 데이콤이 소유하고 있었고, PC 통신을 사용할수록 통신요금을 유선 통신사에 지불해야 했기에 통신사가 가장 수혜를 받던 시절이었다.

하지만 1998년 웹이 등장하면서 PC통신은 역사의 뒤안길로 사라졌다. 그때 가장 먼저 변화한 건 컴퓨터 하드웨어다. 펜티엄 MMXMultiMedia eXtensions가 출시되면서 컴퓨터에 멀티미디어 처리 기능이 강화되었다. 당시 그래픽카드, 사운드카드, CD-ROM 드라이브가 컴퓨터에 기본 장착되면서 멀티미디어 PC가 대세였다. 그러면서 윈도우 98 출시 이후 화려한 그래픽 사용자 인터페이스 Graphic User Interface, GUI가 주목받고 이를 효과적으로 사용할 수 있도록 해주는 마우스가 주력 입력장치가 되었다. 그렇게 변화된 UI에 맞게 PC통신도 변해 PC통신 전용 에뮬레이터들이 각광받았다. 하지만 PC통신보다 더 큰 신세계를 만나게 해주는 전 세계의 인터넷 서비스들TELNET, FTP, GOPHER, IRC, E-MAIL, WWW이 등장하면서 PC통신은 위축되기 시작했다. 그때 마침 모뎀을 이용해 SLIP/PPP 방식으로 연결하던 인터넷을 보다 빠르고 저렴하게정액제 사용할 수 있도록 한 두루넷의 케이블 모뎀이 등장하면서 멀티미디어와 GUI

를 제대로 지원하는 WWW가 PC통신의 뒤를 이어 메인 IT 플랫폼으로 자리잡는다. 펜티엄 MMX[HW], 윈도우 98[OS], 초고속 인터넷 NETWORK로 구성된 WWW 플랫폼에서 마우스를 조작해[UI], 넷스케이프와 인터넷 익스플로러[SW]라는 브라우저를 이용하는 새로운 시대가 펼쳐진 것이다. 이 시절을 지배하던 기업은 무료로 인터넷 서비스[한메일, 카페, 세이클럽, 미니홈피, 검색 등]를 제공한 인터넷 서비스 기업들이었다.

그리고 세상은 다시 또 변화했다. 컴퓨터는 스마트폰[HW]으로, 윈도우는 iOS와 안드로이드[OS]로, 초고속 인터넷은 Wi-Fi, 4G LTE 등의 무선 인터넷[NETWORK]으로 바뀌어 모바일 플랫폼 시대가 시작된 것이다. 웹 기반으로 운영되던 수많은 홈페이지는 모바일에서 수많은 앱으로 동작하고 있으며, 마우스가 아닌 손가락을 이용하는 UI의 시대로 접어들었다. 게다가 스마트폰 외에도 태블릿, 스마트 TV 등의 다양한 디바이스가 인터넷에 연결되는 N스크린의 시대가 도래하며, 과거 20년보다 더 복잡한 컨버전스 시대가 되었다. 기술은 빠르게 진화하고 있으며 기술이 만들어준 IT 플랫폼도 빠르게 변화하고 있다.

웹의 강자 다음과 모바일의 지배자 카카오의 합병

두 기업은 2014년에 합병했다. 합병할 당시 다음의 시가총액은 3조 원이었는데, 합병 이후 카카오 주도로 성장한 카카오의 2021년 6월 시총은 65조 원을 넘어섰다. 삼성전자, SK하이닉스에 이어 네이버를 제치고 국내 기업 시가총액 3위다. 이렇게 카카오가 성장할 수 있었던 비결은 ICT를 기반으로 다양한 산업 영역에서 비즈니스 도메인을 확장한 데서 찾을 수 있다. 카카오톡을 기반으로 이모티콘 유료화와 IP 사업, 기프티콘을 통한 이커머스, 카카오T를 통한 모빌리티, 카카오페이와 카카오뱅크 기반의 핀테크 금융에 이르기까지 다양한 사업 영역으로 BM 혁신을 꾸준하게 도전해왔다. 카카오의 자회사만 해도 105개가 될 만큼 SK에 이어 국내 두 번째로 다양한 사업을 펼치고 있다. 그렇게 디지털 기술 기반으로 산업 혁신을 한 기업들이 시장을 주도하고 있다.

스마트폰으로 잃어가는 우리의 기억

이렇게 IT가 변하면 우리의 컴퓨팅, 인터넷 사용 습관도 바뀌기 마련이다. TV가 지배했던 시절에는 거실거실이 없는 곳은 TV가 있는 곳이 활동의 중심공간이었다. 그러다 PC가 필요한 인터넷 환경이 도래

▲ 우리의 기억과 추억들이 제2의 뇌인 클라우드로 저장되는 세상

하자, 책상 위를 차지하는 컴퓨터를 이용하기 위해 책상이 있는 방 중심으로 거주환경이 바뀌었다. 지금은 손 안에서 동작하는 스마트폰을 사용하니, 침대 위, 탁자 위, 버스 안, 지하철 안, 어느 곳에서나 장소를 가리지 않는 삶 속에 살고 있다. 이전에는 컴퓨터를 사용할 때만 인터넷가상계에 연결할 수 있었기에 컴퓨터가 있는 공간에서만 가상계를 만날 수 있었다.

그런데 지금은 현실계 어디서든 바로 가상계와 만날 수 있다 보니, 정작 현실계에 있으면서도 몸만 현실에 있을 뿐 정신은 모두 가상계에 빠져 있다. 컴퓨터는 24시간 켜져 있는 것이 아닌데다가 부팅하려면 30초에서 1분 정도는 기다려야 하는 번거로움이 있고 컴퓨터가 있는 곳까지 가야 하는 시공간의 제한이 있어, 이를 극복할 만한 동기가 있어야 사용할 수 있다.

하지만 스마트폰은 주머니에서 언제든 꺼내 바로 인터넷 연결할 수 있으니 특별한 동기 없이도 심심하면 꺼내 보게 된다. 학교나 회사에서 돌아와 먼저 방에 들어가 PC부터 켜는 것이 습관이었던 우리 삶이, 이제 어디서든 작은 스크린에 온 정신을 집중하는 것이 당연해져 버렸다. 버스 정류장 앞은 물론 카페 안에서, 거리를 걸으며, 모두 고개를 숙이고 화면에 열중하는 모습을 보는 것은 이제 일상이 되었다.

언제든 바로 인터넷에 연결해 필요한 정보나 서비스를 취할 수 있고 즉각 사람과 연결할 수 있다 보니, 시간이 단축되고 효율적인 판단과 정확한 정보 획득이 가능해졌다. 인간의 대뇌피질에 해당하는 역할을 맡아 데이터를 저장하는 일을 클라우드가 하게 되고, 스마트폰은 필요할 때마다 수시로 클라우드에 연결해 전뇌가 필요한 의사결정을 하기 위한 정보를 가져다주고 있다. 그러니 정작 정보와 기억을 입력하는 데 중요한 임무를 수행하는 해마는 현실계에서 얻은 수많은 정보를 폐기하고 대뇌피질로 전달하지 않게 된다.

이제 우리는 친한 친구의 전화번호마저도 스마트폰에 기억시킬 뿐, 우리 대뇌에 저장해두지 않는다. 모든 길은 티맵에 있으니 기억하지 않아도 되고, 스케줄은 캘린더 앱을 믿으면 된다. 업무와 교육을 통해 얻은 정보는 에버노트를 믿고 대뇌엔 휴식을 준다.

이렇게 우리는 많은 것을 저장하며 뇌를 혹사시키지 않아도 되니, 스트레스는 없어진 것일까? 스마트폰이 없으면, 아니 정전이나 인터넷 오류로 연결이 되지 못하면 아무것도 할 수 없는 기술에 과하게 의존하게 된 현실에 개인의 존재감을 걱정해야 할까?

바보 같던 컴퓨터가 똑똑해진 것은 인간이 입력하는 수많은 데이터를 체계적으로 분류하고 분석하면서 데이터베이스가 만들어지고, 이를 통해 인공지능을 가질 수 있게 되었기 때문이다. 데이터가 모여 지능이 된 것이다. 그 지능은 숙성을 시키면 지식과 지혜로 거듭날 것이다. 반면 그런 컴퓨터를 설계할 만큼 뛰어난 지혜를 가진 인간은 인류의 지혜와 문명을 만들어준 데이터를 도외시하면서 컴퓨터에 의존하고 있다. 현실계에서 우리가 경험하는 수많은 감정과 정보를 통해 획득한 데이터를 온전히 모두 기억할 수는 없지만, 그런 데이터를 기억하려는 노력 속에서 우리 지식이 내공처럼 쌓여가는데 그런 기회가 스마트폰으로 인해 사라져가는 것은 아닌가 싶다.

멍 때리는 시간에 대한 그리움

스마트폰이 보급되기 전에 버스나 지하철에서 멍하니 있거나,

창밖 풍경을 바라보는 사람들을 종종 보곤 했다. 나도 버스에서 도란도란 이야기를 나누는 사람들 말소리에 귀 기울이거나 창밖 하늘을 바라보며 여유를 가지곤 했다. 그런 여유 속에서 망상과 상상을 하면서 재미있는 생각과 기발한 아이디어를 만난 적도 많다. 그런데 지금 우리 삶 속에서 그런 여유가 스마트폰으로 인해 사라져감을 느낀다. 식사하러 가도, 엘리베이터를 타도, 커피 한 잔을 마셔도 각자 폰 화면에 열중하는 모습을 보면, 서로 대화를 나눌 기회조차 스마트폰이 없애버리는 것은 아닌가 싶다. 초중고 시절 40~50분을 공부하고 10분 쉬는 시간에 온전히 쉬는 것은 효율적으로 50분을 보내기 위한 필수요소다. 그런데 우리는 그 시간에 진정 쉬고 있는지, 그 중요한 자투리 시간조차 또 뇌를, 정신을, 육체를 혹사시키는 것은 아닌지 생각해야 하지 않을까? 스마트폰으로 인해 여러분은 그런 삶의 여유를 잃어가는 것은 아닐까?

그래서 디지털과 밀당이 필요하다. 디지털을 멀리할 수도 없고 해서도 안 되지만, 적어도 가끔 멀어질 필요가 있다. 머리에 휴식을 주고 보다 창의적인 생각과 집중을 위해 때로 디지털과 멀어지는 습관이 필요하다. 디지털과 거의 함께 살다시피 하는 나조차도 의도적으로 디지털을 멀리할 때가 있다. 그렇게 멀리하면 온전히 나 혼자만의 생각에 몰입할 수 있고, 그 과정에서 더 생산적이고 창의적인 아이디어가 떠오른다. 또한 집중력이 높아져 더 밀도 높게 일을 할 수 있다. 잠시 스마트폰을 덮어두고 멀리해보자.

디지털과 밀당 수칙

디지털과 멀리하는 습관을 들일 수 있는 내 경험을 공유한다.

1. 집에 들어오면 스마트폰은 거실, 안방에 두지 말고 서재나 책상 위에 올려두고 멀리한다.

2. 식사, TV 시청, 대화하는 도중에 절대 스마트폰을 보지 않는다.

3. 침대에는 스마트폰을 두지 않고 보지도 않는다.

4. 회의실에 갈 때 스마트폰을 가져가지 않는다.

5. 업무 집중 시간대를 설정해(하루 두 시간 이상), 문서 작성 등을 할 때 스마트폰을 방해금지 모드로 두고 PC나 노트북의 카카오톡, 페이스북 등의 알람을 끈다.

● 디지털을 아는 가장 좋은 방법은 직접 경험해보는 것이다. 필요에 의해서가 아니라 배움을 위해 디지털을 경험해보는 것이 급변하는 ICT 세상에서 쉽게 디지털 기술을 이해하는 방법이다. 최신 디지털 기기를 사서 사용해보는 것이 어렵다면 새로 나온 앱스토어의 최신 소프트웨어와 서비스들을 체험해보는 것으로도 충분하다. 이후 그 경험을 다른 사람들은 어떻게 느끼고 이해했는지 찾아보는 것이 필요하다. 내가 경험하며 느낀 것

과 타인이 깨닫게 된 것이 무엇이 다른지, 그 과정에서 타인이 말한 경험담 속에 언급된 ICT 용어나 기술을 추가로 찾아보는 것이 가장 좋은 학습법이다. 그렇게 배우면서 더 깊은 이해와 배움이 필요하다 싶은 것은 관련 서적이나 전문가의 세미나에 참석해 학습하는 것이 좋다. 그렇게 ICT를 알아야 변화하는 세상에서 자기 계발을 하며, 깨어 있고 하고 싶은 일을 더 잘할 수 있게 된다.

RPA 업무 자동화,
구글독스로 한다

바쁜 직장생활, 사회생활을 하다 보면 시간 여유 만들기가 쉽지 않다. 시간이 없으면 당연히 자기 계발이나 학습에 투자할 시간조차 만들기 힘들다. 그렇게 계속 바쁘게 살다 보면 평생을 바쁘게 살아야 한다. 여유를 가지고 스마트하게 살려면 어떻게든 시간 여유를 만들어 자아 성찰과 학습의 시간을 가져야 한다. 그러기 위해서는 RDA, RPA 등의 도움을 받는 방법도 있다. RDA는 개인 차원에서, RPA는 회사 차원에서 활용할 수 있는 업무 자동화 툴이다.

나에게 있는 비효율을 걷어내자, RDA

Robotic Desktop Automation을 뜻하는 RDA는 RPA 이전에 있던 개념으로, 개인 데스크톱 컴퓨터에서의 업무 자동화를 말한다. 이는 회사 차원이 아니라 개인 컴퓨터에 단독으로 구동할 수 있는 소프트웨어다. 업무 자동화를 도와주는 방법으로 RPA$^{Robotic\ Process}$ ^{Automation}는 회사 전체 차원에서 도입해야 하며, 회사의 인트라넷 및 사내 시스템과 개인 컴퓨터와의 연동으로 작동한다. 그래서 구축하는 데 있어 RDA보다 복잡하고 회사의 의사결정과 비용 투자, RPA로 만들 업무 내역에 대한 설정과 개발 작업 등이 필요하다. 반면 RDA는 바로 개인 단위의 판단으로 시작할 수 있다.

한글이나 MS워드, MS엑셀 등의 소프트웨어에는 '매크로'라는 기능이 있다. 아주 기초적인 매크로는 문서 내에 특정 단어를 찾아서 다른 단어로 바꾸어주는 '바꾸기'라는 기능이다. 이 기능을 이용하지 않으면 문서 내에 "김지현"으로 쓰인 단어 20개를 찾아서 "oojoo"로 바꾸는 데 상당히 시간이 걸리지만, 이 매크로를 이용하면 불과 1초 만에 가능하다.

이보다 더 복잡한 매크로를 사용하면 단순 반복적인 업무를 단숨에 줄일 수 있다. 예를 들어 지금 커서가 있는 위치에 기입된 파일 이름을 가진 이미지 파일을 삽입한 후, 그림 크기를 가로 사이즈 500으로 줄이는 작업을 실행한다고 가정해보자. 이 작업을 한

번만 한다면야 마우스를 10여 번 클릭해가며 그림을 선택하고 사이즈를 500으로 줄이면 된다. 하지만 문서 내에 이러한 방식으로 이미지를 100개를 넣어야 한다면 100×10, 즉 1000번의 마우스 클릭을 해야 한다. 그만큼 시간이 오래 걸린다. 하지만 매크로를 이용하면 키보드 단축키를 100번만 눌러서 실행할 수 있다. 대략 30분 걸릴 일을 1분 만에 끝낼 수 있다.

이메일 프로그램에도 이러한 매크로 기능이 있다. 아웃룩이나 지메일 등에는 메일 규칙이라는 기능이 있다. 이 규칙 기능을 이용하면 메일 제목에 특정한 단어가 들어가거나 특정인에게 발송된 메일을 수신한 경우, 해당 메일을 특정한 메일함으로 옮기거나 자동으로 지정한 사람에게 이메일을 발송할 수 있다.

최근에는 업무 속도를 개선해주는 다양한 종류의 소프트웨어들이 불필요한 시간을 줄여주고 있다. 이들 소프트웨어는 다양한 영역에서 새로 출시되고 진화되고 있어서, 이러한 도구들을 관심 갖고 찾아보면 지금 당장 우리 업무를 보다 효율적으로 만들어준다.

내 경우에는 잡지, 사보에 기고하는 원고와 책 집필 원고를 기획자, 편집자와 공유할 때 이메일에 문서 파일을 첨부해서 보내는 기존 방식에서 벗어나 에버노트에 노트를 만들어 그 노트를 공유한다. 즉, 노트를 언제든지 웹 브라우저를 이용해서 확인할 수 있도록 노트 공유 링크를 만들어서 그 링크를 전달한다. 이렇게 하면, 중간중간 원고 진행 내역에 대해서 확인하고 문서를 첨부해서 보낼 필요가 없다. 언제든 편집자는 궁금할 때마다 공유한 페이지에 연결해서 진척도를 확인하면 된다. 번거로운 커뮤니케이션의 과정이 사라진다. 이 역시 반복적인 문서 공유를 위한 절차를 생략한 자동화의 일종이다. 별것 아닌 시간 같지만 이런 자투리 시간이 모이면 여유가 생긴다.

또한 회사에서 동료들과 협업하며 문서를 공동으로 작성하고 편집할 때도, 각자 개별 파일을 만들어 중간중간 이메일로 파일을 공유하며 점검하지 않고 공동 문서 작성 기능을 이용한다. MS오피스365나 구글독스에서 지원하는 이 기능을 이용하면, 클라우드에 올려둔 문서 파일에 각자 연결해서 작성하고 편집하더라도 늘 언제나 같은 파일을 볼 수 있다. 굳이 중간중간 파일을 주고받으면서 점검할 필요 없이, 클라우드에 올려둔 공동 문서 파일 하나만 가지고 각자가 새로 작성한 내용과 수정한 사항을 실시간으로 확인할 수 있다. 이 역시 번거로운 문서 교환 업무를 줄여주어, 늘 같은 문서를 편집할 수 있도록 해주는 자동화 소프트웨어의 일종이라 볼 수 있다.

최근에는 스마트폰에 지능형 회의록 작성 앱을 설치해서 회의 중 논의한 내용을 녹취하고 이 녹취한 내용을 기반으로 회의록을 작성해준다. 사람이 회의록을 작성하지 않아도 앱이 회의록을 대신 작성해줌으로써 번거로운 회의록 작성을 대신해준다. 향후 AI

비서가 진화하면 회의록 내용 중 중요한 부분은 요약해서 회의 참석자들에게 자동으로 공유하고, 관련된 부서의 담당자에도 대신 메일을 송신해줄 것이다.

그 외에도 '리멤버'라는 앱은 명함을 스마트폰 카메라로 촬영하면 자동으로 연락처에 기입하고 관리할 수 있도록 해준다. '모두싸인'이라는 서비스는 계약서를 파트너에게 보내고 도장을 날인해 양측이 서로 보관하는 번거로운 작업을 웹을 통해서 간편하게 관리할 수 있도록 해준다. 또한 'IFTTT'라는 서비스는 'IF This, Then That'의 약자로 별개의 여러 서비스와 어플을 연동시켜 자동화된 서비스를 제공해준다. 사실 이 서비스는 무궁무진한 조합으로 다양한 자동화된 기능을 수행할 수 있어, 특정 사례를 들어 설명하면 상상의 제약을 주지 않을까 걱정될 정도다. 일례로, 트위터와 인스타그램에서 우리 회사의 상품과 경쟁사 제품에 대한 트윗이나 사진 등의 정보가 올라오면, 이를 이메일로 나뿐만 아니라 회사의 상품기획 팀장, 마케팅 팀장에게 전송하는 것을 IFTTT를 통해 수행할 수 있다.

이처럼 개인이 필요한 소프트웨어나 서비스를 이용해 손쉽게 즉시 업무 자동화를 꾀해 생산성을 향상시킬 RDA는 진화하고 있다. RPA는 각 개인에 최적화해서 제공되기에는 제약이 있지만 RDA는 개인의 업무 특성에 따라 개인화된 서비스를 선택해서 이용할 수 있다. 단, 그러기 위해서는 개인의 노력이 필요하다. 본인의 업무에서 비효율적인 것을 걷어낼 수 있는 도구를 직접 찾아야한다. 다양한 소프트웨어들이 우리를 기다리고 있다. 지금 네이버나 구글, 앱스토어 검색을 통해서 찾아 나서면 내 입맛에 맞는 RDA 도구를 찾을 수 있을 것이다.

힘든 일은 RPA에게 맡기고, 우리는 더 생산적인 일을!

RPA를 회사 차원에서 도입하면 조직의 불필요한 시간 낭비를 줄이고 기존 인력은 보다 생산적인 업무에 집중할 수 있다. 단, 그렇게 창의적인 일을 해내려면 결국 RPA에게 더 많은 일을 맡겨야한다. 우리가 하는 업무에서 어떤 것이 단순 반복적이고 기계적인일인지를 끊임없이 찾아내 그것을 RPA로 처리하게끔 해야 한다. 그러려면 두 가지의 일하는 습관이 필요하다.

첫째, RPA가 대신한 일을 들여다보고 거기서 어떤 개선점이 있을지를 찾아내는 노력이 필요하다. 이미 RPA에게 맡겼다고 해서그 업무가 완전히 처리되는 건 아니다. 1년 전 하던 일과 지금 하던 일이 조금씩 진일보해서 개선되듯이, RPA 역시 개선되어야 한다. 하지만 RPA는 이미 정의한 일을 규칙적으로 수행할 뿐, 그 안에서 더 개선할 방안을 스스로 찾지는 못한다. 방법은 사람이 찾아줘야 한다. 즉, 사람이 지도 편달을 해서 RPA가 처리하는 업무의 프로세스와 순서, 규칙을 수정 보완해줘야 한다. 그래야 RPA의 능률이 향상된다.

둘째, 추가로 RPA를 만들어내야 한다. RPA에게 맡기고 남는 시간에 우리가 하는 다른 업무 중에 RPA로 대신할 수 있는 일이 생겨날 것이다. RPA 솔루션도 진화 발전하면서 업그레이드가 되고 AI로 한 단계 진화하기 때문에, 우리가 하는 일 중에 진화된 RPA가 할 수 있는 일들이 발견될 수 있다. 작년에는 불가능했던 일이 올해에는 가능할 수 있다. 그런 일들을 찾아 RPA에게 맡기고, 나는 새로운 일을 찾아 나서는 습관이 필요하다.

이처럼 RPA를 도입하면 우리 일하는 문화가 바뀌게 된다. 아니 바뀌어야 한다. 바뀌지 않으면 RPA가 우리 일을 대신하고, 우리는 더 이상 일이 없어질 수 있다. 또한 개인의 일하는 습관을 넘어 함께 일하는 문화도 바뀌어야 한다.

RPA가 나를 대신해 이메일을 보내고 업무를 처리하면 나와 다른 사람과의 커뮤니케이션, 협업 구조에도 변화가 생기기 마련이다. 회의와 미팅 일정을 잡아주는 RPA를 이용하면 임원과의 미팅을 잡는 데 비서 없이도 RPA가 회의 참석자들의 캘린더 스케줄을 확인해서 빈 시간에 자동으로 약속을 잡아준다. 그렇게 나도 모르고 갑작스레 내 캘린더에 잡힌 회의를 RPA 알람을 통해 확인하면, 그 회의의 목적과 사전에 이해해야 할 자료들을 검토하고 회의를 준비하는 것은 온전히 내 일이다. 회의를 보다 생산적으로 만들기 위해 미팅 약속 따위에 신경 쓰지 않고 회의 자체를 제대로 준비하는 데 집중할 수 있다. 단, 그렇게 하려면 RPA가 자동으로 회의 시간을 잡을 수 있도록 캘린더에 내 모든 미팅 내역을 기록해두어야 한다. 또 참석자들에게 RPA로 회의를 요청하기 위해, 캘린더에 회의를 기록할 때 회의 목적과 참고자료 등에 대한 내용도 함께 기록해줘야 한다. 그래야 참석자들이 갑작스레 스케줄에 기록된 회의에 대해서 나에게 연락해서 물어보고 확인하는 번거로운 절차가 생략될 것이다.

이처럼 RPA의 도입은 내 개인의 업무만 바뀌는 것이 아니라 우리 모두의 업무 프로세스를 바꾼다. 그런 프로세스에 빨리 적응해야만 RPA 도입으로 인한 실질적인 업무 생산성이 향상된다. 하지만 그렇게 하기 위해서는 우리 일하는 문화도 바뀌어야 한다. 20년 전 결재받기 위해 결재판을 들고 과장님, 부장님, 상무님을 찾아다니며 구두 설명을 하고 대면해서 사인받아야 했던 것이, 전자결재 시스템의 도입으로 이제 스마트폰에서 내용 확인 후 바로 결재가 가능해지게 되었다. 그런데 이렇게 바뀐 전자결재를 거부하고 이전과 같은 결재 방식에서 벗어나지 못하면 전자결재 시스템이 제대로 동작할리 없다. 그러면 도구는 도입되었지만, 여전히 비효율을 안고 사는 것이다.

RPA는 도구다. 그런 도구를 제대로 활용하기 위해서는 조직 전체의 일하는 문화가 바뀌어야 한다. 바뀐 도구에 맞게 개인의 일하는 습관과 업무 협업 및 커뮤니케이션의 문화가 바뀌어야 한다. 그래야 도구가 진가를 발휘한다.

그런 문화를 정착시키는 데 있어 가장 중요한 것은 RPA를 적극 활용하는 것이다. RPA를 통해 전달된 보고서와 각종 결과물을 온전히 받아들이고 업무에 활용하면서, RPA의 한계와 문제점의 개선 방안을 고려해야 한다. RPA가 회사에 적용하는 과정에서 발생하는 문제를 이슈 삼아 거부하고 과거로 회귀하려 하면 진화할 수 없다. RPA를 먼저 수용하고 난 후에 보완하겠다는 의지를 가져야 실제 일하는 문화까지도 변화되면서 환상적인 궁합을 이룰 것이다.

RPA는 회사 차원에서 도입을 결정할 수 있지만, 이를 실제 업무에 활용해 성과를 내는 것은 개인의 몫이다. 특히 RPA를 활용함으로써 여유로워진 시간을 어떻게 활용할 것인지가 더 중요하다. RPA로 우리 시간이 줄어들었음에도, 남는 시간이 부가가치를 창출할 수 있는 업무에 이용되지 못하면 결국 RPA가 나를 보완해주는 것이 아니라 대체하게 된다. 한마디로 우리 일자리를 RPA가 대신하는 것이다. RPA를 업무 생산성을 높이는 데 활용하려면 RPA에게 맡기고 남은 시간을 어떻게 활용할 것인지, RPA를 어떻게 이용할 것인지를 고려해야 한다.

RPA로 우리 일이 사라질까

RPA 도입에 대해, 사람을 대체함으로써 인건비를 줄이려는 것으로 오해하기도 한다. 이런 시각은 전적으로 RPA를 사용하는 개인의 태도에 따라 사실이 될 수도 있고, 완전 거짓이 될 수도 있다. RPA의 도입은 지겹도록 단순 반복 업무를 대신하기 위해 탄생했다. 계산기가 탄생한 이유와 같다. 실수를 줄이고 속도를 개선하기 위한 도구로 탄생한 것이다. 계산기 덕분에 번 시간을 정작 생산적인 일에 투입하지 않고 게임을 하면 어떻게 될까? 계산기가 사람을 대체하게 된다. 계산기가 일을 대신해줌으로써 남게 된 시간은 더 큰 부가가치를 만들어내는 데 활용해야 한다. 그래야 내 존재가치가 증명되는 것이다.

게다가 RPA 다음의 AI는 더 많은 일을 사람을 대신해 수행할 것이다. 그런 AI와 차별화하기 위해서는 기계가 도저히 할 수 없는 일을 해낼 수 있어야 한다. 과연 무엇일까?

기계는 일을 잘 처리할 수는 있어도 새로운 일을 만들어내는 것은 불가능하다. RPA는 정의한 일을 정확하게 해결하지만 스스로 문제를 정의하지는 못한다. 어떤 것을 RPA로 처리할 것인가, 어떤 과제를 검토할 것인가, 어떤 일을 고민해볼 것인가 등의 새로운 업무에 대한 선택은 인간이 할 수 있는 고유의 영역이다.

바꿔 말해 RPA로, 그리고 향후 AI로 사람의 일을 맡기게 되면 우리 할 일이 사라지는 것이 아니라 더 고난도의 일을 할 수 있다. RPA에게 어떤 새로운 일을 대신하게 할까, AI에게 어떤 과제를 검토하게 할 것인가 등이 더 큰 부가가치를 창출할 수 있는 일이 된다.

데이터에도 다이어트가 필요해

우리 하루의 일상 속에서 의식적 내가 만들고, 무의식적으로 만들어지는 데이터는 얼마나 될까?

아침에 일어나 스마트폰을 켜면서부터, 아니 잠들어 있는 와중에도 스마트폰은 늘 LTE, 5G로 기지국에 연결되어 스마트폰의 위치 정보와 내게 도착한 페이스북, 카카오톡 알람, 이메일 등의 메시지들이 클라우드 넘어 기록된다. 스마트폰에 잠금해제를 할 때부터 네이버 앱을 실행해 날씨 정보를 확인하고 검색하고, 쿠팡에 들어가 배송 정보를 체크하고, 인스타그램에서 좋아요를 누르고, 이메일을 확인하는 과정에서 데이터가 기록된다. 하루에도 스마트폰을 수십 번 보기 때문에 그때마다 쌓이는 정보의 양은 누적되면 어마어마할 것이다. 평소 유튜브, 넷플릭스, 멜론 등을 즐긴다면, 영상이나 음악을 재생하는 데 끊기지 않고 보여주기 위해 컴퓨터와 스마트폰에 일부 데이터가 저장된다. 웹서핑을 하면 웹브라우저에 우리가 방문한 사이트의 URL과 함께 제대로 보지도 않았던 이미지와 텍스트 등의 HTML 데이터가 저장된다. 심지어 배터리를 가장 많이 소모하는 앱이 무엇이고 언제, 얼마나, 무슨 앱을 이용했고, 그때 배터리는 얼마나 소모되었는지 등의 정보까지도 배터리 최적화를 위해 기록된다. 그렇게 우리가 미처 인지하지 못하는 사이, 엄청난 데이터가 수집되고 있다.

내가 인지하고 저장되는 데이터들도 있다. 카메라로 촬영한 음식 사진과 아이들 영상, 멋진 경치와 여행 사진, 세미나와 회의 등과 관련해 촬영하는 화이트보드 사진과 각종 제품 사진 등등, 이 모든 것이 스마트폰에 저장된다. 클라우드와 연동해두면 폰에 저장된 데이터와 똑같은 데이터가 클라우드에 복제된다. 팟캐스트를 통해 구독 중인 라디오 방송도 저장되고, 카카오톡으로 주고

▲ 불필요한 디지털 데이터의 삭제

받은 사진과 영상, 그리고 메시지를 통해서도 데이터가 저장된다. 구글포토, 아이클라우드, 아마존 클라우드, 드롭박스 등 여러 개의 클라우드 앱을 이용한다면 각각 클라우드 별로 그런 데이터가 똑같이 기록될 것이다. 회사 업무나 학교 보고서 작성을 위해 다운로드 받은 PDF와 작성 중인 파워포인트, 한글 문서도 우리가 사용하는 노트북, 태블릿, 스마트폰에 저장된다.

우리 일상, 사회 속에서 저장되는 공용 데이터들도 있다. 길거리에 있는 CCTV와 회사 등에서 설치한 IP카메라는 클라우드에 연결되어 모든 장면을 영상으로 기록하고 있다. 공장에서 각 공정의 기계들이 만들어내는 데이터와 회사에서 경영활동을 하며 쌓이는 데이터들도 있다. 이렇게 우리는 디지털 세상 속에서 엄청난 양의 데이터를 배출하고 있다. 그렇게 배출된 데이터들은 쓰레기처럼 분리수거가 되지 않고 우리 로컬 기기와 클라우드에 우선 쌓여간다. 데이터가 미래의 원유이고 중요하다는 미명 아래 우선 모든 데이터는 가급적이면 삭제하지 않고 저장한다.

우리 컴퓨터만 해도 얼마나 많은 데이터들이 저장되어 있는가. 그리고 클라우드와 연결해 이 데이터는 고스란히 태블릿, 노트북, 스마트폰과 동기화되어 세 벌, 네 벌 같은 데이터가 저장되기도 한다. 이렇게 쌓여가는 데이터들의 유통기한은 언제까지일까? 사실 1년에 한 번도 다시 들여다보지 않을 데이터인데도 언젠가 필요하지 않을까 하는 막연함 때문에 그렇게 메모리 한 귀퉁이를 계속 차지하고 있다. 그렇게 자원을 차지하는 데이터들을 유지하기 위해 얼마나 많은 비용이 들어갈까. 또 그런 데이터를 계속 저장하기 위해 우리는 얼마나 많은 비용을 감수해야 할까.

2021년 6월부터 구글은 '구글포토'라는 사진 클라우드 서비스를 유료화했다. 2015년 5월부터 무료로 서비스하던 구글포토는 전 세계 10억 명의 가입자들이 애용하는 사진 클라우드 서비스다. 하지만 넘쳐 나는 사진, 동영상 저장을 계속 지원할 수 없다 보니 15GB까지는 무료지만 그 이상을 사용하려면 구글원에 가입해 월 2200원에 100GB까지 사용하는 유료화를 단행한 것이다. 구글포토 사용자의 80%는 15GB 이하를 사용하고 있어 당장 돈을 내야 하는 상황은 아니지만, 수십 GB를 넘어가는 우리 스마트폰 속 사진과 영상 데이터를 앞으로 계속 클라우드에 자동으로 동기화를 하며 저장하다 보면 1~2년 내 유료로 사용하든 불필요한 데이터를 삭제해야 한다.

그렇게 데이터를 저장하고 유지하는 데 비용이 들어가기 마련이다. 매일 쓰레기를 비우듯이 디지털 세상에서도 불필요해진 데이터는 수시로 비우는 습관이 필요하다. 빅데이터 시대에 개인도 데이터를 효율적으로 관리하는 지혜가 요구된다. 너무 많아진 데이터는 불필요한 하드디스크와 클라우드의 자원을 사용하며 사회적 낭비가 되고, 너무 많은 데이터 때문에 정작 필요한 데이터를 찾는 데 불편을 겪을 수도 있다. 사용하지 않는 클라우드는 과감하게 탈퇴하고, 내가 사용하는 컴퓨터, 노트북, 태블릿, 스마트폰에 저장된 데이터 중 1년간 한 번도 찾지 않은 데이터는 클라우드와 동기화되지 않는 컴퓨터 하드디스크에 저장해두었다가 앞으로 2년, 3년이 지나도 찾지 않은 경우 과감하게 삭제하자. 3년간 찾지 않았다면 앞으로 3년 후에도 찾지 않을 가능성이 크다. 그렇게 '데이터 다이어트'를 하면서 디지털로 기록된 데이터들을 살펴보며 각 데이터들의 중요도와 필요성에 대해 다시금 되돌아보는 기회와 여유를 갖게 될 것이다.

물론 개인을 넘어 기업, 사회적 차원에서도 '데이터 다이어트'를 돌아보고 효율적인 데이터 관리 방안을 진단해볼 때다.

● 변화무쌍한 ICT 산업에서 개인과 기업이 가져야 하는 관점은 늘 학습하는 태도다. 바꿔 말해, 늘 깨어 있고 열려 있어야 한다. 기존 산업을 운영하던 고정관념에서 벗어나 늘 새로운 혁신을 기술 기반으로 시도할 수 있어야 한다. 이를 위해서 ICT를 알아야 하고 이를 개인의 업무와 사업에 활용할 수 있어야 한다. 그러려면 ICT를 경험하며 기술을 업무에 적용하고 더 나아가 우리 비즈니스에 접목하고 신사업을 추진하는 데 이용해야 한다. 이를 위해 시간을 만드는 것이 중요하다. 바쁜 업무를 뒤로 한 채 개인에게 여유 시간을 주고, 조직에도 학습과 혁신의 아이디어를 생각해낼 수 있는 시간을 마련해야 한다. 그렇게 하기 위한 선행 요소로 RDA, RPA

를 도구로 이용하면 좋다. 자연스럽게 이들 소프트웨어를 이용하면서 ICT 를 경험하고 이를 토대로 업무 효율화가 개선되어 여유 시간을 얻을 수 있을 것이다.

IT 노하우로
커리어를 확장하려면?

훌륭한 목수는 연장 탓을 하지 않는다고 한다. 하지만 목수는 대부분 도구로 그 빛을 발한다. IT는 그런 만능의 도구, 만능 칼이다. 이 도구를 어떻게 사용하느냐에 따라 내 역량은 한층 업그레이드가 될 수 있다. 하지만 역시 도구는 도구일 뿐이다. 도구는 내가 가진 역량 50을 성과 100으로 만들어줄 수는 있지만, 없는 역량 0을 성과 100으로 만들어줄 수는 없다. 도구를 잘 활용해 성과를 높이면서 역량을 키워가면서 성과를 100으로 넘겨야 한다. 즉, 성과만 높이려 하지 말고 역량을 쌓을 수 있도록 해야 한다. 도구는 성과를 목적으로 해서는 안 되고 내 역량을 높이고 학습의 기회로 삼아야 한다.

IT 노하우로 다양한 직업을 가진 디지털 트랜스포머

사실 필자 자신이야말로 IT 덕분에 다양한 커리어를 몸소 보여준 산증인이다. 1990년대 대학에 입학하면서 금속공학을 전공했지만 학교 공부는 등한시한 채 컴퓨터에 빠졌다. 컴퓨터 게임에 빠져 수많은 게임 소프트웨어를 설치하고 삭제하고 복사하고를 반복했다. 게임을 하기 위해 사운드카드, 램, 하드디스크를 추가로 설치하고 장착하며 컴퓨터를 조립하고 업그레이드했다. CPU를 교체하고 메인보드를 바꾸기를 반복했다.

그렇게 2년을 컴퓨터에 빠져 이리저리 사용하면서 컴퓨터의 동작 원리나 관련 기술에 대해 잘 알게 되었다. 비슷한 시기 컴퓨터 게임에 빠져 있던 주변 친구들은 게임 자체에 빠졌지만, 필자는 컴퓨터의 전반적 작동 원리와 기술에 빠져 다양한 종류의 게임과 소프트웨어들을 설치하고 사용하면서 다양한 경험을 한 것이 또래들과는 다른 점이었다.

그리고 또 다른 점은 그렇게 배우고 경험한 컴퓨터에 대한 지식을 PC통신 하이텔, 나우누리, 천리안 등을 통해서 다른 사람들과 나누고 공유했다. 컴퓨터, 인터넷 동호회 활동을 하면서 그간 학습한 컴퓨터 지식을 글로 써서 공개했다. 그렇게 글로 정리하면서 더 많은 지혜가 쌓이게 되고, 그것이 계기가 되어 컴퓨터 관련 서적을 집필하게 되었다. 책을 집필하면서 더 다양한 종류의 책을 출간했고 그 과정에서 여러 분야의 컴퓨터 관련 지식을 쌓을 수 있게 되었다.

집필 활동을 인연으로 강연을 시작하게 되었고, 그렇게 책과 강연으로 글쓰기와 말하기 훈련이 잘 된 덕분에 2000년도부터 IT 관련 스타트업에 입사해 관련 분야의 일을 하게 되었다. 컴퓨터와 인터넷 관련 정보를 제공하는 콘텐츠 사이트에서 기획 업무를 맡으며 첫 직장생활을 하게 된 것이다. 이미 수년 전부터 관련 주제에 대한 저술 활동과 강연을 통해서 관련 지식이 충분히 쌓여서 회사 업무도 수월하게 볼 수 있었다.

회사생활을 하면서 업무를 효율적으로 보고, 동료들과 자료 작성과 공유, 회의 등을 할 때도 최신 기기들과 소프트웨어를 이용해서 업무에 활용했다. 그래서 업무 능률은 향상되고 자연스럽게 관련 최신 기술들도 덩달아 학습하게 되었다. 그렇게 IT 노하우는 회사 업무에도 실질적인 도움이 되었다. 2000년대 접어들면서 미디어, 유통, 콘텐츠 등의 산업이 디지털화되고, 2010년대 교통, 금융, 배달 등의 다양한 산업 영역이 소위 '디지털 트랜스포메이션' 되었다. 이런 사회 상황에 맞물려 관련 기술과 회사 업무, 산업 등에 대한 지식을 갖추고 있는 내게는 더 큰 기회가 주어졌다. 관련 산업이나 비즈니스 분야에서 어떤 디지털 기술을 어떻게 이용해서 사업 혁신을 꾀할 수 있을지에 대해 기술과 사업 양쪽 측면의 경험과 지식을 가지고 아이디어 도출과 생각 정리를 할 수 있게 되었기 때문이다.

한마디로 ICT 노하우를 기반으로 저자, 강사, 그리고 IT 스타트업에서 기획자, 대기업에서의 DT 전략가이자 연구가로서 다양한 활동 영역을 확대할 수 있었던 것은, ICT 트렌드와 기술에 대한 해박한 지식 덕분이다.

디지털을 무기로 신사업을 맡은 김 과장

통신사에서 상품기획 업무를 10년간 맡으며 경력을 쌓아온 김 과장은 20년 전부터 ICT에 대해 남다른 관심을 가져왔다. 최신 IT 관련 서적은 놓치지 않고 읽어보고, 관련된 기술 세미나에도 매년 꼬박꼬박 참여하면서 최신 트렌드에 대한 감을 잃지 않으려고 노력했다. 특히 '트레바리'와 같은 독서토론 모임에도 참여해서, 디지털 기술 관련한 모임에는 빠지지 않고 참석해 다양한 정보를 습득하려고 노력했다. 당장 통신사에서 본인의 업무와 직접적 관련성이 없는 분야이지만, 평소 디지털 기술이 가져다주는 산업 변화에 대한 남다른 관심으로 이런 활동을 꾸준히 해온 것이다.

김 과장에게 기회가 찾아온 것은 2015년 통신사의 비즈니스 전환이 본격적으로 대두되면서부터다. 통신사가 더 이상 기존처럼 통신비 기반의 BM으로는 지속 성장이 어렵다는 전망이 나오면서,

통신사는 탈통신을 부르짖었고 성장이 아니라 생존을 위한 혁신이 필요했다. 실제 카카오톡의 메시징 서비스와 페이스타임 등의 인터넷 전화, 화상통화로 인해 SMS, 통화료 매출은 급감하고 있었고 통신사는 새로운 수익모델의 발굴에 집중해야 했다. 이를 위해 회사에서는 디지털 트랜스포메이션 TF가 만들어졌고, 사내에서 ICT에 대한 지식과 경험을 갖춘 인력들을 차출하기 시작했다. 이때 김 과장의 노력은 빛을 발하게 된다.

통신사업을 이해하면서 ICT 지식을 기반으로 사업 혁신, 전략, 기획 업무 등을 담당할 인재를 외부에서 수혈하는 것은, 적임자를 찾기도 어렵고 채용에 시간이 걸려서 통신사 입장에서는 부담이 컸다. 또한 통신사의 기존 비즈니스나 문화를 제대로 이해하는 외부인은 드물어서, ICT 분야의 전문가를 덜컥 채용했다가 통신 산업에 대한 이해 부족으로 자칫 비싼 수험료를 치러야 할 수 있어 더욱 조심스러울 수밖에 없었다. 반면 통신사에서 10년 넘게 종사하며 통신사업에 대한 이해가 높고 통신사가 갖는 한계와 고정관념, 조직 문화를 잘 알고 있는 김 과장이 평소 ICT에 대한 전문 지식이 높다는 주변 평가는 이 분야의 적임자라는 결론을 내기 충분했다.

그렇게 김 과장은 평소 관심 있게 학습하고 경험한 ICT 지식으로 단숨에 중요한 회사의 신성장 동력이자 신사업 전략의 TF장을 꿰찰 수 있게 된 것이다. 그렇게 전통산업에서 ICT에 대한 남다른 지식과 준비로 회사의 디지털 트랜스포메이션, 온라인 사업 등의 인터넷 사업팀에 중책을 맡은 직장인들이 많다. 미디어, 유통, 금융은 물론 건설, 제조, 화학 등 다양한 산업 분야에서 ICT에 대한 지식과 전문성을 갖춘 인력들이 필요하다.

요즘IT
프로토콜 비즈니스

2015년 블록체인 기반의 암호화폐가 뜨거운 감자였던 시절, 금융업에 종사하는 지인이 내게 비트코인에 대해 물어봤다. 비트코인이 향후 은행, 카드사에 위기를 가져다줄 수 있을지 궁금해서 IT 전문 지식을 갖춘 내게 물어온 것이다. 나는 우선 비트코인을 100만 원, 아니 10만 원이라도 먼저 구매해보고, 블록체인과 관련된 서적과 세미나를 통해 공부해보고 나서 나와 토론을 하자고 대답했다. 그런 그가 3개월이 지난 후 저녁 식사를 하자고 하더니, 꽤 깊은 질문을 해왔다. 분산원장에 기록될 수 있는 것이 무엇인지? 블록체인으로 만든 금융 서비스는 규제의 대상이 될 수 있는지? 비트코인과 이더리움은 무엇이 다른지? 그리고 블록체인으로 구현되는 프로토콜 비즈니스는 기존의 플랫폼 비즈니스와 어떤 차이가 있는지? 그렇게 생각보다 구체적이고 뾰족한 질문들을 해왔고, 그에 대한 토론으로 밤을 새웠다. 그랬던 그에게, 다니던 은행에서 기다렸다는 듯이 기회가 찾아왔다. 카카오뱅크, 카카오페이, 네이버페이, 토스 등의 핀테크 기업과 디파이 코인 등 기술 기반의 금융 혁신이 본격화된 2018년, 기존 금융기관들은 이에 대한 대책 마련과 디지털 전환을 위해 외부에서 인재를 스카웃하고 내부 인력을 양성하기 시작했다. 당연히 한 마디라도 당당히 할 수 있던 그에게 새로운 기회가 열렸다.

인생 1막 2장을 30대에 시작한 강 대리

중견기업에서 열정 넘치며 일하며 경력을 쌓아가고 있던 4년차 강 대리는 누구보다 앞장서서 최신 IT 기기들과 소프트웨어를 사용하며 사내에 편리한 업무 도구를 전파하는 데 앞장서는 얼리어답터다. 그가 가장 행복할 때는 최신 전자기기들이나 소프트웨어를 사용해볼 때다. 이런 그가 입사 전부터 취업 준비를 하면서 재미로 시작한 것이 블로그다. 블로그에 그간 사용해본 제품과 소프트웨어의 리뷰와 사용기 등을 포스팅하며 나름 인기를 얻기 시작했다. 꾸준한 활동 덕분에 파워블로거로 선정되어 기업체에서 공짜로 제품을 보내주어 후기를 등록하면서 큰돈은 아니지만 제법 용돈벌이까지 했다.

하지만 블로그가 점차 시들해지면서 강 대리는 유튜브에서 활동하기 시작한다. 블로그와 달리 동영상을 촬영해서 편집까지 해야 하는 것이라 시간이 여간 드는 것은 아니었지만 평소 좋아하던 일이다 보니 지치지 않고 꾸준하게 영상을 올렸다. 그렇게 올린 영상들이 제법 많아지고 고정적인 구독자도 생기고, 일부 영상은 10만 회 이상의 조회 수를 기록하면서 그에게 새로운 기회가 찾아왔다. 바로 전업 유튜버로 활동하는 것이다. 안정적인 직장을 벌치고 나온다는 것이 여간 걱정되는 것이 아니긴 했지만, 직장 월급보다 유튜브로 버는 광고 수익과 PPL 협찬이 때때로 월급보다 많으니, 아예 전업으로 본격화해서 하면 당장 월급보다는 많으리라는 확신이 들었다.

또한 직장생활을 앞으로 5년 넘게 하더라도 평생 이 회사에서

▲ 창작자 경제 생태계를 만들어준 유튜브와 인스타그램

고용 보장이 되는 것도 아니고, 그렇다고 10년, 20년이 지나 연봉 수억의 임원이 될 가능성이 확정된 것도 아니라는 생각이 들었다. 유튜버는 부침이 있을지도 모르지만 적어도 지금 노력을 해서 얻게 된 명성과 지식, 역량은 고스란히 내 경쟁력이 되어 앞으로 뭘 하든 사회생활에 도움이 될 것이라는 생각이 드니, 이번에 프리랜서로 데뷔하는 것이 어떨까 하는 생각에 과감히 회사를 때려치웠다.

그런 강 대리에게 직장의 울타리를 벗어난 사회생활은 안정적이지 않은 하루의 연속이었다. 매일 출근하지 않아도 되어 자유로울 줄 알았지만 매월 월급이 고정적으로 나오는 것이 아니었고, 회사 사무실과 각종 업무를 위한 기기와 사무용품, 회사의 시스템과 팀별로 분업화되어 지원되는 업무체계 없이 모든 것을 혼자 알아서 해야 했다. 하지만 다양한 기업들과 파트너십을 맺으며 생각하지도 못했던 다양한 일을 하면서 경험은 하루가 다르게 쌓여갔다. 유튜브를 넘어 페이스북, 틱톡, 클럽하우스, 인스타그램 등 다양한 채널을 활용해 전자기기를 넘어 평소 좋아하던 운동화에 대한 리뷰까지 올리면서, 다방면으로 활동 영역을 넓혀갔다. 대학교 시절부터 ICT에 대한 남다른 관심으로 촬영 장비와 동영상 편집 등의 소프트웨어를 잘 다루었기 때문에, 큰 비용 없이 스스로 촬영하고 편집해서 영상과 사진으로 콘텐츠를 잘 포장할 수 있어서 생산성도 높았다. 그렇게 강 대리는 ICT 덕분에 1인 기업으로 활동의 폭을 넓혀갈 수 있었다.

요즘IT

창작자 경제 Creator Economy 는 뭘까

창작자 경제는 다양한 장르에서 콘텐츠를 생산하는 창작자들이 경제활동의 주역이 되는 생태계를 일컫는다. 이미 블로그와 유튜브, 인스타그램에서 셀럽이라 불리는 이들이 콘텐츠를 독자적으로 생산해서 주목받고, 광고와 상품 판매 등 다양한 비즈니스 모델로 수익을 얻고 있다. 이들은 특정 분야에 대한 전문성과 인기를 기반으로 다양한 채널을 넘나들며 활동하고 있다. 분야도 전문적인 글쓰기나 상식, 정치, 재미 등을 다룬 영상을 넘어 음악, 만화, 예술작품에 이르기까지 다양하다. 게다가 이제는 구독경제와 NFT 등의 새로운 비즈니스 모델과 기술이 하루가 다르게 생겨난다. 이를 이용해 창작물을 기존과 다르게 마케팅하고 판매할 수 있어서 창작자 경제의 규모와 분야는 더욱 커지고 확대될 전망이다.

● 디지털 사회에서 디지털 기술은 상식이 되었다. 초중고 수업에서 국어와 수학, 영어 등이 기본인 것처럼, 디지털은 사회생활을 하는 데 있어 기초 학문이나 다름없다. 회사에서 전자결재나 이메일, 인터넷 검색이나 오피스 문서 작성과 편집을 하지 못하면 회사 업무를 볼 수 없는 것처

럼 이제는 'ICT 리터러시^{디지털 리터러시}'를 갖추지 못하면 업무 역량이 떨어

질 수밖에 없다. 디지털 리터러시의 기본 내용은 매년 새로운 기술과 업무

협업 툴이 등장하며 바뀌기 때문에, 이에 대한 문해력, 이해를 높여야 한

다. 그런 기술과 SW로 다음과 같은 ICT 리터러시의 소양을 얻도록 하자.

AI, RPA^{Robotics Process Automation}, 디지털 트랜스포메이션, 플랫폼 비즈

니스, 공유경제, 구독경제, 토큰 이코노미, NFT, 메타버스, 구글독스/오피

스365, 슬랙/잔디, 드롭박스/구글드라이브/원드라이브, 에버노트/원노트

등은 기본적으로 이해할 필요가 있다.

노인의 행복을 위한
ICT 시대가 왔다

디지털 기술은 사회 가치를 높이고 개인의 일상을 더 편리하게 해주는 것을 목표로 발전해왔다. 기술은 전문가들이 아닌 소외층에게 사용되었을 때 진가가 더 발휘되어야 한다. 즉, 디지털 기술로 사회 소외층이 편의와 행복을 얻어야 가치가 더 높아지는 것이다. 그런 면에서 디지털 기술은 20~30대는 물론 10대까지도 친숙하지만, 중장년층과 노인에게는 그다지 편하지 않은 것이 사실이다. 노인에게 AI나 클라우드, 블록체인이 편하게 수용할 수 있는 기술일 리 없다. 최첨단의 디지털 기술일수록 노인들에게 더 편리해야 함은 당연하다. 노인을 위한 ICT는 무엇이고, 어떻게 이 기술을 이해하고 활용해야 할까.

노년층을 위한 디지털 기술 경험하기

70대 노모께 3년 전 스마트 스피커를 선물해드렸다. 컴퓨터는 사용하실 수 없었지만, 스마트폰은 카카오톡이나 지도, 검색, 음악, TV 시청 등을 하는 데 사용할 수 있을 정도였다. 하지만 갈수록 스마트폰 화면이 너무 작아 타이핑도 힘들고 버튼 크기도 작아 원하는 메뉴를 선택하는 것도 어려워져서 힘들어 하셨다. 그래서 선물한 것이 스마트 스피커다. 이제 노모께 이 스피커는 효자 상품이 되었다. 언제든 스피커에게 말하듯이 날씨를 묻고, 뉴스를 확인하고, 음악을 틀어준다. "아리아, 60년대 가요 들려줘", "아리아, 오늘 날씨 알려줘", "아리아, 아들에게 전화 걸어줘", 이렇게 음성만으로 스마트폰에서 하던 일을 할 수 있다. 그렇게 어머니는 스마트 스피커로 AI를 알고 이 기술이 우리 일상에서 어떻게 편리함을 제공해줄 수 있는지 몸소 체험하고 계신다.

그래서 최근에는 구글 네스트 허브라는 디스플레이가 장착된 스마트 스피커를 설치해드렸다. 어머니는 식탁 위에 구글 네스트 허브를 올려두고, 스마트폰보다 더 자주 이용하신다며 주변 친구분들에게도 추천한다고 하신다. 네스트 허브를 이용하면 디스플레이를 통해 손주 사진과 가족들 사진을 볼 수 있다. 굳이 카카오톡으로 사진을 보내지 않아도, 내 스마트폰에서 촬영한 사진 중 가족사진은 자동으로 어머니 댁의 네스트 허브로 공유할 수 있다.

▲ 갈수록 쉬워지는 인터넷과 디지털 기술

또한 네스트 허브를 이용해 내 집에 있는 식탁 위의 네스트에 연결해서 통화할 수도 있다. 그렇게 더 자주 편하게, 오랜 시간 통화를 하며 안부를 여쭙고 대화를 나누곤 한다. 어머니는 그렇게 최첨단 기술을 이용해 사물인터넷 기기와 클라우드 서비스를 이용하신다.

그런 어머니가 최근에는 마켓컬리까지 이용하시면서 새벽에 배송되는 신선식품의 편리함에 푹 빠져 사신다. 주변 마트까지 가서 무거운 짐을 짊어지고 가져오는 것이 버거운데다 코로나19 때문에 바깥에 돌아다니시는 것이 겁이 났는데, 마켓컬리를 알고부터는 너무 편리하다고 하신다. 그렇게 배달의민족부터 점차 사용하시는 스마트폰 앱들도 늘어났다. 아마 그런 어머니께 자율주행차와 이불 빨래 구독 서비스, 메타버스를 소개해드리면 얼마나 놀라고 편하다고 생각하실까. 그렇게 기술은 오히려 노인분들에게 더 나은 일상을 만들어준다.

요즘IT
적정기술로 인한 인류의 행복

적정기술은 특정 공동체의 행복을 위해 만들어진 기술을 말한다. 더 적은 자원을 사용해서 유지하기 쉽고, 특히 환경오염 등에 더 적은 영향을 미친다. 그래서 적정기술은 주로 개발도상국이나 산업화에 소외된 지역과 계층을 대상으로 이용되고 있다. XO랩탑은 아프카니스탄이나 아프리카 등, 제3세계 아이들이 학습을 위해 사용할 수 있도록, 튼튼하고 싸며 적은 에너지를 소모하는 노트북이다. '히포 롤러 워터 프로젝트'는 아프리카 오지 마을에서 식수를 옮겨 오는 고단함을 해소해주는 도구다. 이전에는 여성이나 아이들이 머리에 얹고 어깨에 메고 운반했는데, '히포 롤러 워터' 덕분에 물통을 롤러로 뒤에서 밀어 손쉽게 운반하게 되었다. 이런 기술이 바로 적정기술이다.

인생 2막, 디지털에서 일하기

요즘 유튜브에서 활동하는 노인분들이 의외로 많고 인기 있는 유튜버로 성장하는 분들도 있다. 연륜에서 나오는 경험과 편안한 말투, 꾸밈없는 솔직함이 인기 비결이다. 이미 그렇게 디지털 속에서 경제활동을 하는 분들도 있다. 또한 농업과 임업 등의 분야에서 일하면서 온라인 쇼핑몰에 입점해 상품을 판매하는 경우는 더 많다. 오프라인 기반의 판매만으로는 한계가 있다 보니 온라인 쇼핑몰에 입점하거나 자체적으로 홈페이지를 만들어 쇼핑몰을 운영하기도 한다. 오프라인 음식점조차도 코로나19 여파로 매장을 찾는 손님이 줄어, 배달의민족이나 쿠팡이츠에 입점해 배달 주문 서비스를 제공하지 않으면 생존하기 어려울 정도다. 그렇게 은퇴 후 오프라인 장사를 하는 중장년, 노인층에게 이커머스는 인생 2막에 필요한 비즈니스 도구다.

디지털에서 일하기 위해서는 온라인 쇼핑몰에 입점만 한다고 끝나는 것이 아니라, 주문내역을 인터넷으로 확인하고 매출과 수익 내역을 관리하고, 배송 주소지를 자동으로 인쇄하는 등 컴퓨터와 인터넷에 관련된 기본적인 이해와 지식이 필요하다. 또 입점하고 관리만 한다고 끝난 것이 아니라 마케팅을 해야 하는데, 오프라인과 다른 온라인 마케팅, 디지털 마케팅을 해야 한다. 이를 위해서는 인터넷 마케팅에 대한 기본적인 동작 원리와 특징, 집행 방법 등을 알아야 한다. 모르고 디지털 마케팅을 하면 돈은 돈대로 쓰고 효과는 없을 수 있다. 즉, 일상의 편의를 위해서가 아니라 경제활동을 위해 디지털을 알아야 하는 것이다.

노인층은 젊은 층과 비교할 때 연륜과 여유가 있다. 그런 만큼 꾸준하게 도전할 수 있는 장점이 있다. 다만, 디지털 관련 기술에 대해 소극적이고 이해가 떨어지는 점이 단점이다. 그런데 디지털 기술은 따로 배우는 것보다는 경험 속에서 학습효과가 탁월하다. 특히 인생 2막을 맞아 새로운 경제활동을 하는 데 있어 오프라인에서의 일터는 육체적으로 비용적으로 부담이 크다. 반면 온라인은 시공간의 제약을 떠나 신체적인 한계를 벗어나 자유로운 활동이 가능하다. 그 속에서 오프라인으로는 꿈꾸기 어렵던 비즈니스의 기회를 찾아볼 수 있다. 그러려면 우선 웹이든 앱이든 열심히 사용하는 것이 필요하다. 경험해야 배울 수 있기 때문이다. 젊은 이들이 사용하는 앱을 설치해서 사용해보고, 모르면 아이들에게 물어서 학습하자. 그리고 그렇게 배운 내 경험을 주변 친구, 지인에게 소개하며 공유해주자. 가르쳐주는 과정에서 더 깊은 이해와 지식이 쌓이게 된다. 그렇게 여러 인터넷 서비스를 경험하고 학습하는 과정에서 시사점이 쌓이고, 그 결과 인생 제2막을 시작할 수 있는 비즈니스의 기회와 아이디어가 떠오를 것이다.

디지털 이전에 재능과 의지

디지털은 거들 뿐 중요한 것은 내 의지와 재능이다. 디지털 속에서 새로운 사업 기회를 찾는 것은 기술 때문에 나오는 것이 아니라, 기술을 경험하며 내가 가진 연륜과 지식을 통해 만들어진다. 그렇게 떠오른 아이디어의 실행 과정을 디지털 기술이 좀 더 빠르고 편리하고 적은 비용으로 추진할 수 있도록 거들어 줄 뿐이다. 하지만 실질적 성과로 이어지게 하는 것은 내가 가진 재능과 의지다.

미래의 노년을 편안하게 해줄 테크^{Tech}

SKT는 '누구^{NUGU}'라는 스마트 스피커를 이용해 인공지능 돌봄 서비스를 독거노인 대상으로 2020년부터 서비스하고 있다. 일종의 사회안전망으로서 AI 기술을 이용한 것이다. 전문요양기관과 사회적 기업과 제휴를 맺어 치매나 노인성 질병으로 일상생활이 어려운 노인 장기요양급여 수급자를 대상으로 AI 스피커를 설치해서, 24시간 어르신들의 상태를 체크하는 1:1 맞춤형 요양 서비스를 제공하고 있다. AI 스피커는 가정 내에 노인분들의 음성과

소음 등을 분석해서 현재 상태를 모니터링한다. 또한 스피커를 호출해서 즉시 119 SOS를 부를 수도 있고, 상담과 대화를 통해 심리 상태를 모니터링하고 치매 예방 프로그램을 서비스하기도 한다. 그렇게 AI는 노인분들의 건강을 위해 활용되고 있다.

디지털 헬스케어 분야에서도 건강관리를 위한 다양한 기술들이 연구되고 있고, 이런 기술은 우리 노년을 더욱 편안하고 행복하게 하는 데 일조할 것이다. 이때 주로 이용되는 기술이 사물인터넷이다. 문, 수도꼭지, 변기 등에 부착된 센서를 통해 집안에 거주하는 노인분의 이동 경로 등을 분석하고 신체 상태와 건강을 체크해 병원이나 복지단체에 주기적으로 전송함으로써, 건강의 이상이나 문제를 측정해 관리해주는 방식이다. 바꿔 말해, 아파서 병원에 가는 것이 아니라 평소 건강 관련 데이터를 수집해, 데이터를 기반으로 평소에 건강관리를 해줌으로써 병원에 가는 것을 최소화하는 것이다.

PC보다 스마트폰이 노인층에 좀 더 편하게 인터넷 서비스를 사용하고 기술의 혜택을 받을 수 있는 기회를 제공했다. 이처럼 AI와 사물인터넷, 메타버스는 더 편리한 일상을 만드는 데 일조할 것이다. 특히 메타버스는 외로운 일상에 한줄기 행복을 가져다주는 매체가 될 것이다. 메타버스 속에서 물리적 한계를 벗어나 세계를 여행하고 사람들과 만나 대화를 나누며, 보다 편리하게 인터넷 서비스를 사용할 수 있게 해줄 것이다. 메타버스에서의 인터넷, 컴퓨터 사용은 PC나 스마트폰을 사용하는 것보다 훨씬 편할 것이다. 초기에는 어지럼증 등의 문제로 당연히 불편하겠지만, 점차 기술이 진화하면 오히려 메타버스에서 인터넷을 사용하는 게 더 빠르고 편리해질 것이다.

● ICT의 발전은 우리 사회와 산업 전반에 보편적 영향을 주었고, 그로 인해 사회 곳곳, 모든 기업이 디지털 기술을 이용해 혁신하는 것이 당연해졌다. 하지만 디지털 불평등은 세대에서 나오고 있다. 디지털을 너무 잘 알고 디지털 속에서 사는 10대와 디지털을 필요에 따라 선택적으로 이용하는 20~30대, 디지털을 어쩔 수 없이 사용해야만 해서 가끔 이용하는 40~50대가 서로 다른 디지털 기술에 대한 인식의 격차를 갖고 있다. 게다가 60대 이상은 아예 디지털 기술과는 결별한 상태다. 이제 디지털 기술은 세대격차를 뛰어 넘어야 한다. 디지털 불평등은 세대 갈등의 주된 요인이기도 하다. 디지털 속에서 사는 20대와 디지털로 일하는 40대를 60대 노인층이 어떻게 이해하고 대화할 수 있겠는가. 이제 노인도 ICT를 보편적으로 사용하고 적극적으로 디지털 세상 속으로 뛰어들어야 한다.

우리 아이들 IT 학습,
어떻게 해야 할까?

세상은 디지털 이전에 태어난 세대와 디지털 시대에 태어난 세대, 그리고 디지털 이후에 태어난 세대로 구분할 수 있다. 디지털이 막 보급되기 시작한 1995년대를 기준으로 보면, 디지털 이전에 태어난 세대는 1995년 이전에 태어난 386세대, X세대 등으로 주로 30대 이상이다. 디지털이 막 보급되던 시기에 태어나 태어나면서 부모가 컴퓨터를 사용하는 것을 보면서 자란 세대는 1995년부터 2010년도까지 태어난 Z세대다. 10~20대로 볼 수 있다. 그리고 디지털이 보급된 이후에 태어나, 처음부터 스마트폰과 태블릿, 그리고 스마트 스피커 등의 AI를 부모가 아닌 본인이 직접 유아 시절부터 사용한 10대 이하의 세대가 있다. 그런데 디지털 이전에 태어난 30대가, 태어나자마자 디지털을 물고 태어난 세대를 키우면서 본인도 잘 모르는 디지털을 아이에게 가르치려니 쉬울 리 없다. 이 간극을 어떻게 메우면서 아이를 가르쳐야 할까?

아는 만큼 보인다

기술을 아는 가장 좋은 방법은 경험하는 것이다. 자전거 타는 법, 자동차 운전하는 법을 배우는 데 책을 펼치고 강의를 듣는 것보다는 직접 체험해보면 금방 배울 수 있다. 또 자전거를 운전하는데 자전거의 작동 원리나 최신 자전거 기술에 대해 알 필요는 없다. 자전거를 언제 어떻게 타고, 주의해야 할 것이 무엇인지만 이해하면 된다. 모름지기 내가 아는 만큼 보인다. 블록체인 기술의 특성을 알려면 암호화폐 거래소와 월렛암호화폐 지갑을 만들어 사용해보고, 블록체인 기반으로 만들어진 앱들Daap이라 부름을 사용해보면서 어떤 특징이 있는지 살펴보는 것이 좋다.

웹이나 모바일은 누구나 보편적으로 사용하고 있는데 뭘 더 경험해야 할까? 서비스를 아무 생각없이 이용만 하면 배움도 없다. 배우기 위해서는 그 서비스가 작동하는 원리를 분석하고 진단해야 한다. 기술에 대한 이해는 이 일곱 가지만 알면 된다.

A : AI인공지능

B : Blockchain블록체인

C : Cloud클라우드

D : Data데이터

E : Edge Computing에지 컴퓨팅

F : 5G

I : IoT사물인터넷

이중 AI는 스마트폰의 시리나 구글 어시스턴트, 그리고 구글홈이나 SKT '누구' 등과 같은 스마트 스피커를 이용하면서 체험할 수 있다. 블록체인Blockchain은 암호화폐 거래소와 블록체인 기반으로 구동되는 카카오 클레이와 같은 서비스들을 이용하면서 경험한다. 클라우드Cloud는 멜론, 넷플릭스 등의 스트리밍 서비스와 모바일 앱 대부분이 클라우드 기반으로 동작하므로 이를 통해 체험할 수 있다. 5G는 5G를 지원하는 스마트폰과 5G 가입을 해서 LTE와 무엇이 다른지 인식하고, 사물인터넷IoT는 인터넷에 연결된 냉장고나 세탁기, 혹은 카메라 등을 통해서 경험할 수 있다. 단지 데이터와 에지 컴퓨팅 등은 기업에서 사용할 수 있는 것이라서 직접 체험하기는 어렵다. 이렇게 기술을 직접 체험하면서 해당 기술의 작동 원리나 특징을 소개하는 책이나 뉴스, 인터넷 자료 등을 통해 학습하면 이해의 속도와 깊이가 빠르고 깊다.

기술은 늘 진화한다. 자율주행차와 모빌리티, AI와 드론, 그리고 메타버스로 새로운 기술이 우리 일상과 사회의 변화를 만들어낸다. 이런 기술이 내가 하는 일과 관련 없고 당장 내 일상과 무관하다고 해서 무시해서는 안 된다. 결국 이 기술은 가랑비에 옷 젖듯이 우리 삶을 적셔서, 모르고서는 살 수 없는 날이 오게 된다. 그때 이런 기술을 제대로 이해하고 준비를 했다면 더 큰 편의와 이익을 얻게 될 것이다.

내가 기본적인 기술의 특성을 알아야 아이에게 알려주고, 모르는 것은 함께 배우며 방향을 찾아갈 수 있다. 주요 기술들의 특징과 원리만 알아도 학습의 깊이는 깊고, 속도는 빨라진다.

고정관념에서 벗어나 함께 하는 학습

아이가 게임에 빠져 살고 유튜브만 보고 있다면 걱정이 든다. 하지만 책에 빠져 살거나 운동을 열심히 한다면 걱정이 들지 않는다. 왜 그럴까?

사실 책만 너무 열심히 봐도 문제고 운동을 종일 과하게 해도 문제다. 그런데도 책이나 운동을 과하게 할 때는 걱정이 덜하다. 그 이유는 책과 운동에 대해서 부모 세대가 아이들보다 더 잘 알고 있기 때문이다. 반면 디지털에 대해서는 잘 모르다 보니 유튜브로 게임으로 뭘 하는지 자세히 들여다보려 하지 않고, 우선 걱정과 우려부터 앞서는 것이다.

게임을 좋아하는 아이들이 게임을 하면서 즐겨 사용하는 메신저가 있다. 바로 디스코드Discord다. 디스코드를 이용하면 등록한 친구들이 어떤 게임을 하고 있는지 알 수 있고, 게임하면서 채팅, 음성 통화 기능을 사용할 수 있다. 또한 게임을 하지 않고도 특정 게임을 좋아하는 사람들과 게임 관련 정보를 공유할 수 있다. 부모가 사용하는 카카오톡과는 다른 서비스다. 아이들이 즐겨 사용하는 틱톡이나 스냅챗, 그리고 로블록스 등을 모르고 아이에게 그것이 좋다, 나쁘다 말할 수 없다.

유튜브에 너무 빠져 있는 아이가 걱정이라면 함께 유튜브를 보면서, 유튜브에서 추천해주는 영상 말고 직접 대화를 나누며 영상을 탐색하는 습관을 들이게 해줘야 한다. 유튜브 영상이 재생될 때 10분 내내 영상만 보게 하지 말고, 잠깐 영상을 멈춘 후에 영상에서 나온 내용을 함께 이야기 나누며 복기하는 시간을 갖는 것도 좋다. 책을 통해 지식을 습득하는 것 외에 유튜브로 지식을 얻는 방법도 있으니, 아이가 궁금해하는 것은 함께 유튜브에서 검색해 학습하는 것도 좋다.

먼저 아이에게 AI나 메타버스 속 세상을 소개해주고, 함께 이들 기술에 대해 학습하고 사용 경험을 나누는 방법도 좋다. 뼛속부터 이미 디지털을 아는 아이들에게 일방적으로 디지털과 더불어 사

▲ 아이와 함께 배우는 디지털 세상

는 세상을 이야기하는 것보다, 디지털 속에서 함께 배워나가고 이야기하는 것이 가장 효과적인 학습법이다.

특히 아이가 로블록스나 메타버스 등에서 그저 놀고 소비만 하는 것이 아니라 창작자로 활동하며 콘텐츠와 상품을 만들고 팔기까지 한다면, 기성세대가 이해하고 조언을 줄 수 있는 영역을 이미 넘어섰다. 그런 디지털 세상과 창작자 경제Creator economy, 디지털 생태계에 대한 경험도 없고 제대로 된 이해도 없이, 어떻게 아이에게 함부로 지도 편달을 할 수 있겠는가. 그래서 직접 함께 체험하며, 우리에게 새롭게 선보인 디지털 세상과 디지털 사회에 대해 어떻게 살아가야 하고 학습할지를 탐구하는 것이 필요하다.

함께 디지털을 체험하면서 서로가 가진 생각과 배움을 나누며 소통해야 한다. 그렇게 대화를 하면서 배움은 커지고, 아이의 생각을 읽을 수 있게 된다. 디지털을 경험하며 우리가 가장 크게 걱정하는 부분은 너무 큰 몰입으로 인한 통제 불능이다. 아이가 과한 몰입에서 벗어나 균형감을 갖추기 위해서는 디지털 속에 머물다 자유롭게 나올 수 있어야 한다. 그런 자제력을 기르기 위해서는 아이에게 무조건 디지털에서 벗어나라고 강제하기보다, 함께 디지털 속에 있다가 잠깐 멈추고, 서로의 눈을 보며 대화하고 다시 들어가는 반복된 경험이 필요하다.

요즘IT
창작의 즐거움

아이들이 ICT, 즉 인터넷, 컴퓨터, 스마트폰, 태블릿 등의 경험을 하면서 자연스럽게 유튜브, 게임, 페이스북, 로블록스 등을 접한다. 이때 유의할 것은 아이들이 어느 한 게임에만 너무 몰입하지 않도록 하는 것이다. 두루두루 다양한 서비스를 경험하게 하는 것이 중요하다. 하나의 서비스에만 너무 빠져들면 균형감을 갖기도 어려울 뿐 아니라, 다른 서비스 경험을 얻을 기회를 놓치게 된다. 또한 그런 서비스를 사용하면서 자연스럽게 동작 원리를 이해하고, 그 안에서 사람들과 대화하고 글쓰기나 동영

상 업로드, 게임이나 디지털 오브젝트를 개발하는 등의 창의적이고 생산
적인 경험을 하도록 유도해야 한다. 그저 즐기고 소비만 할 것만 아니라
좀 더 주도적으로 무엇인가 만들고 생산하는 경험을 갖도록 해야 한다.
그래야 디지털을 이용해 보다 창의적인 활동을 하며 더 깊은 이해와 지
식이 쌓인다.

AI 개발자도 배워야 할 윤리의식

법률가나 의사, 기자에게는 사회적 책임이 요구되는 만큼 윤리
강령이 존재한다. 그렇게 사회적 영향력이 큰 직업은 그에 수반하
는 책임감을 가져야 한다. 소프트웨어 엔지니어, 컴퓨터 개발자에
게도 요구되는 윤리강령이 있다. 다만 사회 공론화가 되는 수준은
아니며, 단체나 기업 내부의 가이드 수준으로 운영될 뿐이다. 윤
리강령의 내용에는 공익과 보안, 지구환경 및 개인정보 취급 등에
대한 내용으로 구성되어 있다. 특히 개인정보와 보완 관련 이슈는
심각한 사회 문제를 초래하므로, 각 기업이 이와 관련된 윤리강령
을 소프트웨어 개발자들에게 강하게 요구하고 있다. 더 나아가 우
리 아이들도 소프트웨어를 사용하고 서비스를 이용하면서 자연스
럽게 이러한 프로그램 개발 등에 관심을 갖고 AI를 이용하게 되는

데, 이때 소프트웨어 개발, AI 활용에 대한 윤리의식이 요구된다.

특히 소프트웨어 개발 윤리강령보다 AI와 관련된 윤리의식, 그리고 사회적으로 강력한 준수 의무에 대한 필요성이 대두되고 있다. 다름이 아니라 일반 소프트웨어보다 AI가 우리 사회에 주는 파급력이 크기 때문이다. 은행, 집, 군사 보안 시설 등에 사용되는 생체 인증이나 자율주행, 상품과 뉴스 추천, 그리고 보험 상품 추천과 대출을 위한 심사 및 금융 투자, 의료 등의 여러 산업 분야에 인공지능이 사용된다. 그런 인공지능이 인간이 의도적으로 편향된 판단을 하도록 설계된 알고리즘에 의해 불공정한 추천을 하거나 결정을 하면, 고스란히 우리 사회에 부정적 영향을 주게 된다. 추호의 의심 없이 인공지능이 결정하고 추천한 정보에 길들면서, 우리 사회는 지독한 편견에 사로잡힐 수도 있는 것이다.

인간이 관여해서 내린 판단이나 결정은 인간이기에 잘못할 수 있다는 의심을 하게 된다. 그래서 곧이곧대로 그 결정을 믿지 않고 심사숙고의 시간을 거치게 되는 게 인지상정이다. 하지만 흔히 공정하고 공평한, 그리고 객관적 판단을 하리라 신뢰하는 AI가 판단한 정보에 대해서는 그런 의심이 희석된다. 이 상황이 두세 번 반복되면서 익숙해지면, AI의 선택을 무의식적으로 수용하게 된다. 일례로 AI가 좋은 기사라고 추천하는 뉴스와 영상만을 기계적으로 보고 듣다 보면, 그게 뉴스의 전부라고 믿게 되는 것이다. AI가 가장 빠른 길이라고 추천하는 내비게이션의 경로를 추호의 의

심도 없이 따르다 보면, 눈앞에 뻔히 막히는 길을 보고도 대안을 생각하지 않고 기계적으로 따르게 되는 것이다.

　이렇게 AI가 주는 영향력이 남다르다 보니, AI를 개발하는 윤리 의식은 그 어느 때보다 중요해지고 있다. AI는 인간과 다르게 정확한 데이터를 기반으로 판단하는 것은 맞지만, AI가 그런 지능을 갖게 되는 과정에는 인간이 제공해준 데이터가 핵심적 역할을 한다. 콩 심은 데 콩 나고 팥 심은 데 팥 난다고, 어떤 데이터를 제공해 AI를 고도화했느냐에 따라 그 AI의 판단 기준은 달라지기 마련이다. 만일 개발자가 의도적으로 고양이를 개라고 하고, 개를 고양이라고 태깅tagging, '태그'를 달아 키워드 처리를 해주는 것을 해서 데이터를 AI에게 제공하거나, 실제 현장의 데이터 수천만 개를 정제하는 과정에서 의도를 가지고 특정한 영역의 정보를 제외하고 100만 개의 데이터만을 AI에 공급하게 되면, 실제 현장과 괴리된 판단을 하는 AI가 만들어질 수 있는 것이다.

　이렇게 AI에 어떤 데이터를 제공해서 고도화하느냐는 사람의, 즉 개발자의 선택이다. 그 과정에서 공정한 AI가 아닌 편협한 AI가 길러질 수 있는 것이다. 또한 잘 만들어진 AI를 악용, 오용해서 발생하는 사회적 문제도 있다. '딥페이크'라는 인공지능을 이용한 기술을 이용하면 특정인의 목소리와 얼굴을 조작해 실제 발언하지도 않고 행동도 하지 않았던 것을 한 것처럼 영상을 조작할 수 있다. 이를 악용해 정치인이 거짓말을 한 것처럼 녹취 음성을 조작할 수 있고, 유명 연예인의 얼굴로 포르노 영상을 만들 수도 있다. AI를 범죄에 악용하는 것이나 다를 바 없는 것이다.

또 선의의 AI를 만든답시고 개인의 허락 없이 개인정보를 갈취해 인공지능을 고도화하는 데이터로 활용할 수도 있다. 공정한 대출 심사를 한답시고 기존 대출심사 관련 금융 정보를 각 개인의 허락 없이 이용한다면, 아무리 공정한 금융 AI가 만들어졌다고 해도 그렇게 비윤리적으로 만들어진 AI를 떳떳하다고 말할 수 없을 것이다. 또한 앞서 언급했던 챗봇 '이루다'를 둘러싼 논쟁 역시 이에 해당하는 사례다.

이제 AI와 더불어 살아야 하는 우리 사회에서 AI를 만들고 활용하는 소프트웨어 개발자들에게 이전과 남다른 윤리의식이 요구되고 있다. 또한 기성세대보다 소프트웨어를 이용한 프로그램 개발과 디지털 세계에서의 창작에 익숙한 아이들에게도 책임감 있는 윤리의식과 도덕성을 가르쳐야 한다.

● 살아온 날이 많을수록 고정관념에 지배당하기 쉽다. 막연한 의심과 걱정은 아이들의 창의력을 좀먹고 폭발적 사고력에 브레이크를 건다. 우리가 두려운 것은 디지털 미디어가 주는 폐해와 과몰입으로 발생할 수 있는 통제 불능이다. 그런데 우리 시절을 떠올려 보자. 디지털이 아니었을

분, 오락실이든, 성인잡지든, 구슬치기든, 음악이든, 무엇인가에 지나치게 몰두해 부모님께 걱정 끼쳤던 게 사실이다. 지금은 그 수단이 디지털로 바뀌었을 뿐이다. 또 디지털이 주는 중독성에 대한 막연한 우려가 디지털에 과하게 심취한 아이들에 대한 보호본능을 자극해, 더욱더 무작정 뺏고 막으려 하는 것이다. 디지털 속으로 함께 뛰어들어 이야기하며 서로 학습하고 경험하는 계기로 삼으면, 전혀 다른 디지털 활용의 길이 열릴 수 있다. 우리가 모르고 걱정하는 것보다, 아이는 더 잘 알고 잘 해낼 수 있다는 신뢰가 오히려 가능성을 열어줄 수 있을 것이다. 갈수록 고도화되는 디지털 시대에 아이가 디지털을 이용해 공부든, 직업이든 인생을 더 잘 만들어갈 수 있는 기회 말이다.

IT 사용설명서

제1판 1쇄 발행 2021년 8월 31일

제1판 4쇄 발행 2022년 6월 10일

지은이 김지현

펴낸이 나영광

펴낸곳 크레타

출판등록 제2020-000064호

책임편집 정고은

편집 김영미

기획/일러스트 정상은

디자인 강수진

주소 서울시 서대문구 홍제천로6길 32 2층

전자우편 creta0521@naver.com

전화 02-338-1849

팩스 02-6280-1849

포스트 post.naver.com/creta0521

인스타그램 @creta0521

ISBN 979-11-973382-4-3 03320